EVANGELHOS

Filipe Moreau

TRÊS ESTUDOS SOBRE A ANTIGUIDADE

03

EVANGELHOS

1ª edição: São Paulo, 2025

LARANJA ORIGINAL

Notas explicativas

01. Esta adaptação tem como referência básica as seguintes publicações:

LOURENÇO, Frederico. *Bíblia, volume I: Novo Testamento: os quatro Evangelhos.* São Paulo: Companhia das Letras, 2016. [1]

________. *Evangelhos apócrifos: Gregos e latinos.* São Paulo: Companhia das Letras, 2016. [2]

CAVALLARI, Marcelo M. *Os Evangelhos: uma tradução (prefácio de João A. O. Neto).* São Paulo: Ateliê Editorial, 2020.

Site https://www.bibliaonline.com.br

Foram também consultadas outras três Bíblias e cinco volumes da coleção *Bíblia apócrifa* da editora Vozes (Petrópolis, 2001 a 2004).

02. Diferentemente das adaptações anteriores (*O Mahabharata* e *A Odisseia*), este estudo não prioriza totalmente a ordem cronológica, até porque os quatro Evangelhos oficiais, ou bíblicos, apresentam muitos casos de passagens similares ocorrendo em momentos diferentes da narrativa. Há sim uma prioridade temática: milagres, curas, parábolas etc. Apenas a cronologia básica (genealogia, nascimentos, início de atividades, perseguição, sacrifício e ressurreição) foi preservada.

Todos esses temas estão nos Evangelhos de Mateus, Marcos, Lucas e João, textos muitos mais conhecidos e que são o fundamento das doutrinas cristãs – católicas, protestantes, espíritas – e de religiões que se apoiam na divindade de Cristo via sincretismo. A inclusão de alguns dos chamados Evangelhos "apócrifos" pode ser considerada ousada e, em um primeiro contato, causar estranheza a quem se acostumou a ler os tradicionais e conhece a fundo as palavras da Bíblia. A explicação sobre eles (e sobre o próprio termo "apócrifo", que significa "escondido", "secreto") aparece na parte final deste estudo.

Os Evangelhos apócrifos escolhidos para esta adaptação são os de Tiago, Tomé (biográfico e "ditos secretos"), Filipe, Pedro, Marcos

(Místico), Maria (Madalena - fragmentos e versão copta), Nicodemos, Narrativa de José (de Arimateia) e o Relatório de Pilatos.

03. Para deixar bem diferenciados os Evangelhos bíblicos (que para muitos são referência de fé, comportamento e mesmo razão existencial) dos demais incluídos, foram utilizados diferentes tamanhos de fonte (a maior para os tradicionais) - recurso que nas outras adaptações foi utilizado para repetições de trechos ou fugas de uma narrativa central (nas histórias de Odisseu e dos irmãos Pandavas).

Sumário

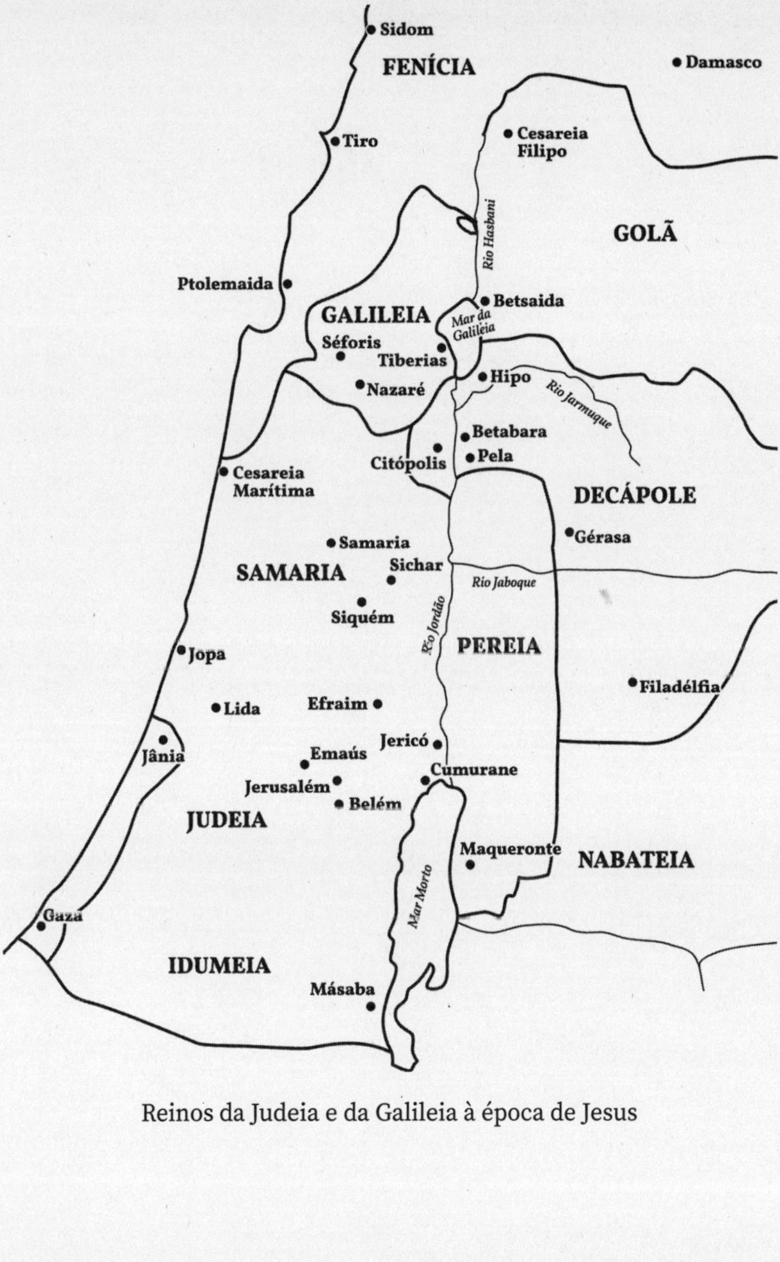

Reinos da Judeia e da Galileia à época de Jesus

01. Prelúdio

SAUDAÇÕES DE ABERTURA

Lucas 1 (1-4), Tiago 25 (1-2), Tomé 1, Tomé (d) 1, Relatório (P) 1 (1), José (de A) 1 (1)

Muitos se propuseram a narrar os eventos ocorridos entre nós da forma transmitida pelos que à época viram tudo, desde o começo, e souberam traduzir em palavras.

Lucas também estudou a ordem exata desses acontecimentos com a intenção de narrá-los ao grande Teófilo, para ele assim ter clareza sobre os fatos de que ouvira falar.

Tiago também escreveu parte dessa história (a que vai do nascimento de Maria à morte de Zacarias) quando esteve escondido no deserto próximo a Jerusalém em meio às confusões causadas pela morte de Herodes. Enquanto ainda havia tumultos na cidade, ele glorificava Deus pela sabedoria que recebera para escrevê-la. E a graça se voltava aos que temiam Jesus Cristo, dono de toda glória nos séculos dos séculos. Amém.

O israelita Tomé contou outra parte da história de Jesus Cristo (a sua grandiosa infância, ele que nasceu na região de Israel) para anunciá-la a todos os povos pagãos e fazê-los conhecer o que Jesus fez.

Tomé, chamado de Judas (não o Iscariotes), anotou também os "ditos secretos" de Jesus Vivo, declarando que quem soubesse interpretar suas palavras não morreria.

Pilatos Pôncio, escrevendo ao grande e poderoso, venerável, temível e diviníssimo imperador Tibério, quis comunicar à sua grande reverência ao poderoso e grande rei por meio de um texto – mesmo que tomado de medo e receio –, a situação daqueles tempos e como se deu o desfecho.

Pilatos, administrador do governo no Oriente, dirigiu-se ao seu superior dizendo-se estar, conforme orientado, no governo da província onde ficava a cidade de Jerusalém, que abrigava o templo dos judeus. Com ordens para escrever sobre essas coisas, apresentou relato ao seu poderio.

Também escreveu parte da história José de Arimateia, que pediu a Pilatos o corpo de Jesus para colocá-lo em um túmulo.

INÍCIO DE TUDO

Marcos 1 (1), João 1 (1-5, 9-14 e 16-18), Tomé (d) 50 (1-3), Filipe (f)

Assim, aqui começa o Evangelho (a boa notícia) de Jesus Cristo Filho de Deus.

No começo havia a Palavra,
e ela estava com Deus.
Ela era Deus.
No começo ela estava com Deus.

Todas as coisas passaram a existir por meio dela,
e sem ela nada existiria.

Nela estava a vida,
e a vida era a luz dos homens.
E a luz brilha na escuridão,
e a escuridão não tomou a luz.

Os que o seguiram, se perguntados de onde vinham, deveriam dizer que vieram da luz, de onde ela nasceu por si mesma, colocou-se e apareceu nas imagens deles.

E se perguntados quem eles eram, deveriam se dizer filhos da luz e que foram escolhidos pelo Pai vivo.

E se perguntados qual era o sinal do Pai deles neles, deveriam dizer *movimento e repouso*.

A palavra era a luz verdadeira que veio ao mundo e ilumina todo ser humano.

Ela estava no mundo, e com ela o mundo passou a existir. E o mundo não a reconheceu.

Ela veio para os seus, e os seus não a receberam.

Mas a todos que a receberam ela possibilitou se tornarem filhos de Deus – aos que acreditaram em seu nome e não nasceram do sangue, nem dos prazeres da carne ou de desejos humanos, mas de Deus.

Então a palavra se tornou carne e veio morar entre nós, que assistimos à sua glória – a do Filho único do Pai pleno em graça e verdade.

E à sua plenitude, de graça em graça, todos nós pertencemos. Moisés deu a lei, mas a graça e a verdade vieram de Jesus Cristo. Ninguém nunca viu Deus. Ele revelou apenas o seu Filho único, que está no seio do Pai.

> A um dos que o seguiam, Jesus revelou o que a alma deveria dizer quando chegasse ao Céu, e como responder a cada uma das virtudes de lá: que conheceu a si mesma e reuniu-se, juntando todas as partes.
>
> Não semeou filhos para a ruindade, mas arrancou as raízes dela e reuniu os membros dispersos. E que sabia quem ele era, pois pertencia aos celestes.

02. Genealogia de Cristo

JESUS – DESCENDÊNCIA DE ABRAÃO E ASCENDÊNCIA ATÉ DEUS

Mateus 1 (1-16), Lucas 3 (23-38)

Registro da ascendência de Jesus Cristo, descendente de Davi, descendente de Abraão. De Abraão veio Isaac, e dele veio Jacó, pai de Judá e de seus irmãos. De Judá, com Tamar, vieram Farés e Zara.

Farés foi pai de Esrom, pai de Aram, pai de Aminabad, pai de Naassom, pai de Salmon, que, com Raab, teve Booz. Booz, com Rute, teve Jobed, pai de Jessé, pai do rei Davi, que, com a ex-mulher de Urias, teve Salomão, pai de Roboão, pai de Abias, pai de Asa.

Asa foi pai de Josafá, pai de Jorão, pai de Ozias, pai de Joatão, pai de Acaz, pai de Ezequias, pai de Manassés, pai de Amom, pai de Josias, pai de Jeconias e de seus irmãos quando do degredo para a Babilônia.

Depois do degredo, Jeconias teve Salatiel, que teve Zorobabel, que teve Abiud, que teve Eliacim, pai de Azor, pai de Sadoc, pai de Aquim, o pai de Eliud. E Eliud foi pai de Eleazar, pai de Matã, pai de Jacó, pai de José, o marido de Maria, que teve *Jesus*, o nosso Cristo.

Assim, as gerações de Abraão até Davi são 14, de Davi ao degredo para a Babilônia mais 14, e do degredo até o Cristo outras 14 gerações.

Desse modo se saberia que, em sua vida pública (perto dos 30 anos), Jesus era filho de José, filho de Eli, filho de Matat, filho de Levi, filho de Melqui, filho de Janai, filho de José.

José era filho de Matatias, filho de Amós, filho de Naum, filho de Esli, filho de Nagai, filho de Maat, filho de Matatias, filho de Semein, filho de Josec, filho de Jodá.

Jodá era filho de Joanã, filho de Ressa, filho de Zorobabel, filho de Salatiel, filho de Neri, filho de Melqui, filho de Adi, filho de Cosã, filho de Elmadã, filho de Er.

Er era filho de Jesus, filho de Eliezer, filho de Jorim, filho de Matat, filho de Levi, filho de Simeão, filho de Judá, filho de José, filho de Jonã, filho de Eliacim.

Eliacim era filho de Meleia, filho de Mená, filho de Matatá, filho de Natã, filho de Davi, filho de Jessé, filho de Obed, filho de Booz, filho de Salá, filho de Naasson.

Naasson era filho de Aminadab, filho de Admin, filho de Arni, filho de Esron, filho de Farés, filho de Judá, filho de Jacó, filho de Isaac, filho de Abraão, filho de Taré (Fara), filho de Nacor.

Nacor era filho de Seruc, filho de Ragau, filho de Faleg, filho de Éber, filho de Salá, filho de Cainã, filho de Arfaxad, filho de Sem, filho de Noé, filho de Lamec, filho de Matusalém, filho de Henoc, filho de Jared (Jafé), filho de Maleleel, filho de Cainã, filho de Enós, filho de Set, filho de Adão, filho de Deus.

03. Vinda de Maria

JOAQUIM, ANA E A VONTADE DE TER FILHOS – UMA POSSÍVEL DESCENDÊNCIA
Tiago 1 (1-4), 2 (1-4) e 3 (1-3)

Entre as histórias das doze Tribos de Israel, havia a de Joaquim, homem rico que oferecia suas dádivas a Deus duplamente: a parte que lhe sobrava era dada ao povo, e a do perdão ao Criador, para sua própria expiação.

Perto do grande dia de homenagens a Deus, quando os filhos de Israel faziam suas oferendas, Rúben advertiu Joaquim de que não era legítimo priorizar as próprias dádivas, pois ele não tinha descendentes. Joaquim ficou triste e resolveu consultar o livro das doze tribos para saber se em Israel só ele não tinha herdeiros.

Pesquisando, viu que todos os justos tinham sua descendência, e lembrou que ao próprio patriarca Abraão, no último dia, Deus deu Isaac como filho. Joaquim ficou ainda mais triste e não foi se encontrar com a esposa, mas refugiar-se no deserto. Lá, montou sua tenda e jejuou 40 dias e noites, dizendo não voltar a comer ou beber até que Deus o visitasse. Sua comida e bebida seriam a oração.

Ana, sua mulher, chorou e lamentou duplamente, pela sua viuvez e pela infertilidade. Perto do grande dia do Criador, sua criada Judite perguntou até quando ela humilharia sua alma, pois, próximos ao grande dia de Deus, sua lamentação seria ilegítima. Então ofereceu-lhe a tiara que recebera da senhora dos trabalhos, e que ela, como criada, não tinha permissão para utilizar, pois era um utensílio de uso nobre.

Ana rejeitou o presente e pediu para ela se afastar. Disse não fazer essas coisas e que fora humilhada por Deus. Imaginou que Judite teria a recebido de um malandro e agora queria envolvê-la no pecado. Judite questionou-a: por que a amaldiçoaria e por que Deus fechara seu ventre para não dar fruto em Israel?

Ana entristeceu muito, tirou as roupas de luto, lavou o rosto e colocou as roupas nupciais. Perto da nona hora foi passear no jardim. Viu um pé de louro, sentou-se embaixo e orou ao Criador, chamando ao Deus de seus antepassados para que a abençoasse e ouvisse sua súplica, assim como abençoou o ventre de Sara e lhe deu o filho Isaac.

Ana olhou para o céu e viu no pé de louro um ninho de pardais. Lamentou-se e perguntou quem a teria gerado, que ventre lhe dera à luz? Por que nascera amaldiçoada entre os filhos de Israel? Ela fora desprezada e caçoada ao expulsarem-na do templo de Deus.

E lamentou-se mais, perguntando com quem se parecia. Não era como as aves do céu, porque elas eram férteis diante de Deus. Nem como os animais de terra, também férteis diante do Criador.

Lamentou-se outra vez, perguntando com quem mais se parecia. Não era como as águas, também férteis diante do Criador. E lamentou-se de novo, perguntando com quem se parecia. Não era como a terra, que produzia seus frutos na medida certa e bendizia Deus.

CONCEPÇÃO E NASCIMENTO DA VIRGEM
Tiago 4 (1-4) e 5 (1-2)

Então um anjo de Deus se colocou à frente dela, chamando-a pelo nome e dizendo que o Criador escutara sua súplica. Ela gestaria e daria à luz, e sua descendência seria conhecida no mundo todo.

Ana deu graças ao Criador e disse que, se desse à luz um menino ou uma menina, conduziria essa criança a Deus como bem. E ela o serviria por toda a vida.

Vieram mais dois anjos para avisar que Joaquim estava a caminho, trazendo seus rebanhos. Isso porque um anjo aparecera a ele dizendo que Deus havia ouvido sua súplica e pedira que voltasse, pois Ana, sua esposa, gestaria em seu ventre.

Preparando a volta, Joaquim ordenou aos pastores que trouxessem dez cordeiros puros e perfeitos para oferecer a Deus. E também doze bezerros macios para os sacerdotes e o conselho. E cem cabritos para o povo.

Ao se aproximar com os rebanhos, Ana, que observava tudo de pé ao lado do portão, correu, pendurou-se no pescoço dele e disse que agora sabia o quanto Deus a abençoara: já não seria mais viúva estéril, pois gestaria em seu ventre. E depois de muito tempo, Joaquim foi descansar em casa.

No dia seguinte, ele trouxe os seus bens e pensou que, se Deus se comovesse com ele, a folha do sacerdote assim mostraria. Então levou os bens e atentou à folha quando subia ao altar de Deus. E não havia mesmo pecado nele. Disse saber agora que o Criador se comovera e perdoara os seus pecados, e então saiu do templo justificado e voltou para casa.

Os meses de Ana se completaram, e no nono ela deu à luz. Perguntou à criada o que havia parido, e ela disse que uma menina. Ana declarou que nesse dia sua alma havia engrandecido e deitou-a. No tempo certo, ela se lavou e deu o peito à criança, que foi chamada de Maria.

PRIMEIRO ANO
Tiago 6 (1-3)

A cada dia a menina ia se fortalecendo, e, aos seis meses, Ana colocou-a de pé para testar seu equilíbrio. Ela deu sete passos e foi até o colo da mãe. Segurando-a, Ana deu graças a Deus e disse que ela não pisaria naquela terra antes de ser levada ao templo do Criador.

Então construiu em seu quarto um santuário, não deixando nada de mundano ou impuro chegar à sua boca. E convocou as filhas virtuosas dos hebreus para cuidarem dela.

Quando a menina fez um ano, Joaquim deu uma grande festa, convidando os religiosos, os escrivães e o conselho de Israel. Ele a levou aos sacerdotes, e eles a benzeram, pedindo ao Deus de seus antepassados que a abençoasse e lhe desse um nome eterno, digno a todas as gerações.

O povo o apoiava, dizendo *amém* (desejando que assim fosse). Os sacerdotes a abençoaram e imploraram para que o Deus das alturas a protegesse e concedesse uma bênção extrema, inigualável.

Depois disso, Ana a levou ao santuário do quarto e deu-lhe o peito. Então preparou um canto dedicado a Deus e disse que cantaria para ele, por tê-la visitado e tirado dela a desfeita de seus inimigos. Deus, único e abundante, dera-lhe um fruto de sua virtude.

E quem informaria aos filhos de Rúben que ela amamentava? Sim, as doze Tribos de Israel agora ouviriam que Ana amamentava. E então ela deixou a filha no quarto de seu santuário e saiu para servi-los. Ao fim do jantar, todos saíram alegres e louvando o Deus de Israel.

CRESCIMENTO E EDUCAÇÃO – MARIA FICA NO TEMPLO
Tiago 7 (1-3) e 8 (1)

Os meses foram passando, e quando a menina fez dois anos, Joaquim quis levá-la ao templo do Criador para cumprir promessa e não deixar que Deus se voltasse contra eles, o que tornaria aquele bem inaceitável. Ana achou melhor que esperassem pelo terceiro ano, para que lá a menina não se perdesse do pai e da mãe. Joaquim concordou.

Quando ela fez três anos, Joaquim pediu que chamassem as filhas virtuosas dos hebreus para cada uma erguer uma tocha e deixá-la acesa em posição. Assim a menina não teria seu coração atraído para fora do templo, e não olharia para trás.

O sacerdote a recebeu, beijou-a, abençoou-a e disse que Deus engrandecera o seu nome por todas as gerações. Por meio dela, até o fim dos tempos, o Criador mostraria sua salvação aos filhos de Israel. Então ele a pôs no terceiro degrau do altar, e Deus lançou graça sobre ela, fazendo-a dançar com os pés e toda a casa de Israel passar a amá-la.

A menina decidiu ficar, e Joaquim e Ana partiram admirados, em louvação a Deus. Maria se via no templo do Criador acarinhada como uma pomba e alimentada por um anjo.

CHEGADA DA PUBERDADE
Tiago, 8 (2-3)

Quando alcançou os doze anos, os sacerdotes se reuniram em conselho pensando no que fazer para ela não desonrar o templo do Criador. Pediram ao sumo sacerdote, que estivera de pé, junto ao altar de Deus, para entrar e orar por ela, e aquilo que o Criador mostrasse, eles acatariam.

O sacerdote Zacarias entrou usando a veste de doze sinos dedicada ao Santo dos Santos e orou por ela. Então um anjo de Deus chegou perto e disse a ele para sair e juntar os viúvos do povo, pedindo que cada um levasse um bastão. E àquele a quem Deus mostrasse um sinal, ela lhe seria dada como mulher.

Assim, os emissários saíram por toda a Judeia fazendo soar a trombeta do Criador, e todos acorreram.

A VIRGEM É CONFIADA A JOSÉ, CARPINTEIRO IDOSO
Tiago 9 (1-3) e 10 (1-2)

Entre eles estava José, que guardou sua ferramenta de carpintaria e foi até a reunião. Todos se dirigiram ao sumo sacerdote levando seus cajados, e depois de receber todos, Zacarias entrou no templo e orou. Ao fim da prece, retirou os cajados e devolveu-lhes. Não havendo marcas nos cajados, José pegou o último. Então uma pomba saiu do cajado e voou até a cabeça dele, e o sacerdote disse que José fora o escolhido para receber e guardar a virgem de Deus.

José disse que já tinha filhos e era velho, e como ela era jovem, não queria se tornar motivo de risos entre os filhos de Israel. O sacerdote recomendou que ele temesse a Deus, e lembrasse do que ele fez a Datan, Abirão e Coré: de como a terra se abriu e os engoliu por causa de suas disputas. Então José deveria temer para que essas coisas não acontecessem em sua casa.

Temendo, José aceitou ter Maria sob sua guarda. Disse a ela que a recebera no templo do Criador e a levaria para casa. Depois seguiria para suas construções e então voltaria, enquanto Deus tomaria conta dela.

04. Maria, José, Zacarias e Isabel

OS PAIS DE JOÃO

Lucas 1 (5-25)

Por essa época, o governador da Judeia era Herodes. Zacarias, o sacerdote, era da ordem de Abias e casado com Isabel, uma das filhas de Arão. Os dois eram justos diante de Deus, não se afastando dos mandamentos e preceitos do Criador. Não tinham filhos pois eram velhos, e Isabel já perdera a fertilidade.

Certa vez Zacarias exercia o sacerdócio diante de Deus (no dia de seu turno, como era o costume) e foi sorteado a entrar no templo para oferecer incenso. Todo o povo estava do lado de fora, orando conforme o rito, quando um anjo do Criador se colocou em pé diante de Zacarias, à direita do altar de incenso. E ao vê-lo, Zacarias sentiu-se em sombras e estremeceu.

Mas o anjo lhe disse para não temer. Explicou que a oração dele fora ouvida, e que Isabel daria à luz um filho que ele deveria chamar de João. Esse filho lhe daria prazer e alegria, e muitos se contentariam com o seu nascimento. Afinal, ele seria grande diante de Deus, não beberia vinho nem bebida forte, e viveria cheio do Espírito Santo, desde a barriga da mãe.

João converteria muitos dos filhos de Israel ao Senhor seu Deus, indo à frente dele pelo espírito e pela virtude de Elias, para resgatar os corações dos pais a seus filhos, e os rebeldes à prudência dos justos, a fim de preparar ao Criador um povo bem-disposto.

Zacarias perguntou ao anjo como poderia acreditar naquilo, se ele e sua mulher eram velhos. O anjo disse chamar-se Gabriel e ter sido enviado por Deus para dar as boas-novas. Mas como Zacarias havia duvidado dele, ficaria mudo até o dia em que essas coisas – no seu tempo – se cumprissem.

O povo esperava Zacarias e se surpreendeu com a demora dele no templo. Mas ao sair, não podia falar, e todos entenderam que ele havia tido uma visão. Mudo, ele passou a se comunicar por gestos, e, ao terminarem os dias de seu ministério, voltou para casa.

Depois daqueles dias, Isabel engravidou e disfarçou por cinco meses, entendendo que o seu Deus quis assim, quando atentou a ela para tirar sua desonra entre os homens.

CORTINA DO TEMPLO – OFÍCIO PARA AS VIRGENS
Tiago 10 (1-2)

Pouco antes de Zacarias ficar mudo – e ser substituído até voltar a falar –, houve um conselho entre os sacerdotes, decidindo-se que fariam uma cortina para o templo de Deus.

Zacarias pediu que levassem a ele as virgens virtuosas da tribo de Davi. Os emissários encontraram sete delas, mas o sacerdote lembrou-se da menina Maria, da tribo de Davi e imaculada à frente de Deus. Então eles a trouxeram.

Fizeram todas entrarem no templo, e o sacerdote pediu que tirassem na sorte quem fiaria o ouro, o amianto, o linho, a seda, o jacinto, o escarlate e o vermelho vivo. Maria tirou o escarlate e o vermelho vivo e, depois de pegá-los, voltou para casa. E com o escarlate em mãos, fiou-o.

PRIMEIRO ANÚNCIO
Tiago 11 (1-3)

Um dia ela pegou um jarro e foi buscar água. Então ouviu uma voz chamando-a de abençoada, dizendo que Deus estava com ela e que era *bendita entre as mulheres*. Maria olhou para os dois lados, tentando ver de onde ela vinha, e teve medo.

Ao entrar em casa, pôs o jarro no chão e pegou o vermelho vivo, sentando-se na cadeira para esticá-lo. Então um anjo do Criador apareceu à frente dela pedindo que não se assustasse. Disse que ela encontrara graça diante de Deus e de todos, e assim conceberia a partir de sua palavra.

Enquanto escutava, Maria perguntou-se se engravidaria do próprio Deus, e se daria à luz como toda mulher. E o anjo lhe disse que não, que não seria assim porque o poder do Criador a sombrearia. E assim, o seu Santo neném seria chamado de filho do Altíssimo, e ela deveria dar-lhe o nome de Jesus. Ele haveria de salvar o povo de seus erros.

Maria respondeu ser uma criada do Deus à frente dele e desejou que tudo se cumprisse como o anjo lhe anunciara.

OS PAIS DE JESUS

Mateus 1 (18-25), Lucas 1 (26-38)

Anúncio do anjo a Maria

Essas coisas aconteceram em Nazaré, uma cidade da Galileia. Quando o anjo Gabriel foi enviado por Deus, Maria já estava no sexto mês de gravidez. Ela era virgem e casada com José, da casa de Davi.

O anjo entrou no lugar onde Maria se encontrava para saudá-la, vendo-a *cheia de graça*, dizendo que *o Senhor estava com ela* e que ela era *bendita entre as mulheres.* Ao vê-lo, Maria inquietou-se com suas palavras e pensou qual tipo de saudação seria aquela.

Então o anjo lhe disse para não temer, porque ela havia recebido a graça de Deus e gestaria em seu ventre até dar à luz um filho a quem deveria chamar de Jesus. Ele seria grande e conhecido como o filho do Altíssimo, e Deus lhe daria o trono de seu pai Davi. E então reinaria eternamente na casa de Jacó, pois o seu reino não teria fim.

Maria perguntou ao anjo como isso seria possível, se ela não estivera com nenhum homem. O anjo respondeu que sobre ela desceria o Espírito Santo: a virtude do Altíssimo a cobriria com a sua sombra, e assim o Santo, que dela nasceria, seria chamado Filho de Deus.

Contou que também a sua prima Isabel teria um filho na velhice, e que aquele já era o sexto mês de gravidez daquela que era tida como estéril. E isso porque nada era impossível para o Criador.

Maria então declarou-se a ele como *criada de Deus*, esperando que tudo se cumprisse nela segundo aquelas palavras. E o anjo saiu.

Anúncio do anjo a José

Maria era casada com José. Antes de estarem juntos, ela engravidou do Espírito Santo. José, sendo justo, não quis difamá-la e pensou em abandoná-la secretamente. Mas em seu sonho apareceu um anjo de Deus, que, chamando-o de filho de Davi, explicou que ele deveria proteger Maria, sua esposa, porque ela engravidara do Espírito Santo. Daria à luz um filho que ele deveria chamar Jesus, e era quem salvaria o povo de seus erros.

José, acordando, fez como o anjo de Deus mandara, protegendo sua mulher. E não a tocaria até que desse à luz seu filho, o primeiro. E lhe daria o nome de Jesus.

As coisas se dariam desse modo para se cumprir o que fora anunciado pelo Criador na voz do profeta, dizendo que a virgem engravidaria e daria à luz um filho a quem chamariam de Emanuel, que queria dizer *Deus conosco.*

VOLTANDO À CORTINA
Tiago 12 (1)

Maria fez o vermelho vivo e o escarlate e levou seu trabalho ao sacerdote, que tomando-o, abençoou-a dizendo a ela que Deus engrandecera seu nome. E que Maria seria *bendita* por todas as gerações.

ENCONTRO DE ISABEL E MARIA

Lucas 1 (39-56), Tiago 12 (2-3)

Alegre, ela foi procurar sua parente Isabel, batendo à porta dela. Ouvindo-a, Isabel deixou de lado o escarlate e correu para abrir. Vendo Maria, abraçou-a e perguntou de onde vinha aquilo, que a mãe de Deus se dirigia a ela. E contou que o bebê em sua barriga pulou e abençoou-a.

Mas Maria, esquecendo-se dos mistérios avisados pelo arcanjo Gabriel, olhou paro o céu e perguntou a Deus quem era ela para que todas as gerações a bendissessem.

Depois de ouvir o anjo, Maria se levantara e correra para as montanhas, em direção à cidade de Judá, onde entrou na casa de Zacarias e cumprimentou Isabel.

Quando ela ouviu a saudação de Maria, a criancinha saltou em sua barriga, vendo-se preenchida do Espírito Santo. Então Isabel exclamou em voz alta à prima Maria, dizendo que ela era *bendita entre as mulheres* e que *bendito era o fruto em seu ventre*.

(Isabel perguntou de onde vinha aquilo, de receber a visita da mãe de seu Deus. E contou que, ao ouvir a saudação da prima, o bebezinho saltara de alegria em sua barriga - e feliz a que acreditara, pois iria cumprir-se o que lhe fora dito pelo Criador.)

Maria respondeu que sua alma engrandecia Deus e que seu espírito se alegrava em seu Salvador: ele atentara à humildade de sua servidora, e dali em diante, todas as gerações a chamariam de abençoada. O Poderoso fizera muito por ela, e seu nome era santo.

Sua piedade se estendera a cada geração de quem o temia. Demonstrara força em seu braço e dissipara nos orgulhosos o pensamento de seus corações. Derrubara os reis de seus tronos e elevara os humildes, dando boas coisas aos famintos e deixando os ricos sem nada.

Ajudara o criado de Israel lembrando-se de sua piedade, assim como dissera a seus pais, a Abraão e a toda sua descendência, para sempre.

Maria ficou com ela por quase três meses e depois voltou para casa.

> Assim, elas passaram três meses juntas. A cada dia, a barriga de Maria crescia um pouco. Com medo, ela voltou para casa, escondendo-se dos filhos de Israel. Tinha então 16 anos quando esses mistérios se deram.
>
> ***CHEGADA DE JOSÉ***
> ***Tiago 13 (1-3) e 14 (1-2), Tomé (d) 85 (1-2)***
>
> Veio o sexto mês, e José voltou de suas construções. Entrou em casa e viu Maria grávida. Bateu em sua própria cara, atirou-se ao chão sobre um saco e chorou amargamente, dizendo não saber com que cara olharia para Deus e como oraria por aquela jovem. Perguntou-se por que a recebera no templo de Deus e depois não a vigiara. Quem a teria possuído em sua própria casa, tornando-a impura?

E perguntou se não se repetia nele a história de Adão, que, quando dava graças a Deus, veio a serpente e, vendo Eva sozinha, a ludibriou. Teria o mesmo se dado com ele?

(Em sua vida pública, Jesus declararia sobre Adão que ele nascera de uma grande força, e de uma grande riqueza, mas não se tornara digno disso. Tivesse se tornado digno, ele nunca morreria.)

Então José levantou do saco, chamou Maria e perguntou por que ela, que fora cuidada por Deus, fizera aquilo. Esquecera do Criador? Por que teria *rebaixado a própria alma*, ela que fora *educada no Santo dos Santos* e *alimentada por um anjo*?

Maria *chorou amargamente*, dizendo *ser pura* e *não ter se relacionado com nenhum homem*. Então José perguntou de onde viria o que estava em sua barriga. Maria respondeu que era *tão certo como Deus estar vivo* ela não saber de onde vinha.

José receou muito e preferiu se afastar dela, pensando no que fazer. Achou que, se acobertasse o seu erro, seria julgado como contrário à Lei de Deus. E se a denunciasse aos filhos de Israel, e o bebê gestado por ela fosse angelical, ele daria sentença de morte a um sangue inocente. O que faria com ela? Estava decidido a divorciar-se às escondidas quando o sono se apossou dele e a noite o fez dormir.

Então um anjo do Criador lhe apareceu em sonhos, dizendo que não temesse sobre aquela menina. O que estava nela era do Espírito Santo: Maria daria à luz um menino que deveria se chamar Jesus. Ele salvaria o povo de seus erros.

José se levantou e glorificou a Deus pela graça recebida e cuidou dela.

O SACERDOTE É INFORMADO DO OCORRIDO E CONVERSA COM MARIA E JOSÉ

Tiago 15 (1-3) e 16 (1-3)

Anás, o escrivão, foi até José e lhe perguntou por que não fora à reunião. Ele disse que estava cansado da viagem, precisando descansar no primeiro dia. Então Anás reparou que Maria estava grávida e correu para o sacerdote, dizendo que José, por quem ele testemunhara, teria cometido um grande pecado.

O sacerdote se surpreendeu, e Anás continuou a dizer que José teria violado a virgem recebida por ele no templo de Deus, roubando as bodas dela e não revelando o caso aos filhos de Israel. O sacerdote perguntou se José teria mesmo feito essas coisas, e Anás, o escrivão, sugeriu que enviassem emissários para verificar se a virgem estava grávida. Assim foi feito, e Maria e José foram levados ao tribunal.

O sacerdote perguntou a Maria por que fizera aquilo, de *rebaixar a própria alma* e se esquecer de Deus. Lembrou que ela fora *educada no Santo dos Santos* e *alimentada por um anjo*, tendo ouvido os hinos dele e dançado para ele. Por que teria feito aquilo?

Ela *chorou amargamente*, dizendo ser *tão certo como Deus estava vivo* que ela era *pura* diante dele e *não conhecia nenhum homem*.

O sacerdote perguntou a José por que fizera aquilo, e ouviu dele ser *tão certo como Deus estar vivo* que ele era *puro* em relação a ela. O sacerdote pediu que não desse falso testemunho, mas dissesse a verdade, pois violara as bodas dela e não avisara os filhos de Israel. E disse para não baixar a cabeça sob a mão forte para que tivesse sua descendência abençoada. E José se calou.

Então o sacerdote disse para José devolver a virgem que recebera do templo do Criador, e José chorou. O sacerdote disse que lhe daria a água da resposta de Deus, e o pecado lhe seria revelado nos olhos. Então ele trouxe a água e a deu a José, enviando-o para o deserto. Ele voltou inteiro.

Em seguida o sacerdote deu a a Maria, enviando-a para o deserto, e ela voltou inteira. E o povo se impressionou, porque o pecado não se manifestava neles. Então o sacerdote disse que, se Deus não revelara os pecados deles, ele também não julgaria. E despediu-os. José pegou Maria e voltou para casa, alegrando-se e glorificando Deus.

05. Recenseamento em Belém

DECRETO

Lucas 2 (1-6), Tiago 17 (1)

Por esses tempos, foi enviado um decreto da parte de César Augusto para que toda a população fosse registrada (foi o primeiro censo, sendo que o governador da Síria era Quirino). E todos foram se cadastrar, cada um em sua cidade de origem.

> O imperador Augusto expediu uma ordem para que todos fossem recenseados em Belém, na Judeia. José decidiu que iria recensear seus filhos, mas não sabia como fazer com a menina. Ele a recensearia? Como esposa (tinha vergonha)? Como filha? Os filhos de Israel sabiam que ela não era sua filha. Então pensou que no dia seria como Deus quisesse.

Então José, da cidade de Nazaré, na Galileia, também se deslocou até a cidade de Davi (porque era da casa e família de Davi), chamada Belém, na Judeia, para cadastrar-se com Maria, sua esposa, que estava grávida. E aconteceu de quando estarem por lá, cumprirem-se os dias em que ela haveria de dar à luz.

> ### *IDA A BELÉM*
>
> *Tiago 17 (2-3)*
>
> José selou a mula e ajudou Maria a montar. Seu filho a conduzia e ele ia atrás. Depois de uns cinco quilômetros, José percebeu que Maria estava triste e pensou que talvez o bebê a incomodasse. Mas ele olhou novamente e ela estava rindo. Então perguntou por que estava daquele jeito, às vezes triste, às vezes sorrindo. Maria respondeu que via dois povos, um em prantos e lamentos e outro em alegrias e entusiasmos.
>
> No meio do caminho, ela pediu para descer da mula, porque o neném já queria nascer. José ajudou-a e perguntou-se onde a levaria, pois estavam em um lugar deserto.

DELÍRIO DE JOSÉ E ENCONTRO COM UMA PARTEIRA
Tiago 18 (1-3) e 19 (1-3)

Ele encontrou uma gruta e levou-a para dentro, deixando seu filho para atendê-la no que precisasse. Então procurou uma parteira hebreia na região de Belém. José andava e não andava, olhava para o ar – que estava perplexo – e para o céu – vendo apenas a abóbada parada, com as aves descansando.

Olhou para a terra e viu uma tigela com trabalhadores agachados pondo as mãos sobre ela. Os que mastigavam não mastigavam, os que se serviam da comida não se serviam, e os que a levavam à boca não levavam, mas todos os rostos olhavam para cima.

Viu ovelhas sendo conduzidas, e elas estavam paradas. O pastor levantou o cajado para bater nelas, e a mão dele ficou parada no ar. Ele olhou para o rio e as bocas dos cabritos estavam paradas, sem beber. De repente, todas as coisas voltaram ao normal.

Uma mulher descia da montanha, viu José e perguntou aonde ele ia. José disse que procurava uma parteira hebreia, e ela perguntou se ele era de Israel. Ele disse que sim, e ela perguntou sobre a mulher na gruta, em trabalho de parto. Ele disse que era sua noiva. Ela perguntou se não era a mulher dele, e ele disse que era Maria, a que fora criada no templo de Deus, e que, por sorte, veio a ser sua esposa – mas não sua mulher, pois engravidara do Espírito Santo. A parteira concordou, e José a levou até Maria.

Eles ficaram de pé naquela parte da gruta, que foi sombreada por uma nuvem luminosa. A parteira disse que sua alma fora engrandecida naquele dia, pois seus olhos viram milagres: a salvação nascera para Israel.

Então a nuvem se afastou, e veio da gruta uma luz muito forte, a ponto de os olhos não aguentarem. E logo aquela luz se afastou, e o neném apareceu. Veio e tomou o peito da mãe, e a parteira declarou em voz alta que aquele era o seu grande dia, em que vira tal maravilha.

DÚVIDA DE SALOMÉ
Tiago 20 (1-4)

A parteira, saindo da gruta, deparou-se com Salomé. Disse a ela que tinha uma boa-nova, maravilha para contar: uma virgem dera à luz – o que não era natural. Salomé disse que Deus estava vivo e que, se não pusesse o dedo para verificar a natureza dela, não acreditaria em uma virgem ter dado à luz.

A parteira voltou e disse a Maria que se preparasse, pois tinha diante dela uma prova relevante a seu respeito. E Salomé pôs o dedo na natureza dela, gritando alto em um lamento contra seu próprio pecado e sua descrença, pois duvidara do Deus vivo. Agora, com o fogo, sua mão estava derretendo.

E dobrando os joelhos diante do Deus de seus antepassados, pediu para lembrar que ela descendia de Abraão, de Isaac e de Jacó e para não fazer dela exemplo para os filhos de Israel, mas para entregá-la aos pobres. Deus sabia que ela trabalhava em nome dele, e que por ele fora recompensada.

Um anjo do Criador mostrou-se ali, de pé, e disse a Salomé que Deus a ouvira. Disse para ela aproximar a mão do neném e segurá-lo: assim ela teria salvação e felicidade. Salomé adiantou-se e segurou-o, dizendo que se curvaria diante dele, porque nascera um grande rei para Israel.

E de imediato Salomé foi curada e saiu da gruta justificada. Uma voz ainda a chamou, pedindo que não dissesse nada sobre os milagres que vira, até que o menino entrasse em Jerusalém.

06. Nascimentos de João e Jesus

CHEGADA DE JOÃO

Lucas 1 (57-80)

Completando-se o tempo de dar à luz, Isabel teve um filho. Os vizinhos e parentes souberam que Deus havia sido imensamente piedoso com ela e alegraram-se.

No oitavo dia vieram circuncidar o menino, a quem chamavam de Zacarias, como o pai. Mas a mãe disse que não, pois ele se chamaria João. Então a questionaram, pois não havia nenhum parente com aquele nome.

Perguntaram a Zacarias, por acenos, como queria que dessem o nome. Ele pediu uma tabuinha de escrever e disse que o nome dele seria João. E todos se maravilharam.

Nesse momento a boca de Zacarias se abriu, a língua soltou-se e ele voltou a falar, louvando a Deus. Os vizinhos se assustaram, e logo esses fatos foram divulgados por todas as montanhas da Judeia. Os que ouviam guardavam essas coisas no coração, perguntando-se quem era, afinal, aquele menino. E a mão de Deus estava com ele.

Zacarias, cheio do Espírito Santo, passou a profetizar e declarou ser *bendito o Senhor Deus de Israel* que visitou e libertou seu povo, enviando uma poderosa salvação à casa de Davi, seu criado.

E isso fora dito pela boca de seus santos profetas desde sempre: para livrá-los dos inimigos e dos que os odiavam, e para que a piedade se manifestasse entre eles, lembrando de sua santa aliança e do juramento com o pai deles, Abraão. E que assim, sem medo e livres dos inimigos, pudessem servir em santidade e justiça diante dele por toda a vida.

Sobre aquele menino, iriam chamá-lo de profeta do Altíssimo, porque iria à frente do Salvador, preparando o seu caminho, levando ao povo o conhecimento de sua salvação e perdoando os seus erros.

Tudo graças ao coração piedoso de Deus, que lhes daria um sol nascente a visitá-los das alturas, iluminando os que viviam em trevas e na sombra da morte, para guiar-lhes os passos no caminho da paz.

VINDA DOS REIS MAGOS E CONFUSÃO PROVOCADA POR HERODES
Tiago 21 (1-3)

José se preparava para ir à Judeia quando houve uma grande confusão em Belém. Apareceram magos perguntando onde estava o rei dos judeus que acabara de nascer. Eles viram sua estrela no Oriente e viajaram para se curvar diante dele. Ao saber disso, o governador Herodes ficou agitado e enviou emissários aos magos. Convocou os sumos sacerdotes e perguntou o que estava escrito sobre o Cristo. Onde nasceria? Eles responderam que em Belém da Judeia.

Herodes mandou-os embora, chamou os magos e perguntou que sinal eles viram sobre o nascimento do rei. Os magos disseram ter visto uma estrela muito grande, brilhando mais e se sobrepondo às outras, a ponto de não serem notadas. E assim souberam que nascera um rei para Israel e viajaram para se curvar diante dele.

Herodes disse para eles saírem e o procurarem, e se encontrassem era para avisá-lo, pois ele também se curvaria diante do rei. Os magos partiram, e a estrela que viram no Oriente os conduziu até parar sobre a entrada da gruta, onde eles entraram. E os magos viram o menino com Maria. Então tiraram de suas bagagens as ofertas: ouro, incenso e mirra.

AS MÃES PROTEGEM SEUS BEBÊS
Tiago 21 (4) e 22 (1-3)

Avisados pelo anjo para não passarem pela Judeia, os magos seguiram por outro caminho e voltaram ao país deles.

Quando Herodes percebeu que fora enganado pelos magos, sentiu raiva e enviou assassinos para matarem as crianças com menos de dois anos. Maria ouviu falar da matança dos bebês, teve medo e segurou no menino, cobrindo-o com faixas e colocando-o na manjedoura dos bois.

E Isabel, ouvindo dizer que procuravam João, agarrou-o e subiu até as montanhas. Olhou à volta, procurando onde escondê-lo, e não viu esconderijo. Então, gemendo em voz alta, clamou à Montanha de Deus para que recebesse a mãe com o filho, pois não conseguia escalá-la. E logo a montanha abriu-se e a recebeu. E a luz brilhou para eles, porque um anjo de Deus os protegia.

MORTE DE ZACARIAS
Tiago 23 (1-3) e 24 (1-4)

Herodes procurava João e enviou emissários a Zacarias, perguntando onde estava o filho dele. Zacarias declarou-se ministro de Deus e disse estar sempre em seu templo, não sabendo onde estava o filho.

Os emissários partiram e relataram isso a Herodes, que, raivoso, disse que o filho dele seria o rei de Israel. Então os enviou de novo ordenando que Zacarias lhes dissesse a verdade sobre onde estava o filho, pois sabia que sua vida estava sob a mão de Herodes. Os emissários foram até Zacarias e lhe disseram isso.

Zacarias respondeu ser testemunha de Deus caso Herodes derramasse o seu sangue. E o Criador receberia o seu espírito, pois Herodes derramaria sangue inocente na entrada do templo de Deus. Zacarias foi morto de madrugada, e os filhos de Israel sabiam que era um assassinato.

Na hora da saudação, os sacerdotes chegaram para receber a bênção de Zacarias, como era de hábito. E ficaram parados, esperando para cumprimentá-lo com uma prece e para glorificarem o Deus Altíssimo.

Com a demora, todos tiveram receio, mas um deles ousou entrar. Então, viu um sangue pastoso, próximo ao altar, e ouviu uma voz dizendo que Zacarias fora assassinado, e que o sangue dele não estaria limpo até seu vingador chegar. O sacerdote teve medo, mas contou aos outros o que vira e ouvira.

Eles ousaram entrar e viram o ocorrido. Os afrescos do templo gritaram, e eles rasgaram suas roupas por inteiro, não encontrando o corpo, mas apenas o sangue sobre a pedra. Com medo, saíram e avisaram a todos que Zacarias fora assassinado. Todas as tribos os ouviram e lamentaram, ficando de luto por três dias e três noites.

Depois desse tempo, os sacerdotes discutiram sobre quem ficaria no lugar de Zacarias, e a sorte ficou com Simeão, aquele profetizado pelo Espírito Santo que viveria até ver o Cristo em carne e osso.

AINDA SOBRE JOÃO

Lucas 1 (80)

Apesar de tudo isso, o filho de Zacarias haveria de crescer e engrandecer em espírito. E ficaria nos desertos até o dia de mostrar-se a Israel.

CHEGADA DE JESUS

Mateus 2 (1-12), Lucas 2 (7-20)

Magos

Jesus nasceu em Belém, na Judeia, no tempo do governador Herodes. Alguns magos vieram do Oriente a Jerusalém, perguntando onde estava o que havia nascido para ser rei dos judeus. Isso porque eles viram a sua estrela no Oriente e viajaram para adorá-lo.

Ao ouvir isso, o governador Herodes perturbou-se, assim como toda a Jerusalém. Foram chamados todos os chefes dos sacerdotes e os escrivães do povo, e Herodes perguntou onde haveria de nascer o Cristo.

Eles disseram que em Belém da Judeia, pois o profeta escrevera que a cidade *em nada era a menor entre as capitais de Judá*, e dela sairia o Guia que conduziria o povo de Israel.

Então Herodes chamou os magos em segredo e perguntou quando exatamente aquela estrela aparecera a eles. Em seguida mandou-os a Belém, pedindo que perguntassem logo pelo menino e o avisassem ao encontrá-lo para que ele também fosse adorá-lo.

Depois de ouvirem o rei, eles partiram. A estrela que viam no Oriente ia à frente deles até parar sobre o lugar onde estava o menino. Ao verem a estrela ali parada, eles foram tomados de grande alegria e entraram na casa. Vendo o menino com sua mãe Maria, curvaram-se e o adoraram. E abriram os seus tesouros, oferecendo as dádivas: ouro, incenso e mirra.

E depois foram avisados em sonhos, por revelação divina, para não voltarem até onde estava Herodes, e assim partiram para sua terra por outro caminho.

Nascimento de Jesus

Pastores

Dando à luz o seu primeiro filho, Maria envolveu-o em panos e deitou-o numa manjedoura, porque não havia lugar para eles na estalagem. Naquela região havia pastores no campo guardando o rebanho durante as vigílias da noite. O anjo de Deus desceu sobre eles, e a glória do Criador cercou-os de luz, causando medo.

Então o anjo lhes disse para não temerem, pois trazia notícias de grande alegria, que seriam levadas a todo o povo. Contou que na cidade de Davi acabara de nascer o Salvador, Cristo, o Filho de Deus. E eles o encontrariam por um sinal: achariam o menino envolto em panos e deitado numa manjedoura.

Nesse instante, juntou-se ao anjo uma multidão de seres celestiais, louvando a Deus e clamando por *glória a Deus nas alturas* e *paz na Terra aos homens de boa vontade.*

Então os anjos subiram aos céus, e os pastores disseram uns aos outros que deveriam ir a Belém e ver o evento que Deus lhes comunicou. E correram até lá. Acharam Maria, José e o menino deitado sobre a manjedoura. Ao vê-lo, disseram as palavras que lhes foram ditas sobre ele, e todos que as ouviram se maravilharam. Apenas Maria guardava todas aquelas coisas, conservando-as no coração.

Então os pastores voltaram, glorificando e louvando a Deus por tudo o que tinham visto e ouvido, exatamente como lhes revelaram.

SEGUNDA SEMANA (CONFIRMAÇÕES DE SIMEÃO E ANA)

Lucas 2 (21-39)

Depois de oito dias foram circuncidar o menino e o chamaram de Jesus, nome que lhe fora dado pelo anjo antes mesmo de ser concebido. E cumprindo-se os dias de sua purificação, pela lei de Moisés, levaram-no a Jerusalém para ser mostrado a Deus (pelo que estava escrito em sua lei: *todo menino primogênito deveria ser consagrado a ele*) e para ofertarem em obediência à lei do Criador: duas rolinhas ou pombas pequenas.

Em Jerusalém morava Simeão, homem justo e temente a Deus, que esperava a consolação de Israel. O Espírito Santo estava sobre ele e lhe revelou que não morreria antes de ver o Cristo do Senhor.

Inspirado no Espírito, ele estava no templo quando os pais levaram o menino Jesus em cumprimento à lei. Ele o tomou nos braços e louvou a Deus, pedindo que ele agora despedisse em paz o seu criado, pela sua própria palavra: os olhos de Simeão haviam visto a salvação preparada por Deus diante de todos os povos. Aquela era a luz que iluminaria as nações, para glória do povo de Israel.

José e Maria se maravilharam com as coisas ditas sobre a criança. E Simeão os abençoou, dizendo à mãe que ele vinha para a ascensão e queda de muitos em Israel, e para ser sinal de contradição – *pois uma espada transpassaria sua própria alma* –, revelando-se os pensamentos de muitos corações.

Também estava presente a profetisa Ana, filha de Fanuel, da tribo de Aser. Ela já era bem idosa e vivera com o marido por sete anos, desde a sua virgindade. Viúva, com quase 84 anos, não se afastava do templo, servindo noite e dia a Deus com jejuns e orações. Vendo aquilo, ela deu graças a Deus e falava da criança a todos os que esperavam a redenção em Jerusalém.

Depois de cumprirem todas as obrigações da lei de Deus, José e Maria voltaram para a cidade deles, Nazaré, na Galileia.

IDA AO EGITO

Mateus 2 (13-23)

Depois que saíram, o anjo de Deus apareceu em sonhos a José, dizendo para ele se levantar, pegar o menino e a mãe e fugir para o Egito. Deviam ficar lá até que o anjo o avisasse, porque Herodes procuraria o menino para matá-lo.

Levantando-se de noite, José pegou os dois, e foram para lá, onde ficariam até a morte de Herodes – para que se cumprisse o que Deus ditara ao profeta, que *chamaria o seu Filho do Egito*

Herodes, percebendo que fora enganado pelos magos, irritara-se e mandou matar todos os meninos de Belém e à volta que tivessem menos de dois anos – tempo que conseguira se informar pelos magos.

E assim se cumprira o que era dito pelo profeta Jeremias, que *em Ramá se ouvira uma voz de lamentação e grande pranto, a de Raquel, chorando por seus filhos e não se deixando consolar, pois eles já não existiam.*

Mas quando Herodes morreu, o anjo de Deus apareceu em sonho a José, no Egito, dizendo para ele *se levantar, pegar o menino e sua mãe e voltar a Israel, porque já haviam morrido os que queriam matar a criança.* E ele assim o fez...

Quando ouviu dizer que em lugar de Herodes, na Judeia, reinava o filho Arquelau, achou melhor não ir para lá. E avisado em sonhos por uma divina revelação, escolheu outros lugares da Galileia. E ao chegar, morou numa cidade chamada Nazaré, para se cumprir o que fora dito pelos profetas, que ele *seria chamado Nazareno.*

07. Infância de Jesus

PRODÍGIOS SÓ COM AS PALAVRAS (PROVOCANDO DESAVENÇAS)
Tomé 2 (1-5), 3 (1-3), 4 (1-2) e 5 (1-3)

Quando o menino Jesus tinha cinco anos e brincava na parte rasa de um rio, ele juntou as águas correntes numa lagoa e as purificou, fazendo isso apenas com a palavra. E com a argila, modelou doze pardais. Era sábado, e muitas crianças brincavam com ele.

José, indo até lá e vendo o ocorrido, gritou com ele e perguntou por que fazia aquilo em um sábado, quando não era permitido. Jesus bateu as mãos e gritou aos pardais, ordenando que se fossem. E então eles voaram, soltando pios. Os judeus viram, admiraram-se e foram contar aos chefes o que viram Jesus fazer.

Com José estava o filho do escrivão Anás, que, com um ramo de salgueiro, soltou as águas que Jesus havia juntado. Jesus, irritando-se, chamou-o de injusto, sem fé e tolo. Perguntou que mal lhe fizeram as lagoas e as águas e disse que por isso o menino murcharia como uma árvore sem folhas, raiz nem frutos. Então ele murchou todo, e Jesus foi para a casa de José. Os pais do menino, lamentando pela sua juventude, levaram-no até José e o acusaram de ter um filho que fazia aquelas coisas.

Depois disso, Jesus andava pela aldeia e um menino correndo esbarrou em seu ombro. Irritado, ele disse ao menino que não seguiria em seu caminho. Logo o menino caiu e morreu. Alguns, vendo aquilo, perguntaram-se de onde vinha Jesus, pois todas as suas palavras viravam fato consumado.

Os pais do menino morto repreenderam José, dizendo que, com um filho assim, ele não poderia mais morar na aldeia. Ou então ele deveria ensiná-lo a não amaldiçoar, e sim a abençoar, pois estava matando os filhos dos outros.

José chamou o menino de lado e o repreendeu, perguntando por que fazia aquilo. Disse que aquelas pessoas sofriam, iam detestá-los e depois persegui-los. Jesus disse que aquelas não eram palavras de José, e apesar disso, ficaria calado em respeito a ele. Mas os outros carregariam o castigo deles. E assim, os que o repreenderam ficaram cegos.

Os que viram aquilo ficaram surpresos e tiveram muito medo. Perceberam que todas as palavras vindas de Jesus, fossem boas ou más, realizavam-se, fazendo milagres. E por presenciarem aquele novo feito, José levantou-se e puxou com força a orelha de Jesus. Irritado, Jesus desejou que a ele bastasse procurar e não achar, porque a atitude de José com certeza não fora sábia. Não sabia que Jesus era seu filho? E pediu que não o entristecesse.

TENTATIVA DE EDUCÁ-LO
Tomé 6 (1-4) e 7 (1-4)

Um professor que estava ali perto, Zaqueu, ouviu Jesus dizer aquelas coisas a seu pai e admirou-se ao ver uma criança com tanta desenvoltura. Depois de alguns dias, aproximou-se de José e disse que aquele menino era ajuizado e inteligente. Então pediu que o entregasse para ensiná-lo a ler. Depois que aprendesse a leitura, daria a ele todos os conhecimentos e lhe mostraria como cumprimentar os mais velhos, como honrá-los como pais e avós e como amar os que tinham a sua idade.

E assim ensinou-lhe todas as letras - do A ao Z - de maneira precisa. Jesus olhou para Zaqueu e perguntou como ele, que não sabia a natureza do A, ensinava aos outros o B. Chamou-o de hipócrita: se ele sabia, devia primeiro ensinar o A para depois eles acreditarem no que dissesse sobre o B. Então começou a fazer perguntas ao professor sobre a primeira letra, que ele não soube responder.

Havia muitos à volta, e o menino, chamando Zaqueu de professor, pediu que o ouvisse e reparasse na forma da primeira letra, notando que havia linhas: a do meio atravessava o par das linhas que subiam juntas até chegar ao topo, e as três se equivaliam em proporção. Eram essas as linhas do A.

Ao ver o menino criar tantas alegorias com a primeira letra, Zaqueu ficou perplexo ao ouvir a explicação. E desculpou-se a todos, dizendo-se surpreso e envergonhado por ter trazido aquele menino à escola. Pediu que José o levasse de volta, pois já não aguentava a austeridade do olhar dele e nunca entendia sua palavra.

O menino parecia ter nascido em outra dimensão, pois conseguia domar até o fogo. Provavelmente nascera antes da criação do mundo. Não era possível saber que ventre o concebera e que útero o criara. Ele confundira o mestre, que não pôde seguir seu raciocínio e enganou-se, sentindo-se um desgraçado. Esforçava-se para ter alunos e foi flagrado como tendo um professor.

Zaqueu disse-se consciente da vergonha porque, mesmo velho, fora superado por um menino. E achou que poderia adoecer e morrer por causa dele. Naquele momento, sequer podia olhar na cara de Jesus. E se todos comentassem que fora vencido por uma criança, o que ele poderia dizer? Como relataria o que lhe dissera sobre as linhas da primeira letra? Não sabia, e confessou aos amigos não conhecer a origem e o destino de Jesus.

Então pediu a José que levasse o menino para casa, dizendo ser ele um ser grandioso - deus ou anjo. Ou talvez Zaqueu devesse dizer que nada sabia.

RECONHECIMENTO DE SEU PODER E NOVOS PRODÍGIOS

Tomé 8 (1-2), 9 (1-3), 10 (1-2), 11 (1-2), 12 (1-2) e 13 (1-2), Tomé (d) 77 (1-3)

Enquanto os judeus aconselhavam Zaqueu, Jesus ria muito e desejou que a partir dali suas coisas dessem fruto e que os cegos no coração notassem. Disse estar presente, vindo de cima para amaldiçoá-los e chamá-los para o alto, como ordenara Deus, que o enviara em sua causa.

Quando parou de falar, todos os amaldiçoados por ele se curaram. E dali em diante, ninguém ousava provocá-lo, para não ser amaldiçoado ou destruído.

Dali alguns dias, Jesus brincava em um telhado plano, e um dos meninos que estava com ele caiu de lá e morreu. Todos os outros meninos fugiram, e Jesus ficou só. Quando chegaram os pais do menino morto, acusaram Jesus de tê-lo empurrado, e Jesus negou. Mas eles o insultaram.

Jesus pulou do telhado e ficou junto ao corpo do menino, e gritou em voz alta o nome dele, *Zenão,* pedindo que levantasse e dissesse se havia sido empurrado. Ele levantou e disse que não, e sim que o havia levantado. Todos se assustaram, e os pais do menino glorificaram a Deus por aquele sinal. E se curvaram diante de Jesus.

Alguns dias depois, um jovem rachava lenha, e o machado caiu, cortando a planta de seu pé. Ele perdeu muito sangue e estava morrendo. Houve tumulto, uma aglomeração, e Jesus também correu até lá. Forçando passagem na multidão, ele pegou no pé ferido do jovem e logo o curou. Então disse ao jovem para levantar-se, rachar a lenha e lembrar-se dele.

Jesus dizia ser a luz que estava por cima de todos. Ele era o Tudo e dele viria o Todo. Tudo chegava a ele.

Rachava-se a madeira e ele estava ali.

Levantava-se a pedra e lá o encontrariam.

As pessoas à volta, vendo o ocorrido, curvaram-se diante do menino e disseram ser verdade que o espírito de Deus morava nele.

Ao fazer seis anos, Maria pediu que ele trouxesse água para casa e deu-lhe um jarro. Mas, em meio à multidão, o vaso quebrou. Jesus, desdobrando o seu manto, encheu-o de água e a transportou até sua mãe. Maria, vendo aquele sinal, beijou-o e guardou para si os mistérios que o via perpetrar.

E na época do plantio, o menino saiu outra vez com seu pai para semear cereal no sítio. Enquanto José semeava, Jesus pôs apenas um grão naquela terra. Quando fizeram a colheita e a debulha, ele produziu cem medidas. E depois de chamar todos os mendigos da aldeia para irem ao sítio, ofereceu a eles o cereal, e José levou a sobra.

Esse sinal aconteceu quando Jesus tinha oito anos.

José era carpinteiro e à época produzia arados e peças para carros de boi. Um homem rico encomendou-lhe uma cama, mas uma das madeiras (a chamada *cruzada*) ficou muito curta, e eles não tinham como resolver. Jesus disse a seu pai para colocar as duas madeiras e alinhá-las pelo meio. José assim fez, e Jesus foi para o outro lado, segurando a madeira mais curta, puxando-a e alinhando-a com a outra.

José admirou-se, abraçou o menino e beijou-o, dizendo-se abençoado por Deus ter lhe dado aquele filho.

UMA SEGUNDA TENTATIVA DE EDUCÁ-LO
Tomé 14 (1-3) e 15 (1-4)

José, percebendo a inteligência do menino naquela idade e vendo que crescia, quis novamente que aprendesse as letras, entregando-o a um professor. O mestre disse ao pai que primeiro lhe ensinaria grego e depois o hebraico, pois ele sabia da experiência do menino e tinha medo dele.

Mesmo assim, depois de escrever o alfabeto, treinou-o várias vezes, e o menino não respondia. Então Jesus disse que, se ele era mesmo professor e sabia bem as letras, podia dizer o poder do A, que ele, Jesus, lhe diria o do B. O professor, irritado, bateu na cabeça de Jesus, que, machucado, amaldiçoou-o, e logo o professor desmaiou e bateu a cara no chão.

Jesus voltou para a casa de José, que se entristeceu e disse a Maria para não o deixar mais sair de casa, porque os que despertavam raiva nele acabavam morrendo.

Depois de algum tempo, apareceu outro professor, amigo de José, que lhe disse para levar o menino à escola. Talvez ele pudesse ensinar-lhe as letras de maneira carinhosa. E como ele teve essa coragem, José autorizou-o a levá-lo.

O professor o conduziu com certo medo e resistência, mas Jesus o seguia alegre. Entrando na escola, confiante, viu um livro esquecido na carteira e leu as letras que estavam nele. Mas ao abrir a boca, falou por meio de um espírito santo e ensinou a Lei aos que estavam lá.

Juntou-se uma grande multidão para ouvi-lo, e as pessoas se admiravam com a beleza de seu ensinamento e com a intenção de suas palavras, porque era uma criança dizendo aquelas coisas. Ouvindo falar disso, José correu até a escola, preocupado com o professor não haver gostado. O professor contou que recebera o menino como discípulo, mas ele estava *cheio de graça* e sabedoria. E por isso pediu que o levasse para casa.

Ao ouvir isso, Jesus riu dele, dizendo que relatara corretamente e falara a verdade. E que por causa dele, o professor que fora atingido seria curado. E assim foi. Então José pegou Jesus e o levou para casa.

NOVOS EPISÓDIOS DE CURA
Tomé 16 (1-2), 17 (1-2) e 18 (1-2)

José mandou seu filho Tiago cortar lenha e trazer para casa. Jesus foi com ele, e quando Tiago juntava os galhos, foi picado por uma cobra. Estava morrendo, esticado no chão, quando Jesus se aproximou e soprou no ferimento. Logo a dor parou, o bicho foi morto, e pouco depois Tiago estava saudável.

Depois disso, uma criança de sua vizinhança ficou doente e morreu. A mãe dela chorava muito, e Jesus soube daquela grande desgraça e agitação. Correu até lá, rápido, e vendo a criança morta, tocou em seu peito e disse a ela para viver e não morrer, e ficar com sua mãe. Logo a criança abriu os olhos e sorriu, e Jesus disse à mulher para pegá-la, dar-lhe leite e que se lembrasse dele.

Toda a multidão, vendo aquilo, disse ser Jesus um verdadeiro deus ou anjo do Criador, porque todas as suas palavras se tornavam feitos. E Jesus saiu de lá brincando com os outros meninos.

Passado algum tempo, construíam uma casa e começou uma grande agitação. Jesus foi até lá e viu um homem morto no chão. Então pegou na mão dele e mandou-o levantar-se para voltar ao trabalho. Ele assim o fez e se curvou diante de Jesus.

A multidão, vendo aquilo, disse ser ele um menino celestial, pois salvara muitas almas da morte e podia ainda salvá-las até as vidas delas se completarem.

PÁSCOA EM JERUSALÉM

Lucas 2 (40-52), Tomé 19 (1-5)

O menino crescia e se fortalecia em espírito, cheio de sabedoria, tendo a graça de Deus sobre ele.

Todos os anos, seus pais iam a Jerusalém para a festa da Páscoa. Quando Jesus tinha doze anos, foram novamente até lá para a festa.

Na volta, depois daqueles dias, o menino ficou em Jerusalém, e José e Maria não perceberam, achando que ele estava junto na caravana. Depois de andarem um dia, resolveram procurá-lo entre os parentes e conhecidos. Como não o encontraram, voltaram a Jerusalém para procurá-lo.

Depois de três dias, acharam-no no templo entre os doutores, ouvindo-os e interrogando-os. E todos os que o ouviam admiravam a sua inteligência e suas respostas.

Quando os pais o viram, maravilharam-se, e Maria perguntou ao filho por que fizera aquilo com eles, pois ela e José o procuravam ansiosos. E Jesus perguntou por que o procuravam se sabiam que ele precisava *tratar dos assuntos de seu Pai*. E eles não entenderam o que ele dizia.

Então Jesus foi com eles e voltou para Nazaré, sendo obediente aos pais. E sua mãe guardava no coração todas essas coisas. Jesus crescia em sabedoria, em estatura e na graça de Deus e das pessoas.

(Mesmo episódio em uma segunda narrativa)

Quando Jesus fez doze anos, seus pais viajaram, pelo costume de irem em caravana até Jerusalém para a festa da Páscoa. Na volta, em uma parte do caminho, o menino resolveu voltar para Jerusalém, e seus pais pensavam que ele ainda estava na caravana.

No outro dia, seus pais o procuraram entre os parentes e, por não o verem, ficaram preocupados, voltando até a cidade. No terceiro dia o encontraram sentado entre os professores, escutando e fazendo perguntas. Todos prestavam atenção e estavam admirados como ele, sendo um menino, calava os anciãos e professores do povo, explicando-lhes as parábolas dos profetas e os temas mais significativos da Lei.

Maria aproximou-se e perguntou por que ele fazia aquilo, enquanto ela e José o procuravam. E Jesus perguntou por que o procuravam, sabendo que era preciso ele *se ocupar das coisas do Pai*.

Os escrivães e os fariseus perguntaram se Maria era mãe do menino, e ela confirmou. Então disseram ser ela *bendita entre as mulheres*, pois Deus abençoara *o fruto do seu ventre*. E que tamanha glória e virtude não se vira ou ouvira antes.

Jesus, levantando-se, seguiu sua mãe, mostrando-se obediente aos pais. Maria guardou dentro de si esses fatos, enquanto Jesus crescia em sabedoria, estatura e graça. Glória a ele, *nos séculos dos séculos. Amém.*

08. ATIVIDADES DE JOÃO

PREGAÇÕES

Mateus 3 (1-3), Marcos 1 (2-4), Lucas 3 (1-6), João 1 (6-8 e 19-24)

Houve um homem, enviado por Deus, de nome João.

Ele veio como testemunha: para testemunho da luz e para que, por meio dele, todos confiassem.

Não era a luz, mas vindo para testemunhar sobre ela.

No ano 15 do império de Tibério César, quando Pôncio Pilatos governava a Judeia (uma das quatro divisões romanas da Palestina), Herodes a Galileia e seu irmão Filipe a Itureia e a província de Traconites, e Lisânias a de Abilene, e quando Anás e Caifás eram sumos sacerdotes, a palavra de Deus veio no deserto a João, filho de Zacarias.

João Batista começou a pregar no deserto da Judeia, pedindo a todos que se arrependessem, pois o reino dos Céus havia chegado e eles deviam pedir a absolvição de seus erros. E percorreu toda a terra ao redor do Jordão pregando o batismo de arrependimento, para que houvesse perdão.

Já diziam os profetas que Deus *enviaria o seu anjo ante a sua face, preparando o caminho diante dele.* E era o que havia anunciado Isaías sobre *a voz que clamaria no deserto,* avisando para *prepararem o caminho de Deus e endireitarem suas veredas.*

Todo vale se encheria e toda montanha e colina se aplainariam: o que era sinuoso se retificaria, os caminhos árduos se atenuariam. E toda carne veria a salvação de Deus.

Esse era o testemunho de João quando os judeus mandaram sacerdotes e levitas de Jerusalém lhe perguntarem quem era ele. João não se negou a responder e confessou não ser o Cristo.

Então perguntaram quem ele dizia ser. Elias? Ele disse que não. Perguntaram se era profeta, e ele também negou. E perguntaram quem, afinal, ele era, pois precisavam responder aos que os haviam enviado. Quem ele mesmo dizia ser?

João disse-se *a voz do que gritava no deserto* para endireitarem o caminho de Deus – como dissera o profeta Isaías.

(Os que o interrogaram eram enviados dos fariseus.)

MAIS SOBRE JOÃO BATISTA – HÁBITOS E ORIENTAÇÕES

Mateus 3 (4-10), Marcos 1 (5-7), Lucas 3 (7-14 e 18)

João se vestia com pelos de camelo e um cinto de couro à volta das costas. Alimentava-se de gafanhotos e mel silvestre. As pessoas de Jerusalém, da província próxima ao rio Jordão e de toda a Judeia iam para vê-lo. Ele as batizava no rio Jordão, fazendo confessar os erros.

Vendo os muitos fariseus e saduceus que também iam ao seu batismo, João os chamava de *raça de cobras*, e perguntava quem os ensinara a fugir da ira que estava para vir. Então dizia a eles, e à multidão, para produzirem frutos *dignos de arrependimento.*

Não deviam se achar inatacáveis só por serem filhos de Abraão, pois até daquelas pedras – dizia João – Deus podia criar filhos de Abraão. Mas agora o machado estaria ao pé das árvores, e *toda árvore que não desse bom fruto seria cortada e lançada ao fogo.*

A multidão lhe perguntava o que realmente era preciso fazer, e João dizia que quem tivesse duas túnicas devia dar uma a quem não tinha, e que quem tivesse alimentos fizesse o mesmo.

Chegaram também alguns cobradores de impostos para serem batizados, chamando-o de Mestre e perguntando o que deviam fazer. E ele lhes disse para não cobrarem mais do que estava estabelecido. E alguns soldados o interrogaram também, perguntando o que deviam fazer. João lhes disse para não tratarem mal a ninguém, nem roubarem, e se contentarem com o próprio salário.

E assim, orientando-os, João anunciava muitas outras coisas às pessoas.

ANÚNCIO DO MESSIAS

Mateus 3 (11-12), Marcos 1 (8), Lucas 3 (15-17), João 1 (15 e 25-28)

As pessoas da multidão, ansiosas, perguntavam em seus corações: por acaso João seria o Cristo? Mas João dizia a verdade, que ele os batizava com água e era para se arrependerem. Mas depois viria outro mais forte e poderoso, de quem João não era digno sequer de desatar a correia da sandália. E era quem batizaria a todos com o Espírito Santo e o fogo. Ele teria uma pá em sua mão e limparia cada pátio de terra para juntar o trigo em seu celeiro e queimaria a palha com o fogo eterno.

Então falou mais e o apontou, clamando e dizendo testemunhar por aquele que viria depois dele, mas que viera antes porque existiu primeiro, e já estava no meio deles – só não o conheciam ainda.

Tudo isso aconteceu em Betânia, do outro lado do Jordão, onde João batizava. E eram respostas dadas aos que perguntavam por que ele batizava se não era o Cristo, nem Elias, nem o profeta.

09. Encontro com Jesus

BATISMO

Mateus 3 (13-17), Marcos 1 (9-11), Lucas 3 (21-22), João 1 (29-36)

Um dia depois de os sacerdotes e levitas enviados pelos judeus de Jerusalém perguntarem se João era Elias ou o profeta, Jesus chegou de Nazaré da Galileia para encontrar o primo perto do rio Jordão, querendo ser batizado por ele assim como todo o povo de lá.

João olhou para Jesus e disse ser ele o *cordeiro de Deus que tirava o pecado do mundo*. E era sobre quem João avisou que viria depois e passaria à sua frente, pois já existia antes.

Disse não o conhecer, mas viera por essa razão, e que o batizaria com água para Jesus se manifestar a Israel. Por fim questionou-o, dizendo que na verdade era Jesus quem deveria batizá-lo. Jesus respondeu que por enquanto era para deixar assim, pois convinha-se cumprir toda a justiça. Então João aceitou batizá-lo.

Ao ser batizado, Jesus saiu da água, e logo os céus se abriram para ele, podendo-se ver o Espírito de Deus descendo na forma corpórea de uma pomba, e do alto uma voz dizendo ser ele *o seu Filho amado, em quem se alegrava*.

(João disse não o conhecer, mas que quem o enviou para batizar com água avisara: *sobre quem ele visse o Espírito descer e pousar era quem batizava com o Espírito Santo*. E ele o vira, passando a testemunhar que era o Filho de Deus.)

No dia seguinte, João estava no mesmo local, acompanhado de dois de seus discípulos. Ao ver Jesus passando novamente, disse ser aquele *o cordeiro de Deus*.

João e Jesus: batismo

COMENTÁRIO APÓS O ENCONTRO

João 3 (23-36)

João também batizava em Enom, próximo a Salim, porque lá havia muitas águas. E muitos iam para ser batizados antes de João ser preso.

Então houve uma questão entre os seus discípulos e os judeus sobre a purificação. E foram contar a João que Jesus, com quem ele estivera no outro lado do Jordão, e testemunhara, também batizava, e todos iam até ele.

João respondeu que ninguém receberia qualquer coisa se ela não viesse do Céu. E que eles mesmos eram testemunhas: João disse não ser o Cristo, mas sim quem fora enviado antes dele. Disse que quem tinha a esposa era o marido, mas o amigo do marido, que o ajudava e o ouvia, alegrava-se muito com sua voz. Assim, a alegria de João se cumprira.

E disse que era necessário Jesus crescer e ele diminuir. O que vinha de cima estava sobre todos, e o que vinha da terra era da terra e falava da terra. O que vinha do céu era sobre todos, e tudo o que vira e ouvira fora testemunhado, mas ninguém aceitava o seu testemunho.

Só quem aceitou seu testemunho reconheceu que Deus era verdadeiro. Porque o enviado por Deus falava as suas palavras, e o Criador não economizava ao lhe dar o Espírito. O Pai amava o Filho, e entregou todas as coisas em suas mãos. Quem acreditava no Filho teria a vida eterna, e quem não acreditava não veria a vida, e permanecia sob a ira de Deus.

10. Sacrifício e toda a verdade sobre João

PRISÃO

Mateus 14 (3-5), Marcos 6 (17-20), Lucas 3 (19-20)

João criticava o governador Herodes por causa de Herodíade, mulher de seu irmão Filipe. E a todas as maldades que Herodes já havia praticado, acrescentou-se esta, a de mandar prender João.

Assim, Herodes tratou de manter João isolado em uma cela, e tudo por causa de Herodíade. João dissera a Herodes não ser lícito possuir a mulher do irmão, e Herodíade o observava e queria matá-lo, mas não podia: tinha medo das pessoas, que tinham João como profeta.

Mais do que isso, o temor que Herodes tinha de João era porque sabia que era homem justo e santo. Assim, guardava-o em segurança, atendendo-o, fazendo muitas coisas por ele, ouvindo-o com boa vontade.

DIÁLOGO SOBRE O MESSIAS (RESPOSTA DE JESUS)

Mateus 11 (2-6), Lucas 7 (18-20 e 22-23)

Quando João estava na cadeia, ouviu falar de curas e prodígios realizados por Jesus (porque os seus discípulos lhe anunciavam todas essas coisas). Então mandou dois de seus discípulos irem até lá e perguntarem se ele era o Messias, ou deviam esperar outro.

Os homens foram, aproximaram-se de Jesus e fizeram a pergunta de João Batista. Jesus disse para eles voltarem e contarem a João sobre tudo que eles mesmos viram e ouviram dizer: que os cegos viam, os deficientes andavam, os leprosos eram purificados, os surdos ouviam, os mortos ressuscitavam e a boa notícia era dada aos pobres. E felizes eram os que não o renegavam.

O SACRIFÍCIO

Mateus 14 (6-12), Marcos 6 (21-29)

Mas na festa de aniversário de Herodes, ocasião favorável a se oferecer um jantar aos grandes oradores e chefes da Galileia, entrou em cena a filha de Herodíade, Salomé, que dançou à frente do governador e lhe agradou muito – e também aos que estavam com ele à mesa.

Então Herodes fez um juramento dizendo dar a ela tudo o que pedisse. Ainda repetiu a promessa, oferecendo até a metade do seu reino. Saindo, Salomé perguntou à mãe o que deveria pedir, e ouviu dela que seria um prato com a cabeça de João Batista. E foi o que ela, apressada (depois de previamente instruída), pediu ao governador que lhe desse imediatamente.

Herodes se assustou e ficou triste. Mas, por causa do juramento, e dos que estavam com ele, não pôde negar o pedido, fazendo com que a atendessem: mandou degolar João no cárcere.

O executor enviado pelo governador precisaria levar até lá a cabeça de João e ele assim o fez, tratando de arrancá-la na prisão. Ela foi levada num prato e dada à jovem, que em seguida a entregou à mãe.

Os discípulos de João, quando souberam do ocorrido, foram buscar o corpo. Então o colocaram em um túmulo e avisaram Jesus.

JOÃO DESCRITO POR JESUS

Mateus 11 (7-13 e 16-17), Lucas 7 (24-32), João 5 (33-36), Tomé (d) 46 (1-2) e 78 (1-3)

Depois de os mensageiros de João saírem, Jesus começou a falar às multidões sobre ele. Perguntou o que elas foram ver no deserto: uma vara agitada pelo vento? Um homem com roupas de luxo? E disse que não, pois os que usavam roupas caras e viviam no luxo moravam em seus palácios.

> (Jesus perguntou por que eles saíram para o campo? Para verem um pé de cana balançando ao vento? Para verem um homem

vestindo roupas finas como os reis e príncipes? Alguns podiam usar roupas finas, mas não conheceriam a verdade.)

E afinal o que eles foram ver? Um profeta? Sim, disse Jesus, e muito mais do que um profeta: porque sobre João estava escrito que *à frente de sua face era enviado o seu anjo, que prepararia o caminho diante dele.*

Também disse que, na verdade, entre os nascidos de uma mulher, ninguém era maior ou mais profeta do que João Batista. Mas o menor no reino dos Céus era maior do que ele.

(Jesus disse que de Adão a João Batista, entre os nascidos de mulheres, ninguém era melhor do que João, e era para que os olhos dele se quebrassem. Mas Tomé respondeu que o menor entre eles conheceria o reino e seria maior do que João.)

E contou que, desde os dias de João até aquela data, o reino dos Céus sofrera violência e apoderavam-se dele à força. Todos os profetas e a lei teriam profetizado até João.

Toda a multidão que o ouvia, e mesmo os coletores de impostos batizados por João, testemunhavam a favor de Deus. Mas os fariseus e os doutores da lei, estando contra si mesmos, renegavam seu conselho e não foram batizados por ele.

Então Jesus perguntou a quem se compararia aquela geração. Falou dos meninos sentados nas praças que gritavam uns aos outros, e às pessoas que passavam, reclamando de tocarem flauta e ninguém dançar, e cantarem seus lamentos e ninguém chorar.

E disse sobre João que lhe mandaram mensageiros e ele testemunhou a verdade. Mas Jesus mesmo não era testemunhado por nenhum homem (e dizia isso para que se salvassem).

João era a lamparina que iluminava e ardia, e eles quiseram se alegrar com sua luz por um pouco de tempo. E para Jesus, seu testemunho era maior que o de João, porque as obras que o Pai lhe dera para cumprir, e que vinha realizando, testemunhavam sobre ele, e que o Pai o enviara.

O novo Elias

Mateus 11 (14-15) e 17 (10-13), Marcos 9 (11-13), João 10 (41-42)

Jesus disse que, se quisessem acreditar, João era o Elias que haveria de vir. E quem tinha ouvidos deveria ouvi-lo.

Então seus seguidores perguntaram por que os escrivães diziam ser essencial que Elias viesse primeiro. Jesus lhes disse que, na verdade, Elias vinha mesmo primeiro e restauraria todas as coisas. Mas que ele já tinha vindo e não o reconheceram: fizeram com ele tudo o que queriam, como já estava escrito.

Também assim, como estava escrito, ainda fariam padecer muito e desprezariam o Filho Humano. E os seguidores entenderam que lhes falara de João Batista.

Depois disso, muitos iam falar com Jesus e diziam que, na verdade, João não fizera nenhum sinal, mas tudo o que ele dissera sobre Jesus era verdade. E muitos passaram a acreditar nele.

11. Início da atividade de Jesus

TENTAÇÕES DO DIABO NO DESERTO

Mateus 4 (1-11), Marcos 1 (12-13), Lucas 4 (1-13)

Por esse tempo, o Espírito conduziu Jesus ao deserto para ser tentado pelo diabo e viver entre as feras, sendo servido pelos anjos. Depois de jejuar por 40 dias, ele teve fome, e o tentador se aproximou para dizer que, se era mesmo Filho de Deus, podia mandar aquelas pedras virarem pães. Jesus respondeu que nas escrituras era dito que *nem só de pão vivia o humano, mas de toda palavra vinda de Deus.*

Então o diabo o levou até a cidade santa, colocando-o no alto do templo. Disse que, se era mesmo o Filho de Deus, que se atirasse de lá, pois estava escrito que ele *mandaria seus anjos o protegerem e sustentarem nas mãos, para não tropeçar com os pés em nenhuma pedra.* Jesus respondeu que também estava escrito para *não tentar o seu Deus Criador.*

Mais uma vez o diabo o transportou, levando-o para o topo de uma montanha. Mostrou-lhe ao mesmo tempo todos os reinos do mundo e a glória alcançada por eles. Disse que lhe daria todo o poder e glória que foram confiados a ele, pois podia dá-los a quem quisesse. Daria tudo a Jesus se ele se curvasse e o adorasse, mas Jesus expulsou Satanás lembrando o que estava escrito, que se devia *adorar e servir só a Deus.* Então o diabo o deixou e logo chegaram os anjos para servi-lo.

E acabando toda a sua tentação, o diabo ausentou-se por um tempo.

PRIMEIRAS PREGAÇÕES

Mateus 4 (12-17), Marcos 1 (14-15), Lucas 4 (14-15 e 42-44), João 3 (22)

Depois dos episódios envolvendo a prisão de João, de que Jesus soube pela virtude do Espírito, ele voltou para a Galileia para pregar o Evangelho (a boa notícia) do reino de Deus, e sua fama correu por todas as terras à volta. Ele ensinava nas sinagogas e era louvado por todos.

E assim ele deixou Nazaré para morar em Cafarnaum, cidade marítima nos confins de Zebulom e Naftali. Era para se cumprir o que fora dito pelo profeta Isaías, que *nas terras de Zebulom e de Naftali, próximas ao mar, depois do Jordão – a Galileia das nações –, o povo vivia em trevas e viu uma grande luz, que brilhou para as pessoas da região e para os que estavam à sombra da morte.*

De lá em diante Jesus começou a pregar e a pedir que se arrependessem, pois o reino dos Céus havia chegado – *o tempo se cumpria e o reino de Deus estava próximo.* Deviam arrepender-se e crer no Evangelho.

Em uma manhã, ele saiu e foi para um lugar deserto. A multidão procurou-o até encontrar e se aproximar dele. Então o seguraram para que não se afastasse mais, mas Jesus explicou que era preciso anunciar o Evangelho do reino de Deus também em outras cidades, pois ele fora enviado para isso.

E pregava pelas sinagogas da Galileia. Depois disso Jesus foi com seus seguidores para as terras da Judeia e ficou com eles por lá, batizando.

ENSINAMENTO COM AUTORIDADE

Mateus 7 (28-29) e 14 (1-2), Marcos 1 (21-22), Lucas 4 (31-32), João 2 (23-25)

Por essa época, Herodes, que era um dos quatro governadores, já sabia da fama de Jesus e disse a seus funcionários que ele seria João Batista ressuscitado dos mortos. E por isso aquelas maravilhas operavam nele.

Jesus também ensinava aos sábados, e ao entrar em Cafarnaum em um sábado, com seus seguidores, ele logo dirigiu-se à sinagoga para ensinar. Ao concluir o discurso, a multidão estava encantada com sua doutrina. Isso porque Jesus lhes ensinava mostrando real conhecimento dos assuntos, e não como os escrivães.

E quando foi de novo a Jerusalém, na Páscoa, durante a festa, muitos viam os sinais que ele fazia e passaram a acreditar em seu nome. Mas Jesus não confiava neles, porque conhecia todos por dentro. E não precisava que alguém testemunhasse sobre as pessoas, porque ele bem sabia o que havia nelas.

LEITURA DE ISAÍAS (ANÚNCIO DA MISSÃO)

Lucas 4 (16-21)

Chegando a Nazaré, onde foi criado, ele entrou na sinagoga em um sábado, como era o seu costume, e levantou-se para ler. Foi dado a ele o livro do profeta Isaías e, quando o abriu, encontrou o trecho em que estava escrito que *o Espírito de Deus estava sobre ele, pois o ungira para evangelizar os pobres: enviou-o para curar os que tinham o coração partido, dar liberdade aos prisioneiros, restaurar a visão dos cegos, libertar os oprimidos e anunciar um ano aceitável da parte de Deus.*

Fechando o livro e devolvendo-o ao responsável, sentou-se e todos os da na sinagoga tinham os olhos fixos nele. Então começou a dizer que naquele dia se cumpria o que eles ouviram da Escritura.

CONSTITUIÇÃO DE APÓSTOLOS

Simão (Pedro) e André

Mateus 4 (18-20), Marcos 1 (16-18), Lucas 5 (8-11), João 1 (37-42)

Na Galileia, andando à beira-mar, Jesus viu dois irmãos: Simão, chamado Pedro, e André – eram pescadores e lançavam suas redes ao mar. Jesus chamou-os e disse que, se fossem a ele, se tornariam *pescadores de pessoas*. Então eles logo deixaram suas redes para segui-lo.

(Jesus disse a Simão para não temer, pois dali em diante seria um *pescador de pessoas*. E, levando os barcos para terra, deixaram tudo o mais e o seguiram. Passado algum tempo, e tendo presenciado alguns milagres, Simão Pedro se curvaria aos pés de Jesus pedindo que se afastasse, reconhecendo-se como pecador. E isso porque estaria tomado pelo espanto, assim como todos à volta, por causa de outra pesca que fariam.)

Também se diz do encontro que os dois discípulos já seguiam Jesus desde que João o chamara de *cordeiro de Deus*. Voltando-se e vendo-os, Jesus perguntou o que eles procuravam. Eles o chamaram de Rabi (que quer dizer Mestre) e perguntaram onde ele morava. Então Jesus disse para eles o seguirem e verem. Ao verem a morada de Jesus, ficaram por lá naquele dia e já eram quase dez horas.

André, irmão de Simão Pedro (um dos dois que ouviram as palavras de João e seguiam Jesus) primeiro avistou o irmão Simão e disse-lhe terem achado o Messias (isto é, o Cristo). E levou-o a Jesus.

Ao vê-lo, Jesus reconheceu ser ele o filho de Jonas, Simão. E disse que ele seria chamado Cefas, que quer dizer Pedro.

Tiago e João

Mateus 4 (21-22), Marcos 1 (19-20) e 3 (17)

Mais adiante, viu outros dois irmãos: Tiago, filho de Zebedeu, e seu irmão João. Os dois eram amigos de Simão e estavam com o pai em um barco, consertando suas redes. Jesus os chamou e imediatamente eles deixaram o barco em que estavam com Zebedeu e outros pescadores para segui-lo.

Filipe e Natanael

João 1 (43-51)

No dia seguinte, Jesus quis ir à Galileia e encontrou Filipe, que era de Betsaida, mesma cidade de André e Pedro. Disse para Filipe segui-lo, e ele assim o fez. Quando Filipe encontrou Natanael, contou haverem encontrado aquele citado por Moisés na lei e também previsto pelos profetas: Jesus de Nazaré, o filho de José.

Natanael perguntou se era possível alguma coisa boa vir de Nazaré, e então Filipe chamou-o para vê-lo. Quando Jesus viu Natanael se aproximando, disse ser ele um verdadeiro israelita, sem nenhum tipo de maldade.

Natanael perguntou de onde o conhecia, e Jesus disse que, antes de Filipe o chamar, havia o observado debaixo da figueira.

Natanael, chamando-o de Rabi, disse ser ele o Filho de Deus, rei de Israel.

Jesus perguntou se só porque dissera tê-lo observado debaixo da figueira Natanael passara a crer e afirmou que ele veria coisas muito maiores do que aquelas. E disse-lhe que, na verdade, dali em diante ele veria o céu aberto e os anjos de Deus subindo e descendo sobre o *Filho Humano.*

OS DOZE

Mateus 10 (2-4) e 11 (1), Marcos 3 (13-19), Lucas 6 (12-16), João 6 (66-71)

Jesus subiu na montanha, escolheu os que quis, chamou-os, e todos quiseram segui-lo. Então nomeou-os para que pregassem e tivessem poder de curar as enfermidades e expulsar os demônios.

(Naqueles dias subiu ao monte para rezar e passou a noite em oração a Deus. Quando já era dia, chamou os seus discípulos e escolheu doze deles, que preferiu também chamar de apóstolos.)

Os nomes dos doze apóstolos, conforme a tradição que chegaria aos tempos seguintes, eram: primeiro, Simão (a quem pôs o nome de Pedro) e seu irmão André; depois os irmãos Tiago e João, filhos de Zebedeu, aos quais chamou de Boanerges, que significava "filhos do trovão"; depois Filipe e Bartolomeu (ou Natanael);Tomé e Mateus (o coletor de impostos); Tiago (filho de Alfeu) e seu irmão Lebeu (ou Judas, de apelido Tadeu); Simão (o Zelote) e Judas Iscariotes, que haveria de traí-lo.

Desde então, muitos de seus discípulos se dispersaram, deixando de andar com ele. Jesus perguntou aos doze se eles também queriam ir embora. Simão Pedro perguntou a quem, então, eles iriam, pois Jesus tinha palavras de vida eterna. Afinal, eles haviam acreditado, reconhecendo que ele era Cristo, o Filho do Deus vivo.

Jesus lembrou que ele mesmo havia escolhido os doze, e entre eles um diabo (referia-se a Judas Iscariotes, filho de Simão, porque, mesmo sendo um dos doze, haveria de entregá-lo).

E depois de dar instruções aos seus doze discípulos, Jesus partiu para ensinar e pregar nas cidades deles.

Sermão da montanha

12. SERMÃO DA MONTANHA

O REINO DOS CÉUS

Mateus 5 (1-11), Lucas 6 (20-22), Tomé (d) 49 (1-2), 54, 58, 68 (1-2) e 69 (1-2)

Jesus, vendo a multidão, subiu em um monte, sentou-se, e os discípulos se aproximaram. Levantando os olhos na direção deles, passou a ensiná-los dizendo que eram *felizes os pobres de espírito*, porque deles seria o reino dos Céus.

> (Jesus disse que eram *felizes os mendigos, porque o reino celestial seria deles.*)

Felizes eram os que choravam, porque seriam consolados e haveriam de rir. *Felizes os que eram gentis*, porque herdariam a Terra. *Felizes os famintos*, porque seriam saciados, e *felizes os que tinham fome e sede de justiça*, porque seriam atendidos.

> (Jesus disse que *felizes eram as pessoas que se esforçavam*, pois encontrariam vida.)

Felizes os piedosos, porque teriam piedade. *Felizes os puros de coração*, porque veriam Deus. *Felizes os pacificadores*, porque seriam reconhecidos como filhos de Deus. *Felizes os perseguidos pela justiça*, porque deles era o reino dos Céus.

E *felizes eram eles* quando os reprimissem e perseguissem, inventando todo tipo de mal contra eles por causa de Jesus. E seriam *felizes* quando os homens os odiassem e separassem, difamando e rejeitando com maldade o nome deles por causa do Filho Humano.

> (Jesus disse que eles seriam felizes quando os odiassem e perseguissem e não encontrassem lugar onde não fosse assim.
>
> E disse que seriam felizes os perseguidos nos corações, pois conheceriam verdadeiramente o Pai.
>
> Seriam felizes os famintos, para saciarem a barriga de quem queria saciá-la.

E felizes os solitários, os escolhidos, pois encontrariam o reino. Afinal, eles eram de lá e para lá voltariam.)

EXALTAÇÃO AOS FIÉIS (SAL DA TERRA, LUZ DO MUNDO)

Mateus 5 (12-16), Lucas 6 (23), Tomé (d) 32 e 33 (2-3)

Eles deviam festejar e se alegrar, porque a recompensa que teriam nos Céus era grande. Afinal, foi assim que antes deles perseguiram os profetas. Eles eram o sal da terra, e se o sal estivesse sem gosto, com o que se temperaria? O sal não prestaria para nada e precisaria ser descartado e pisado pelas pessoas.

Eles eram sim a luz do mundo. Assim como não se podia esconder uma cidade construída sobre um monte...

(Jesus disse que uma cidade fortificada, construída no topo de um monte alto, não caía nem podia estar oculta.)

...nem se acendia uma lamparina para colocá-la debaixo da cama – mas no suporte apropriado, dando luz a todos que estavam na casa –, assim eles deviam irradiar suas luzes à frente das pessoas, para que vissem suas boas obras e glorificassem o Pai celestial.

(Pois ninguém acendia uma lamparina e a colocava sob um recipiente, nem em lugar secreto: colocava-a em seu candelabro, para que todos que entrassem ou saíssem vissem sua luz.)

E eles deviam festejar e se alegrar nesse dia, porque a recompensa que teriam no Céu era grande. E era assim que os pais deles tratavam os profetas.

LEIS (MANDAMENTOS)

Mateus 5 (17-20), Lucas 16 (15-17)

Jesus disse para não acharem que ele vinha destruir a lei ou os profetas. Não, ele não vinha para revogar nada, mas para fazer cumprir. Disse que, na verdade, até o Céu e a Terra desaparecerem, nenhum acento ou vírgula se omitiria da Lei, até tudo se cumprir.

Qualquer um que violasse um daqueles mandamentos, por menor que fosse, e ensinasse o mesmo às pessoas, seria o menor no reino dos Céus. Mas quem os cumprisse e ensinasse, lá se tornaria grande.

E declarou que, se a justiça deles não superasse a dos escrivães e fariseus, jamais entrariam no reino celestial. Disse que eles justificavam a si mesmos à frente das pessoas, mas Deus conhecia seus corações, e quem se elevasse entre elas se rebaixaria diante de Deus.

Disse que a Lei e os profetas valeram até João, e a partir dele fora anunciado o reino de Deus, onde todos se esforçavam para entrar. Mas era mais fácil acabarem o Céu e a Terra do que cair um acento da Lei.

Não matar (conciliar)

Mateus 5 (21-26)

Lembrou então do que fora dito aos antigos: não matar. Qualquer um que matasse seria julgado. Mas Jesus acrescentou que quem se enraivecesse contra o irmão, sem motivo, também seria julgado. E qualquer um que dissesse "arre" a ele seria julgado no tribunal. E quem o chamasse de louco seria julgado no fogo do inferno.

Assim, quem levasse sua oferta ao altar e só ali se lembrasse de ter algo contra o irmão devia primeiro reconciliar-se com o irmão para depois apresentar a oferta. Era urgente conciliar-se com cada adversário enquanto andavam juntos, para que ele não o entregasse ao juiz, e o juiz ao oficial, e o colocassem na prisão. Porque dali só se sairia depois de pagar o último centavo.

Não cometer adultério (sequer cobiçar)

Mateus 5 (27-28 e 31-32), Lucas 16 (18)

Também lembrou o que os antigos disseram sobre não cometer adultério. E dizia mais: que qualquer um que reparasse numa mulher para cobiçá-la já cometia adultério com ela no coração.

E também fora dito que quem abandonasse a mulher devia lhe dar o atestado de separação. E Jesus dizia mais: que quem se afastasse da mulher, a não ser por prostituição, já cometia adultério, e quem se casasse com a mulher afastada também cometia adultério.

Não declinar (sequer jurar)

Mateus 5 (33-37), Tomé (d) 6 (2-3)

(Jesus disse para não mentir. E para não fazer o que era odiado.)

Lembrou que eles ouviram o que também fora dito aos antigos: para não declinarem, e sim cumprirem os juramentos a Deus. E ele lhes dizia mais: para jamais jurarem, nem pelo Céu, o trono de Deus, nem pela Terra, o banco de descanso para seus pés. E nem por Jerusalém, a cidade do grande rei.

Nem jurassem pelas cabeças deles, porque não podiam fazer um cabelo ficar branco ou preto. E, ao falar, deviam dizer apenas sim ou não, porque tudo além disso vinha do maligno.

Olho por olho (oferecer a outra face)

Mateus 5 (38-42), Lucas 6 (29-31)

Lembrou o que haviam lhes dito sobre “olho por olho e dente por dente”. E lhes dizia para não oferecerem resistência ao mal: que se lhes batessem na face direita, deviam oferecer a outra. E se numa briga lhes tirassem o manto, que lhe dessem também a túnica.

E que se os obrigassem a andar um quilômetro, que seguissem por mais um. E deviam dar a quem pedisse, e não fugir de quem pedia emprestado. Se lhes tomassem algo, não deviam pedir de volta. Deviam fazer como queriam que lhes fizessem, e da maneira como faziam a eles.

Amar o próximo (e também os inimigos)

Mateus 5 (43-48), Lucas 6 (27-28 e 32-36), Tomé (d) 95 (1-2)

Lembrou terem dito para amar o próximo e odiar o inimigo. Mas para Jesus era preciso amar também os inimigos, desejando o bem a quem lhes queria mal, fazer o bem aos que os odiavam e falavam mal deles, orando pelos que os maltratavam, caluniavam e perseguiam. E assim seriam filhos do Pai celestial de todos.

Era ele quem fazia com que o sol se levantasse sobre maus e bons e com que a chuva descesse sobre justos e injustos.

Afinal, se eles amavam quem os amava, que recompensa teriam? Os pecadores e os coletores de imposto não faziam o mesmo? E se cumprimentavam e faziam bem apenas aos irmãos que também lhes faziam bem, o que tinha demais nisso? Os pecadores e coletores de impostos também não eram assim?

E se emprestassem só àqueles de quem esperavam receber de volta, que recompensa eles teriam? Afinal, os pecadores também emprestavam a outros pecadores para depois receberem de volta.

(Jesus disse que quem tinha dinheiro não deveria emprestar a juros, mas dá-lo a alguém que não tivesse como devolvê-lo.)

Deviam emprestar sem nada esperar, e assim a recompensa deles seria grande, tornando-se verdadeiramente filhos do Altíssimo. Porque ele era bondoso até com os maus e ingratos. Assim, eles deviam ser piedosos da mesma maneira que o Pai deles. E era melhor que fossem perfeitos como o Pai celestial deles.

COMO DAR ESMOLA

Mateus 6 (1-4 e 14-15), Tomé (d) 62 (1-2)

Jesus pediu que parassem de dar esmola na frente dos outros somente para serem vistos, porque com isso não seriam recompensados pelo Pai celestial. Quando fossem dar esmola, que não saíssem alardeando como se tocassem uma trombeta, à maneira dos hipócritas nas sinagogas e nas ruas, para serem glorificados pelas pessoas.

E disse que na verdade eles já tinham sua recompensa.

Quando alguém fosse dar esmola, que a sua mão esquerda não soubesse o que a direita fazia. Assim, sua esmola seria dada em segredo, e o Pai, que via o secreto, daria sua recompensa em público.

(Jesus disse que falava de seus mistérios aos que eram dignos dele, e que a mão direita de alguém não devia saber o que a esquerda fazia.)

COMO ORAR

Mateus 6 (5-8 e 14-15), Marcos 11 (25-26), Lucas 11 (1)

Disse que quando orassem não devia ser como os hipócritas, que queriam aparecer orando de pé nas sinagogas e nas esquinas das ruas, para serem vistos pelas pessoas. Na verdade, eles já haviam recebido a sua recompensa.

Mas que eles, quando orassem, deviam entrar em seus quartos e fechar a porta, orando ao Pai em segredo. E o Pai, que via pelo invisível, os recompensaria publicamente.

E que orando, não fizessem repetições vãs, como os pagãos, que achavam que se falassem muito seriam ouvidos. Não deviam ser como eles, porque o Pai deles sabia do que precisavam antes mesmo de pedirem. E se perdoassem as ofensas dos outros, também o Deus celestial perdoaria a deles.

Portanto, se ao orassem tivessem algo contra alguém, que perdoassem, para que o Pai celestial deles também perdoasse as suas ofensas. Se não perdoassem as ofensas das pessoas, o Pai celestial também não perdoaria as deles.

Pai-Nosso

Mateus 6 (9-13), Lucas 11 (2-4)

Foi nesse sentido que, em determinado lugar, quando Jesus terminava de orar, um de seus discípulos pediu que ele lhes ensinasse a sua reza, pois João também ensinara aos seus discípulos.

Então Jesus ensinou a maneira correta de orar, que era dirigir-se a Deus desejando...

Que nosso Pai celestial tivesse o seu nome santificado, nos trouxesse o seu reino e fizesse tudo à sua vontade, tanto na Terra como no Céu.

Que nos desse hoje o pão e perdoasse os nossos erros, assim como perdoamos quem nos ofendeu. Que nos protegesse da tentação e safasse do mal.

Afinal, o reino e o poder eram dele, e também a glória. Amém.

COMO JEJUAR

Mateus 6 (16-18), Tomé (d) 6 (1) e 27 (1-2)

(Os discípulos perguntaram como deviam jejuar, orar e dar esmolas, e o que observar dos alimentos.)

Jesus disse que, quando jejuassem, não deviam se fazer de vítimas como os hipócritas: eles desfiguravam os seus rostos de propósito, para as pessoas acreditarem que jejuavam. E, na verdade, já haviam recebido a recompensa.

Mas eles, quando jejuassem, deviam ungir a cabeça e lavar o rosto para as pessoas não perceberem que jejuavam, mas apenas o Pai, invisível, percebesse. E o Pai deles, que via do invisível, os recompensaria publicamente.

(Jesus disse que quem não jejuasse em relação ao mundo não chegaria ao reino de Deus. E se não observassem o sábado, não veriam o Pai.)

TESOUROS NO CÉU

Mateus 6 (19-21), Lucas 12 (33-34)

Disse para eles não juntarem tesouros na Terra, onde os insetos e fungos deterioravam tudo, e onde os ladrões invadiam e roubavam. Mas deviam juntar tesouros no Céu, onde não havia deterioração, nem os ladrões arrombavam e violavam.

Assim, era melhor vender o que tinham e dar tudo em esmolas. Então fariam bolsas que não envelheceriam e um tesouro nos Céus que nunca acabaria, aonde não chegariam os ladrões nem a corrosão.

E explicou que, onde estivesse o tesouro deles, o coração deles também estaria.

A LUZ DO CORPO

Mateus 6 (22-23), Lucas 11 (34-36)

Disse que a luz do corpo eram os olhos: se os olhos da pessoa estivessem simples e bons, todo o corpo dela estaria luminoso. Mas se os olhos dela fossem maus, o seu corpo seria sombrio. Assim, se a luz nela fossem sombras, seriam sombras imensas.

Então, eles deviam cuidar para que a luz nelas não fosse escuridão. Se todo o corpo delas fosse luminoso, não tendo nenhuma parte em sombra, ele seria como lamparina que clareava com seu resplendor.

UM SÓ DEUS

Mateus 6 (24), Lucas 16 (13), Tomé (d) 47 (1-2)

(Jesus disse que ninguém podia se sentar em dois cavalos e esticar dois arcos. Um criado não podia atender a dois patrões, pois acabaria honrando um e insultando o outro.)

Disse que ninguém podia ter dois patrões, porque ou odiaria um e amaria o outro, ou se dedicaria a um e desprezaria o outro. Não podia servir a Deus e ao dinheiro.

O CRIADOR ALIMENTA E VESTE (COMO A AVES DO CÉU E A LÍRIOS DO CAMPO)

Mateus 6 (25-34), Lucas 12 (22-32), Tomé (d) 36 (1-4)

Por isso, Jesus recomendava aos discípulos não se preocuparem tanto na vida com o que comeriam ou beberiam, nem, em relação ao corpo, com o que o vestiriam. Afinal, a vida não era mais do que o sustento, e o corpo mais do que a roupa?

Deviam reparar mais nas aves do céu, que não semeavam, não colhiam e não estocavam nos celeiros, e o Pai celestial as alimentava. E perguntou se para Deus eles não valiam mais do que elas. E qual deles poderia, por mais esforçado que fosse, aumentar em meio metro a sua altura? E se ainda não podiam fazer coisas mínimas, por que ansiavam pelas outras?

E quanto às roupas, para que tanto cuidado? Deviam reparar nos lírios do campo, como cresciam. Eles não trabalhavam nem fiavam, mas, para Jesus, nem mesmo Salomão, em toda a sua glória, se vestira como qualquer um deles.

Pois, se Deus assim vestia a erva que agora estava no campo e depois seria lançada ao forno, não vestiria muito mais a eles? Pessoas de pouca fé! Não deviam se inquietar perguntando o que iriam comer e beber nem com o que se vestiriam, pois os povos do mundo é que procuravam por essas coisas.

(Disse para não se preocuparem ao longo do dia todo, nem à noite, nem sobre o que teriam como alimento ou como roupa. Eles eram melhores do que os lírios, que não fiavam, não desembaraçavam nem tinham roupa. E a eles, o que faltava? Quem poderia aumentar os seus dias? Ele lhes daria a roupa.)

Certamente o Pai celestial deles sabia bem do que precisavam. Mas deviam primeiro buscar o reino de Deus, sua justiça, e todas as outras coisas viriam. Não deviam se inquietar com o dia de amanhã, porque ele cuidaria de si mesmo. Bastava a cada dia o seu mal.

E chamando-os de pequeno rebanho, disse para não temerem, porque ao Pai agradou dar-lhes o reino.

REINO DE DEUS EM TODAS AS PARTES
Tomé 3 (1-3)

(Jesus disse que, se os que lhes arrastavam mostrassem o reino no Céu, as aves do céu lhes passariam à frente. Se lhes dissessem que o reino estava sob a terra, os peixes do mar lhes passariam à frente. Disse que o reino de Deus estava dentro e fora deles.)

NÃO JULGAR

Mateus 7 (1-5) e 15 (12-14), Lucas 6 (37-42), Tomé (d) 26, 34 e 40 (1-2)

Jesus disse para não julgarem, e assim não seriam julgados. Pois pela mesma sentença que julgassem seriam julgados também. Não deviam condenar, e não seriam condenados. Deviam soltar, e assim os soltariam. Deviam dar, e assim lhes seria dado. Uma boa medida, cheia, concentrada e transbordante lhes seria colocada no colo. Porque pela medida com que medissem, eles seriam medidos.

E perguntou por que reparavam em uma palha no olho do irmão e não se davam conta da tora no próprio olho? Ou, como alguém ofereceria ao irmão de tirar-lhe uma palha quando no próprio olho havia uma tora? Não sendo hipócrita, devia-se primeiro tirar a tora do próprio olho para, enxergando melhor, tirar-se uma palha no olho do irmão.

(...então se enxergaria para poder tirar o cisco no olho do irmão.)

E os discípulos, aproximando-se dele, comentaram que, ao ouvirem aquelas palavras, os fariseus ficaram ofendidos. Mas Jesus respondeu que *toda planta que não fora cultivada pelo Pai celestial seria arrancada.*

(Jesus disse que uma vinha fora plantada fora do Pai e, porque não estava firme, seria arrancada com a raiz e morreria.)

E não era para se preocuparem com eles, que não passavam de condutores cegos. E quando um cego tentava guiar outro cego, ambos caíam no buraco.

(Jesus disse que, se um cego guiasse outro, os dois cairiam num buraco.)

O discípulo não era superior a seu mestre, mas o que fosse perfeito seria como o seu mestre.

O QUE NÃO DAR (PÉROLAS AOS PORCOS)

Mateus 7 (6), Tomé (d) 93

Não deviam dar aos cães as coisas santas, nem lançar suas pérolas aos porcos, para que eles não pisassem nelas e se voltassem agressivos para feri-los.

(Não deviam dar aos cães o que era sagrado, para não jogarem aquilo no esterco. E não deviam dar pérolas aos porcos...)

O QUE PEDIR SERÁ DADO

Mateus 7 (7-12), Marcos 18 (24), Lucas 11 (9-13), João 14 (13-14), Tomé (d) 2, 92 (1-2) e 94 (1-2)

Jesus disse que tudo o que pedissem, orando e acreditando, eles receberiam. E que se procurassem, encontrariam. Que se batessem à porta, ela se abriria. Pois quem pedia recebia, e quem procurava achava. E para quem batia, a porta se abria.

(Jesus disse que se procurassem, encontrariam. E o que perguntaram quando não lhes disse, queria agora dizer. Mas isso eles não procuravam.

E também disse que quem procurava encontrava, e a quem batesse na porta, ela abriria.)

Então perguntou qual o pai, entre eles, que se o filho pedisse pão lhe daria uma pedra. E se pedindo peixe lhe daria uma cobra. Ou, também, se pedisse um ovo lhe daria um escorpião.

Afinal, se eles, que eram maus, sabiam dar coisas boas aos filhos, quanto mais o Pai celestial deles não daria o Espírito Santo aos que lhe pedissem? Assim, tudo o que quisessem receber também deveriam fazer pelos outros, porque essa era a lei e o que diziam os profetas.

(Disse que tudo que pedissem em seu nome ele faria para que o Pai fosse glorificado no Filho. Se pedissem alguma coisa em seu nome, ele faria.)

> (Jesus disse a quem procurava que não parasse de procurar até encontrar. E quando encontrasse, se surpreenderia e, admirado, reinaria, até que depois de reinar voltasse a descansar.)

OS FALSOS PROFETAS (LOBOS VESTIDOS DE CORDEIROS)

Mateus 7 (13-15 e 21-23), Lucas 6 (26) e 17 (22-23), Tomé (d) 38 (1-2) e 75

Disse para entrarem pela porta estreita, porque o caminho que levava à perdição era espaçoso, tinha a porta larga e muitos entravam por ela. Mas o caminho que levava à vida era apertado, sua porta era estreita e poucos a encontravam.

> (Jesus disse que muitos estavam à porta, mas só os solitários entrariam no enlace nupcial.)

E também deviam tomar cuidado com os falsos profetas, que iam até eles vestidos de ovelhas, mas, por dentro, eram lobos devoradores. E lamentou por eles quando todos os elogiassem, porque era assim que os pais deles tratavam os falsos profetas.

Também disse aos discípulos que haveria o tempo em que quereriam ver um dos dias do *Filho Humano* e não o veriam. E iriam dizer que ele estava ali ou aqui e não era para irem nem seguirem.

> (Disse que muitas vezes eles quiseram ouvir palavras suas, não tendo de quem mais ouvir. Chegaria o tempo em que o procurariam e não encontrariam.)

Disse que nem todos que o chamavam de Mestre entrariam no reino dos Céus, e sim os que faziam a vontade de seu Pai celestial.

No dia do julgamento, muitos o chamariam lembrando que profetizaram em seu nome, e em seu nome expulsaram demônios e fizeram inúmeras maravilhas. Então Jesus diria abertamente que não os conhecia, e deviam se afastar dele os que praticavam a maldade.

Parábola: conhecer o fruto pela árvore

Mateus 7 (16-20) e 12 (33-35), Lucas 6 (43-45), Tomé (d) 45 (1-4)

Disse que os conheceriam pelos frutos. Não se colhiam figos dos espinheiros, nem uvas das ervas daninhas. Afinal, toda árvore boa produzia frutos bons, e toda árvore má produzia frutos ruins.

(Não havia árvore boa que desse frutos ruins, nem má que desse bons frutos. E disse que toda a árvore que não desse bom fruto seria cortada e lançada ao fogo.)

Assim, era pelos seus frutos que os conheceriam.

> (Jesus disse que uvas não eram colhidas de espinhos, nem figos de ervas daninhas, que não davam frutos. Uma pessoa boa produzia coisas boas de seu tesouro, e uma má produzia as más coisas do mau tesouro de seu coração. E diria coisas más, pois produzia coisas más a partir de seu coração transbordante.)

E disse que ou faziam a árvore boa, e seu fruto bom, ou faziam a árvore má, e seu fruto ruim. Porque era pelo fruto próprio que se conhecia cada árvore.

Chamando-os de raças de cobras, perguntou como podiam dizer coisas boas se fossem maus. Afinal, o que a boca falava era do que havia em abundância no coração. A pessoa boa tirava boas coisas do bom tesouro de seu coração, e a pessoa má tirava coisas más do mau tesouro de seu coração, porque sua boca falava do que era abundante em seu coração.

CONSTÂNCIA NA FÉ (PARÁBOLA: CASA E FUNDAÇÃO)

Mateus 7 (24-27), Lucas, 6 (46-49)

Jesus perguntou por que o chamavam de Mestre e não faziam o que ele dizia. Então mostraria com quem eles se pareciam.

Disse que todos os que escutavam suas palavras e as praticavam eram como a pessoa ajuizada que, ao construir sua casa, cavara e abrira bem fundo, fazendo a fundação sobre a pedra.

Quando veio a chuva forte, os rios correram em uma enchente, sopraram ventos e ameaçaram aquela casa, mas ela não se abalou nem caiu, porque estava construída sobre a pedra.

E aqueles que ouviam suas palavras e não as cumpriam, Jesus comparou à pessoa irresponsável que construíra sua casa sobre a areia, sem fundação. Veio a chuva, sopraram ventos, correram os rios e a corrente a atingiu com violência, ameaçando a casa até cair. E a queda e a ruína foram grandes.

Ensinamentos

13. OUTROS ENSINAMENTOS

CONCILIAÇÃO

Mateus 18 (15-20), Lucas 12 (57-59), Tomé (d) 30 (1-4), 48 e 106 (1-2)

Jesus perguntou por que também não julgavam por eles mesmos o que era justo? Assim, quando fossem à audiência do magistrado com seus adversários, deviam entender-se com eles já no caminho para não acontecer de serem levados ao juiz, e do juiz ao oficial de justiça, e dele à prisão. E de lá não sairiam até pagar o último centavo.

Se alguém não os ouvisse, deviam levar junto mais um ou dois, e com a fala de duas ou três pessoas, cada palavra seria confirmada. E se ainda assim não as escutasse, deviam falar na assembleia. E se nem lá as escutasse, deviam considerar essa pessoa um pagão ou cobrador de impostos.

E disse que, na verdade, tudo o que estivesse vinculado na Terra, também estaria no Céu, e tudo o que fosse desligado aqui, também lá o seria. E disse que, se na Terra dois deles concordassem sobre qualquer coisa que pedissem, ela seria realizada pelo Pai celestial. Pois onde estivessem dois ou três reunidos em seu nome, Jesus estaria com eles.

> (Jesus disse que onde estivessem três seriam deuses. E onde estivesse um só, ele estaria junto. Disse para levantar a pedra, e ali o encontraria. Para rachar a madeira, e ele estaria lá.
>
> Disse que, se numa casa dois fizessem as pazes entre eles, diriam para uma montanha se afastar, e ela se afastaria.
>
> Quando os dois se tornassem um, seriam Filhos Humanos. E quando dissessem à montanha para se afastar, ela se afastaria.)

PERDÃO (ALÉM DE SETE VEZES)

Mateus 18 (21-22), Lucas 17 (3-4)

Jesus disse para cuidarem de si mesmos e que, se um irmão pecasse contra um deles, era para repreendê-lo. E se ele se arrependesse, deviam perdoá-lo.

Pedro aproximou-se e perguntou quantas vezes deveria perdoar um irmão que pecasse contra ele. Até sete? E Jesus respondeu que não só até sete, mas até 70 vezes 7.

Assim, se o irmão pecasse contra ele sete vezes em um dia e nas sete vezes viesse se desculpar dizendo-se arrependido, era para perdoar.

RENÚNCIA

Não deixar para depois

Mateus 8 (18-22), Lucas 9 (57-62), Tomé (d) 86 (1-2)

Jesus andava pelo caminho e, vendo à sua volta uma grande multidão, pediu que ela passasse para a outra margem. Um escrivão aproximou-se dele, chamou-o de Mestre e disse que, aonde quer que ele fosse, iria segui-lo.

Mas Jesus respondeu que *as raposas tinham suas tocas e as aves do céu os seus ninhos, mas o Filho Humano não tinha onde reclinar a cabeça.*

> (Jesus disse que as raposas tinham tocas e as aves, os seus ninhos. Mas o Filho Humano não tinha onde encostar a cabeça para descansar.)

Outro discípulo, quando Jesus disse para segui-lo, pediu permissão para primeiro sepultar o pai. Mas Jesus disse para ele segui-lo mesmo assim, deixando que os próprios mortos se sepultassem. E que devia anunciar o reino de Deus.

Outro, chamando-o de Mestre, disse que o seguiria, mas queria primeiro se despedir dos que estavam em casa. Jesus disse que *ninguém que punha a mão no arado e olhava para trás estava apto para o reino de Deus.*

A alma é mais importante

Mateus 10 (37-40), 16 (24-28) e 19 (29), Marcos 8 (34-38), 9 (1) e 10 (28-30), Lucas 9 (23-27), 14 (25-27) e 18 (28-30), João 12 (25-26), Tomé 55 (1-2), 56 (1-2), 59, 80 (1-2), 87 (1-2), 101 (1-3), 110 e 112 (1-2)

Pedro veio lembrar que eles abandonaram tudo para segui-lo. Uma grande multidão os acompanhava, e Jesus voltou-se a ela e a seus discípulos para dizer a todos que quem amasse mais o seu pai, ou a mãe, não era digno dele. E quem amasse o filho, ou a filha, mais do que o amava, também não era digno.

Se alguém fosse a ele e não odiasse seu pai, sua mãe, a mulher, os filhos, irmãos e irmãs, nem tivesse deixado sua casa, e até sua própria vida pelo reino de Deus, não conseguiria ser seu discípulo.

Disse que não havia, na verdade, quem deixasse casa, terra, pais, irmãos, irmãs, mulher ou filhos pelo reino de Deus que não fosse receber muito mais nesse mundo (no presente e no futuro) e na vida eterna. E todos que deixassem casas, irmãos, irmãs, pai, mãe, mulher, filhos, terras, com perseguições por amor a seu nome, e ao Evangelho, receberia cem vezes daquilo já neste mundo, e herdaria a vida eterna.

> (Jesus disse que quem não odiasse seu pai e sua mãe não poderia ser seu discípulo. E quem não odiasse seus irmãos e suas irmãs, e não levantasse sua cruz como ele, não seria digno dele.
>
> Disse que quem não odiasse como ele seu pai e sua mãe não poderia ser seu discípulo. E quem não amasse seu Pai e sua Mãe como ele também não poderia. Pois fora sua verdadeira Mãe que lhe dera a vida.)

E quem não pegasse sua cruz e o seguisse não era digno dele. Quem encontrasse a sua vida iria perdê-la, e quem a perdesse, por amor a ele, iria encontrá-la. E quem os recebesse, receberia Jesus, e quem recebia Jesus, recebia quem o enviara.

(Disse aos discípulos que, se alguém quisesse segui-lo, renunciasse a si mesmo, segurasse sua cruz e o acompanhasse. E quem não levasse sua cruz, e não o seguisse, não poderia ser seu discípulo.

Pois quem quisesse salvar a própria vida iria perdê-la-á, e quem perdesse a vida por amor a Jesus e ao Evangelho iria salvá-la.)

(Jesus disse que quem encontrou o mundo e se tornou rico deveria renunciar ao mundo.

Disse que quem conheceu o mundo encontrou um corpo sem vida, e o mundo não era digno de quem encontrou esse corpo. Deviam olhar para os vivos enquanto estivessem vivos para não morrerem e tentarem vê-los sem conseguir.

Jesus disse que quem conheceu o mundo encontrou o corpo. Mas o corpo de quem encontraram não era digno desse mundo.

Disse que um corpo que dependesse de outro corpo estaria em má situação. E a alma que dependia dos dois também.

Jesus lamentou pela carne que dependia da alma, e pela alma que dependia da carne.)

O que adiantava alguém ganhar o mundo todo e, prejudicando--se, perder sua alma? Ou o que uma pessoa daria para resgatar sua alma? Quem amava sua vida a perderia, e quem odiava sua vida neste mundo a guardaria para a vida eterna.

Se alguém servisse a Jesus, devia segui-lo onde ele estivesse, e lá também estaria o seu criado. E quem servisse a Jesus, seu Pai honraria. Porque o Filho Humano viria na glória de seu Pai com os seus anjos e daria a cada um segundo as suas obras.

E disse que, na verdade, alguns dos que estavam ali não morreriam até ver o Filho Humano em seu reino – o *de Deus* –, e quem se envergonhasse de Jesus, e de suas palavras, o Filho Humano iria se envergonhar dele quando viesse em sua glória – a de seu Pai –, com os santos anjos.

Comparações

Lucas 14 (28-35)

Afinal, qual deles, querendo construir uma torre, não iria primeiro fazer as contas de gastos para ver se teria como finalizá--la? Assim não aconteceria de, depois de fazer a fundação e não poder concluí-la, os que vissem aquilo fossem rir dele, dizendo que começou a construir e não pôde terminar.

Ou qual o rei que, em guerra contra outro rei, não iria primeiro chamar o conselho para saber se com dez mil homens poderia enfrentar o inimigo que vinha com vinte mil? E se não desse, enquanto o outro estava longe, poderia mandar emissários e propor as condições de paz.

Assim, somente quem renunciasse a tudo o que tinha poderia ser seu discípulo. O sal era bom, mas se ele estragasse, com que haveriam de salgar? Não prestaria para a terra nem para o esterco e seria jogado fora. Quem tinha ouvidos devia ouvir!

NÃO PECAR (EVITAR CONFUSÕES)

Mateus 5 (29-30) e 18 (7-9), Marcos 9 (43-50), Lucas 17 (1)

Disse que se o olho direito de uma pessoa ofendesse alguém, ela devia arrancá-lo e jogar longe, pois era melhor perder uma de suas partes do que ter todo o corpo lançado ao inferno.

E se a mão direita dessa pessoa ofendesse alguém, ela devia arrancá-la e jogar longe, pois era melhor perder uma de suas partes do que ter todo o corpo lançado ao inferno onde o fogo nunca apagaria e onde o verme não morreria.

E lamentou-se do mundo pelas confusões. Disse aos discípulos que era necessário haver escândalos, mas lamentava-se pela pessoa que os causava. Pois se uma mão ou pé provocava tumulto, era melhor ter esse membro cortado e jogado longe, e entrar na vida sem um membro, do que, tendo os membros perfeitos, ser lançado ao fogo eterno (que nunca apagaria, e onde o verme não morreria).

E de novo, se o olho causasse confusão, devia-se arrancá-lo e jogá-lo longe, porque era melhor entrar na vida com um só olho do que ter os dois e ser lançado no fogo do inferno (onde o verme não morreria e o fogo nunca se apagaria).

E isso porque cada um seria salgado com fogo, e cada sacrifício seria salgado com sal. O sal era bom, mas, se estivesse insosso, com o que se temperaria? Deviam ter sal neles mesmos e estarem em paz uns com os outros.

HUMILDADE

O humilhado será exaltado

Mateus 23 (8-10 e 12), Lucas 14 (7-11)

Era melhor que não quisessem ser chamados de mestres, porque só um – Cristo – era o Mestre deles, e entre si, todos seriam irmãos. E a ninguém na Terra eles deviam chamar de pai, porque só um era o Pai deles – o celestial.

Nem deviam chamar-se uns aos outros de doutores, porque só havia um doutor – o Cristo. Quem exaltava a si mesmo seria humilhado, e quem se humilhava seria exaltado.

Então, em uma ceia na casa de um dos chefes dos fariseus, ele reparou como as pessoas faziam questão de pegar os lugares da frente e contou uma parábola aos convidados.

Disse que, quando os chamassem a um casamento, não deviam sentar-se à frente de todos, para não acontecer de os donos verem um convidado mais próximo à casa e pedirem para ceder-lhe o lugar. Assim, envergonhados, eles precisariam ficar atrás de todos.

Mas, sendo convidados, deviam sentar-se no último lugar para, quando chegasse quem os chamou, ele poder trazê-los mais para a frente. Então vocês se sentiriam honrados pelos que estivessem à mesa.

Assim, quem exaltasse a si mesmo seria humilhado, e quem se humilhasse seria exaltado.

Servir a ser servido

Mateus 20 (25-28) e 23 (11), Marcos 10 (41-45), Lucas, 22 (24-27), João 13 (12-17)

Em outra ocasião, houve uma discussão entre os discípulos sobre qual deles seria o maior. Então, Jesus, chamando-os para perto, disse que eles bem sabiam que os pagãos eram dominados pelos reis e suas autoridades, e que os grandes detinham autoridade sobre eles e eram chamados de benfeitores.

Perguntou se não seria assim entre eles e disse que não deveria ser. Disse para os que quisessem ser grandes entre eles que deviam servir. E quem quisesse ser o primeiro que servisse todos os outros (e o maior entre eles deveria servir).

Portanto, não deveriam ser como os outros, mas o maior entre eles devia ser o menor, e quem mandasse devia ser como quem servia. Também o Filho Humano não viera para ser servido, mas sim para servir e dar sua vida pela salvação de muitos.

Afinal, quem era maior? Quem estava à mesa ou quem servia? Por acaso não era quem estava à mesa? Mas Jesus estava entre eles como aquele que servia.

Também em outra ocasião, Jesus lavou os pés de seus discípulos, pegou suas roupas e sentou novamente à mesa perguntando se haviam entendido o que fizera. Disse que eles o chamavam de Mestre e Senhor, e estavam certos, porque ele o era. Mas se ele, Senhor e Mestre, lavara os pés deles, eles também deviam lavar os pés uns aos outros.

Ele lhes dera o exemplo e era para fazer o mesmo. Era para dizer, na verdade, que o criado não era maior que seu patrão, nem o enviado maior que quem o enviara. E se sabiam essas coisas, seriam felizes ao praticá-las.

Os últimos serão os primeiros (diversos contextos)

Mateus 19 (30) e 20 (16), Marcos 9 (33-35) e 10 (31), Lucas 13 (29-30), Tomé (d) 4 (2-3)

Chegando a Cafarnaum, ele entrou na casa e perguntou o que eles discutiam ao longo do caminho. Eles ficaram quietos, porque tinham discutido sobre qual deles seria o maior. E Jesus, sentando-se, chamou os doze e disse que, *se alguém quisesse ser o primeiro, seria o último de todos e serviria os outros.*

Muitos dos últimos seriam os primeiros, e muitos primeiros seriam os últimos, e isso explicava por que muitos seriam os chamados, e poucos os escolhidos.

Viriam do Oriente, do Ocidente, do Norte e do Sul e sentariam à mesa no reino de Deus. Então haveria alguns dos últimos que seriam os primeiros, e dos primeiros que seriam os últimos.

(Disse que muitos dos primeiros seriam os últimos, e vice-versa. E que todos seriam um.)

14. Ensinamentos por alegorias

VIGÍLIA

Parábola: patrão e criado, pai de família e ladrão

Lucas 12 (35-40), Tomé (d) 103

Jesus recomendou que as costas deles estivessem cobertas e as lamparinas acesas. E que fossem como aqueles que esperavam o patrão voltar do casamento, para quando batesse à porta pudessem logo abri-la.

Felizes eram os criados que, quando o patrão chegasse, estivessem vigiando. Disse que, na verdade, ele se embelezaria e os faria sentar à mesa para lhes servir.

E se viesse na segunda vigília, e na terceira, e assim os encontrasse, *felizes aqueles criados*. Deviam entender que se o pai de família soubesse a que hora viria o ladrão, vigiaria, e não deixaria invadirem sua casa. Assim, eles também deviam estar prevenidos, porque o Filho Humano viria de surpresa.

> (Jesus disse que era feliz quem sabia de que lado os invasores tentariam entrar, podendo levantar-se e fechar as divisas de seu reino antes de entrarem nele.)

Explicação (com nova parábola)

Lucas 12 (41-48)

Pedro perguntou a Jesus se contara tal parábola referindo-se a eles ou a todos. Jesus perguntou quem era o empregado leal e prudente, a quem o patrão delegava cuidar dos criados para dar a refeição deles no tempo certo? Disse ser *feliz o empregado* que o patrão, ao voltar, encontrava agindo assim, porque depois, na verdade, seria chamado a cuidar de todos os seus bens.

Mas se o empregado dissesse em seu coração que o patrão estava demorando e começasse a espancar os criados e criadas, e a comer, beber, embriagar-se, o seu patrão chegaria de surpresa e o prenderia para entregá-lo à justiça. E o empregado que, sabendo da vontade de seu patrão, não se preparou nem agiu conforme o esperado, seria castigado com muitas chicotadas.

Mas o que não sabia, e fez coisas dignas de chicotadas, seria castigado com poucas delas. A quem muito fosse dado, muito seria cobrado; e a quem muito se confiou, muito mais seria pedido.

POUCOS SERÃO SALVOS

Parábola: pai de família

Lucas 13 (22-28)

Jesus atravessava as cidades e aldeias ensinando, enquanto se dirigia a Jerusalém. Um homem lhe perguntou se os que se salvavam eram poucos, e ele respondeu que era preciso *entrar pela porta estreita.*

Disse que muitos tentariam entrar e não conseguiriam. Que quando o pai de família levantasse e fechasse a casa, e quem ficasse de fora e começasse a bater à porta, chamando-o de Senhor e pedindo que a abrisse, ele responderia não saber de onde era aquela pessoa. Ela começaria a dizer que já tinha comido e bebido em sua presença e ele lhe ensinara coisas nas praças.

O dono da casa insistiria em dizer que não sabia de onde ela era e pediria que se afastasse – ela e todos os que praticassem a maldade. E ali essa pessoa choraria e rangeria os dentes de frio, ao ver Abraão, Isaac, Jacó e todos os profetas no reino de Deus e ela sendo deixada de fora.

NÃO DESTRUIR, MAS SALVAR

Lucas 9 (51-56)

Em certa época, poucos dias antes de se completar sua missão, Jesus teve o firme propósito de ir a Jerusalém. Mandou mensageiros à sua frente, e no caminho eles entraram numa aldeia de samaritanos que preparariam sua pousada. Mas lá eles não foram recebidos, pois tinham o aspecto de quem ia a Jerusalém.

Tiago e João, percebendo aquilo, perguntaram a Jesus se pediriam para descer o fogo do céu e queimá-los, como fez Elias. Mas Jesus disse que não sabiam o tipo de espírito que eles eram. Afinal, *o Filho Humano não vinha para destruir as almas dos homens, mas para salvá-las*. E assim foram para outra aldeia.

DAR A QUEM NÃO PODE RETRIBUIR

Lucas 14 (12-15)

Em outra ocasião, em uma casa, Jesus disse ao anfitrião que, quando desse um jantar ou uma ceia, não devia chamar seus amigos, nem os irmãos, nem parentes, nem vizinhos ricos, para não acontecer de eles também o convidarem e ele fosse assim recompensado.

E sim, quando fizesse um convite, deveria chamar os pobres e os deficientes físicos (entre ele os cegos). E assim ele estaria feliz, porque aquelas pessoas não teriam com o que recompensá-lo e ele seria recompensado na ressurreição dos justos.

Ao ouvir isso, um dos que estavam à mesa respondeu que feliz era quem comeria o pão no reino de Deus.

NÃO CONFIAR NA RIQUEZA (PARÁBOLA: CAMELO EM AGULHA)

Mateus 19 (23-26), Marcos 10 (23-27), Lucas 6 (24-25) e 18 (24-27)

Vendo a reação de um homem que ficara triste ao ouvir suas palavras, Jesus olhou ao redor e disse aos discípulos que, na verdade, era muito difícil para um rico - ou para aqueles que confiavam em suas riquezas - entrar no reino dos Céus. E que era mais fácil um camelo passar pelo buraco de uma agulha.

Ao ouvirem, os discípulos se surpreenderam, perguntando quem, então, se salvaria. Jesus olhou para eles e disse que para os humanos isso seria impossível, mas para Deus, tudo era possível.

E por isso, em outra ocasião ele lamentou pelos ricos, pois já tinham a sua consolação. E lamentou pelos fartos, porque teriam fome. E também lamentou pelos que riam, porque lamentariam e chorariam.

15. Episódios seguidos de discursos

RICO ACONSELHADO A DAR TUDO AOS POBRES

Mateus 19 (16-22), Marcos 10 (17-22), Lucas, 18 (18-23), Tomé (d) 67

Quando Jesus caminhava, um homem jovem, príncipe, aproximou-se dele. Ajoelhando, chamou-o de Bom Mestre e perguntou o que deveria fazer para conseguir a vida eterna. Jesus disse que ele não devia chamá-lo de bom, pois o único bom era Deus. E que, se quisesse entrar na vida, devia seguir os mandamentos.

O homem perguntou quais, e Jesus citou os de *não matar, não trair, não roubar, não mentir, honrar o pai e a mãe e amar o próximo como a si mesmo.* O príncipe respondeu que vinha observando aquilo tudo desde a mocidade e perguntou o que ainda faltava.

Jesus, olhando-o com amor, disse que, se quisesse ser perfeito, faltava ainda uma coisa: vender tudo o que tinha e dar aos pobres, e assim ele teria um *tesouro no céu.* E que era para pegar sua cruz e segui-lo.

O jovem ficou constrangido com o que ouvira, e saiu de lá triste, porque tinha muitas propriedades.

> (Jesus disse que quem conhecia tudo e carecia de algo era carente de tudo.)

VIÚVA POBRE QUE DÁ ESMOLA

Marcos 12 (41-44), Lucas 21 (1-4)

Quando Jesus estava sentado em frente à arca do tesouro, olhava a maneira como a multidão colocava o dinheiro nela, e muitos ricos depositavam bastante. Mas veio uma viúva pobre e pôs só duas moedas pequenas, de poucos centavos.

Jesus chamou seus discípulos e disse que, na verdade, a viúva pobre deixara mais do que todos na arca do tesouro. Ali era colocado, em oferta a Deus, o que cada um tinha de sobra, e ela, em sua pobreza, depositara tudo o que tinha, todo o seu sustento.

À MESA COM PECADORES (OVELHAS PERDIDAS)

Mateus 9 (9-13), Marcos 2 (13-17), Lucas 5 (27-32) e 19 (1-10)

Jesus voltou ao mar, e toda uma multidão o seguia e ele a ensinava. Depois disso, ao sair de lá, Jesus viu Levi (ou Mateus, filho de Alfeu) sentado na coletoria e disse-lhe para segui-lo. Ele levantou, largou tudo e, obedecendo, o seguiu.

Levi ofereceu um grande banquete em sua casa, e quando Jesus estava sentado à mesa, veio uma multidão (porque muitos o haviam seguido) e também chegaram muitos coletores de impostos e outros pecadores, que se sentaram junto de Jesus e seus discípulos.

Os escrivães e os fariseus vendo aquilo, depois de muito cochichar, perguntaram aos discípulos por que o Mestre deles comia com os coletores de impostos e os pecadores. Jesus, ouvindo-os, explicou que não eram os sãos que precisavam de médicos, mas os doentes.

Então pediu que se fossem e aprendessem o significado de se querer a *piedade,* e não o sacrifício. Porque ele não viera para chamar os justos ao arrependimento, e sim os pecadores.

Também quando entrou em Jericó, Jesus chegou perto de onde estava um homem de nome Zaqueu, rico, que era chefe dos coletores de impostos. Ele queria ver quem era Jesus e não podia por causa da multidão, pois era baixo. Correndo à frente, ele subiu a uma figueira para vê-lo, porque iriam passar por ali.

Ao passar, Jesus olhou para cima e o viu. Chamou-o de Zaqueu e pediu que descesse depressa, pois seria bom para Jesus repousar em sua casa. Apressando-se, ele desceu para recebê-lo com alegria.

Ao verem isso, todos murmuravam, dizendo que Jesus se hospedaria na casa de um pecador. Mas Zaqueu levantou-se e, chamando Jesus de Mestre, disse que metade de seus bens eram dados aos pobres, e que se estivesse enganando alguém em alguma coisa, iria restituir-lhe em quatro vezes mais.

Jesus disse que naquele dia a salvação chegara à sua casa, pois ele também era filho de Abraão, e o Filho Humano viera para buscar e salvar quem se perdera.

HOMEM QUE ALMEJA PARTE DA HERANÇA DO IRMÃO (CONTRA A AVAREZA)

Lucas 12 (13-15), Tomé (d) 72 (1-3)

Uma pessoa da multidão, chamando Jesus de Mestre, pediu que dissesse a seu irmão para repartir a herança com ele. Mas Jesus perguntou por que ele seria o juiz ou mediador entre eles.

E disse a todos para tomarem cuidado e se protegerem contra a avareza, porque a vida de cada um não era medida pela sua riqueza.

> (Um homem pediu para Jesus dizer a seus irmãos para dividirem com ele o patrimônio de seu pai. Jesus perguntou por que se incumbiria dessa partilha e, olhando para os discípulos, disse não ser encarregado de fazer partilhas.)

CONVERSAS COM NICODEMOS (RESSURREIÇÃO, LUZ E VIDA ETERNA)

João 3 (1-21) e 7 (50-51), Tomé (d) 70 (1-2) e 81 (1-2)

Entre os fariseus havia um homem chamado Nicodemos, que era chefe dos judeus. Em uma noite ele procurou Jesus, chamando-o de Rabi. Disse reconhecerem que ele era Mestre, vindo de Deus, pois ninguém faria sinais como aqueles se o Criador não estivesse com ele.

Jesus respondeu que, na verdade, apenas quem nascesse do alto poderia ver o reino de Deus. Nicodemos perguntou como um homem poderia nascer de novo, sendo velho? Acaso iria voltar ao ventre de sua mãe e renascer?

Jesus disse que, de fato, quem não nascesse da água e do Espírito não poderia entrar no reino de Deus. O que nascera da carne era carne, e o que nascera do Espírito era espírito. E ele não deveria se surpreender de ouvir que para eles era preciso nascer de novo. Afinal, o vento soprava onde queria e ouvia-se o seu som, mas não se sabia de onde vinha, ou para onde ia. E eram assim com os nascidos do Espírito.

(Jesus disse que, quando deixassem sair o que estava neles, aquilo os salvaria. E se não tivessem neles aquilo – a luz interior –, o que não tinham os mataria.

Jesus disse que quem se tornou rico em espírito que reinasse. E quem tivesse poder que renunciasse a ele.)

Nicodemos perguntou como poderia ser assim, e Jesus respondeu que como mestre de Israel ele deveria saber. Na verdade, dizia-se o que se sabia e testemunhava-se o que era visto. E eles não aceitavam o seu testemunho.

Se Jesus falou de coisas terrestres, e eles não acreditaram, como acreditariam se lhes falasse das coisas celestiais? Afinal, ninguém havia subido ao Céu a não ser quem estava lá e desceu, o Filho Humano.

Como Moisés, que erguera a serpente no deserto, importava que o Filho Humano fosse levantado ao alto para todos os que acreditassem nele não morressem, e sim tivessem a vida eterna.

Porque Deus amou tanto o mundo que deu seu Filho único para todos os que acreditassem nele não morressem, e sim tivessem a vida eterna. E Deus não enviou seu Filho ao mundo para condená-lo, mas para salvá-lo.

Quem acreditava nele não seria condenado, mas quem desacreditava já estava condenado por não acreditar no nome do Filho único de Deus. E a condenação era: a luz ter vindo ao mundo e as pessoas amarem mais as sombras do que a luz, porque suas obras eram más.

E todos os que faziam o mal odiavam a luz e não iriam para a luz, porque suas obras eram más. Mas quem praticava a verdade ia para a luz, para que suas obras se manifestassem, por serem de Deus.

(Por essas coisas que ouvira, quando os demais chefes dos fariseus quiseram prender Jesus, Nicodemos questionou-os perguntando se por acaso a lei deles condenava uma pessoa sem primeiro ouvi-la para saber o que fazia.)

CONVERSA COM SAMARITANA

João 4 (1-30 e 39-42), Tomé (d) 28 (1-4) e 108 (1-3)

Quando Jesus soube que os fariseus ouviram dizer que ele tinha mais seguidores e batizava mais deles do que João (ainda que ele mesmo não batizasse, e sim seus discípulos), deixou a Judeia e voltou para a Galileia. E era preciso passar por Samaria.

Em uma cidade de Samaria chamada Sicar, próxima às terras que Jacó dera a seu filho José, onde ficava a fonte de Jacó. Jesus, cansado do caminho, sentou-se próximo a ela quando já eram quase seis horas.

Uma mulher da Samaria veio tirar água, e Jesus pediu que lhe desse de beber (pois seus discípulos haviam ido à cidade comprar comida). A samaritana perguntou como ele, sendo judeu, pedia água a ela, uma samaritana (pois os judeus não se comunicavam com os samaritanos).

Jesus respondeu que, se ela conhecesse o dom de Deus e quem lhe pedia de beber, ela pediria e ele lhe daria *água viva*. Mas a mulher, chamando-o de Mestre, perguntou como, se ele não tinha com o que tirá-la, e o poço era fundo. Onde, afinal, ele teria a *água viva*?

E perguntou se ele era maior do que o pai deles, Jacó, que lhes dera o poço onde ele mesmo bebia, assim como seus filhos e o gado. Jesus respondeu que quem bebia daquela água voltaria a ter sede, mas quem bebesse da água que ele daria nunca teria sede, porque criaria nessa pessoa uma fonte de água a jorrar para a vida eterna.

> (Jesus disse que estava de pé no meio do mundo e apareceu em carne para eles. Encontrou entre eles todos bêbados, e nenhum com sede. Sua alma sofria pelos filhos humanos, por serem cegos em seus corações, sem enxergar que vieram vazios para o mundo e queriam sair ainda vazios. Agora estavam bêbados, mas quando rejeitassem o vinho, iam se arrepender.
>
> Jesus disse que quem bebesse de sua boca ficaria como ele. E ele mesmo ficaria como aquela pessoa. O que estava escondido seria revelado.)

Chamando-o de Mestre, a mulher pediu que lhe desse dessa água, para que não tivesse mais sede e não voltasse até lá para tirar. Jesus lhe disse para chamar o marido e voltar, mas a mulher respondeu que não tinha marido. Jesus elogiou sua resposta, dizendo que ela agora, de fato, não tinha marido, mas tivera cinco, e o de agora não era seu marido - ela dissera a verdade.

A mulher, chamando-o de Mestre - e entendendo ser ele um profeta -, comentou que os pais deles adoravam naquele monte, mas os judeus diziam que o lugar onde se devia adorar era Jerusalém.

Jesus, chamando-a de mulher, pediu que acreditasse nele: viria a hora em que, nem naquele monte nem em Jerusalém, adorariam o Pai. Disse que eles adoravam o que não sabiam, mas que os judeus adoravam o que sabiam, porque a salvação vinha deles.

Viria a hora - e já acontecia - em que os verdadeiros adoradores adorariam o Pai em espírito e verdade, porque o Pai procurava os que assim o adorassem. Deus era Espírito, e importava que quem o adorava o adorasse em espírito e verdade.

A mulher disse saber que o Messias - chamado de Cristo - viria, e que ao chegar anunciaria tudo a eles. E Jesus disse ser ele, o que falava com ela. Nisso chegaram os discípulos e se surpreenderam ao vê-lo falando com uma mulher. Mas nenhum deles perguntou do que conversavam, ou por que ele falava com ela.

Então a mulher deixou o seu jarro e foi à cidade, chamando as pessoas para verem um homem capaz de adivinhar tudo o que ela fazia e perguntando se ele não seria o Cristo. Então os da cidade foram até ele.

E muitos samaritanos da cidade acreditaram nele pela palavra da mulher, que relatara ter ouvido tudo o que ela fazia. E os samaritanos, indo a ele, imploravam para que ficasse por lá. E Jesus ficou por dois dias.

Muitos mais acreditaram nele por causa de sua palavra. E então diziam à mulher que já não era pelo relato dela que acreditavam, mas por terem eles mesmos o ouvido, sabendo que era verdadeiramente o Cristo, Salvador do mundo.

16. CASOS SEMELHANTES

MULHER ADÚLTERA (LAILA)

João 8 (1-11)

Jesus foi até o Monte das Oliveiras e de manhã cedo voltou para o templo. Todo o povo vinha para estar com ele, que se sentava ali para ensiná-los.

Os escrivães e os fariseus trouxeram uma mulher flagrada em ato de traição e a colocaram no meio de todos. Chamando Jesus de Mestre, disseram que, com base na lei de Moisés, ela devia ser apedrejada e perguntaram o que ele tinha a dizer.

Diziam isso para tentá-lo e terem do que acusar. Mas Jesus, inclinando-se, apenas escreveu algo na terra, com o dedo. E diante da insistência deles, endireitou-se e disse que, se algum entre eles nunca tivesse errado, atirasse a primeira pedra.

Então voltou a inclinar-se e a escrever na terra. Depois de o ouvirem, com peso na consciência, eles foram saindo, um a um, dos mais velhos aos novos, e só ficaram Jesus e a mulher, que estava no meio.

Endireitando-se e não vendo mais ninguém à volta, Jesus perguntou à mulher onde estavam seus acusadores. Ninguém a condenara? E, chamando-o de Mestre, ela confirmou que não. Jesus lhe disse que ele também não a condenava, e ela podia ir-se, mas não devia pecar mais.

ELOGIOS ÀS CRIANÇAS

Mateus 11 (25-26), 18 (1-6 e 10), 19 (13-15) e 21 (15-16), Marcos 9 (36-37 e 42) e 10 (13-16), Lucas 9 (46-48), 10 (21), 17 (2) e 18 (15-17), Tomé 4 (1)

Em certo momento, Jesus se alegrou no Espírito Santo e deu graças ao Pai, Criador do Céu e da Terra, por ter escondido muitas coisas dos sábios, dos inteligentes e entendidos e tê-las revelado às crianças – porque assim o quis!

Jesus e Laila

E pouco depois, os discípulos se aproximaram para perguntar quem seria o maior no reino dos Céus (pois houvera uma discussão entre eles sobre esse tema). Jesus, vendo o pensamento de seus corações, chamou um menino e colocou-o no meio de todos. Tomando-o em seus braços, disse que, na verdade, se eles não se convertessem e se tornassem como crianças, jamais entrariam no reino dos Céus.

Assim, quem se tornasse humilde, como aquele menino, é que seria o maior no reino dos Céus. Quem recebesse um menino como aquele em seu nome estaria recebendo Jesus. E quem o recebesse receberia não a ele, mas a quem o enviara. Assim, quem fosse o menor entre eles é que seria grande.

Mas, se alguém ofendesse alguma daquelas crianças – deviam acreditar nele –, era melhor amarrar uma pedra em seu pescoço e deixar-se afundar no mar. Era melhor isso do que fazer tropeçar qualquer um daqueles pequenos.

Deviam aprender a não desprezar nenhuma daquelas crianças, pois os anjos delas estavam sempre em companhia do Pai celestial.

Em outra ocasião, trouxeram mais meninos para que Jesus pusesse as mãos sobre eles e rezasse. Os discípulos repreenderam os que traziam, mas Jesus indignou-se, dizendo para deixar as crianças e não as impedir de ir até ele, porque o reino dos Céus era delas. Disse que quem não recebesse o reino de Deus como menino nunca entraria nele. E pegando-os nos braços, e tocando-os, os abençoou. Então pôs as mãos sobre eles e partiu dali.

Ainda em outra ocasião, os chefes dos sacerdotes e os escrivães vendo as maravilhas feitas por Jesus, e os meninos no templo clamando *Hosana ao Filho de Davi*, indignaram-se e perguntaram se ele ouvia o que diziam. Jesus disse sim e perguntou se não haviam lido que *pela boca dos meninos e das criancinhas de peito vinha o mais perfeito louvor*.

(Jesus disse que um idoso não hesitaria em perguntar a uma criança de sete dias sobre o lugar da vida. E viveria.)

DEFESA DE DESCONHECIDO QUE TAMBÉM CURAVA ("QUEM NÃO É CONTRA NÓS É POR NÓS")

Marcos 9 (38-41), Lucas 9 (49-50)

João, chamando Jesus de Mestre, disse terem visto um homem que não os seguia e expulsava demônios em nome dele. Então eles o proibiram (pelo fato de não os seguir). Mas Jesus disse para não o proibirem, pois ninguém que fizesse milagre em seu nome poderia depois falar mal dele. E quem não era contra eles estava a favor.

Assim, qualquer um que lhes desse um copo de água para beber em seu nome, por serem discípulos de Cristo, não deixaria de ter a sua recompensa.

PEDIDO DE APÓSTOLO PARA SENTAR-SE AO LADO

Mateus 19 (27-28) e 20 (20-24), Marcos 10 (35-41)

Pedro tomou a palavra para lembrar Jesus de que eles deixaram tudo e o seguiram. O que receberiam? Jesus disse-lhes que, na verdade, os que o seguiam, quando na vida renovada o Filho Humano sentasse no trono de sua glória, também se sentariam sobre doze tronos para julgar as doze tribos de Israel.

Também a mãe de Tiago e João, filhos de Zebedeu, aproximou-se dele com os filhos e, juntos, adorando-o e chamando-o de Mestre, fizeram um pedido: que, na glória de seu reino, os dois irmãos se sentassem ao lado dele, um à direita e outro à esquerda.

Mas Jesus disse que eles não sabiam o que estavam pedindo. E perguntou se podiam beber o cálice que ele haveria de beber e serem batizados com o batismo que ele recebera. Eles responderam que sim.

Então Jesus lhes disse que, na verdade, eles beberiam o seu cálice e seriam batizados pelo mesmo batismo que ele, mas quem se sentaria à sua direita ou à sua esquerda não seria escolhido por ele, e estava sim reservado pelo Pai, que haveria de prepará-los. Quando os dez ouviram aquilo, indignaram-se com os dois irmãos.

MULHER QUE LAVA OS PÉS DE JESUS (DIFERENTES CONTEXTOS)

Mateus 26 (6-13), Marcos 14 (3-9), Lucas 7 (36-39 e 44-50) e 10 (38-42), João 12 (1-8)

Jesus estava em Betânia, sentado à mesa na casa de Simão, um leproso. Uma mulher com um vaso de alabastro, de puro óleo perfumado de grande valor, aproximou-se, quebrou o vaso e derramou o líquido sobre a cabeça dele.

Vendo aquilo, os discípulos se indignaram e perguntaram o motivo do desperdício – afinal, aquele bálsamo podia ser vendido por um bom preço (até mais de 300 dinheiros), e dar-se aquele valor aos pobres. E assim resmungavam contra ela.

Mas Jesus, percebendo, perguntou por que recriminavam aquela mulher. Ela não praticara uma boa ação? Os discípulos sempre teriam os pobres com eles, para cuidar e fazer o bem, mas Jesus não estaria ali para sempre.

Ela fizera algo belo, derramando óleo sobre o corpo dele, preparando-o para a sepultura. E onde quer que o Evangelho (a boa notícia) fosse pregado, no mundo todo, ela também seria lembrada pelo que fez.

Em caso parecido, um dos fariseus insistiu para Jesus comer com ele, e chegando à casa, Jesus sentou-se à mesa. Uma mulher da cidade, considerada pecadora, sabendo que Jesus estava lá, levou um vaso de alabastro com óleo perfumado e se colocou atrás dele, chorando, e passou a regar-lhe os pés com suas lágrimas e a enxugá-los com os cabelos. Beijava-lhe os pés e ungia-os com óleo.

Quando o fariseu, que era anfitrião, percebeu, pensou que, se Jesus era um profeta, saberia bem que tipo de mulher era aquela que o tocava, pois era uma pecadora. Mas Jesus, apontando para a mulher, perguntou a Simão se ele a notara.

Disse que, ao entrar na casa dele, não recebera água para os pés, mas ela os regou com suas lágrimas e os enxugou com seus cabelos. O anfitrião não o beijara, mas ela, desde que entrou, não parava de beijar-lhe os pés. O anfitrião não lhe ungira a cabeça com óleo, mas ela o ungira nos pés com óleo balsâmico.

E assim os muitos pecados dela seriam perdoados, porque ela amou muito. Mas a quem pouco fora perdoado, pouco amava. E disse a ela que seus pecados estavam perdoados.

Os que estavam à mesa começaram a cochichar questionando quem era aquele que até perdoava os pecados. Mas Jesus disse à mulher que a fé dela a salvara e para ir em paz.

Em outro momento, quando estavam no caminho, Jesus entrou numa aldeia e uma mulher chamada Marta o recebeu em sua casa. Ela tinha uma irmã chamada Maria, que também se sentou aos pés de Jesus para ouvir sua palavra.

Marta andava sobrecarregada em seus muitos serviços e, aproximando-se de Jesus, chamou-o de Mestre e perguntou se ele não se importava que a irmã a deixasse servindo só, pedindo que lhe dissesse para ajudar.

De modo carinhoso (chamando-a duas vezes pelo nome), Jesus pediu a ela paciência, pois estava ansiosa e cansada de muitas coisas, mas só uma era a necessária. E se Maria escolhera a parte boa, ela não lhe seria tirada.

Também quando faltavam seis dias para a Páscoa, e Jesus foi à Betânia onde estava Lázaro (que ele ressuscitaria dos mortos), preparam ali uma ceia em que Marta servia, e Lázaro era um dos que estavam à mesa com ele.

Maria, pegando um jarro de óleo perfumado, puro e de muito valor, ungiu os pés de Jesus, e os enxugou com os seus cabelos, deixando a casa toda perfumada. Então um dos discípulos dele, Judas Iscariotes (o filho de Simão, que iria traí-lo) perguntou por que não vender aquele óleo por 300 dinheiros e dar tudo aos pobres (ele disse isso não porque se preocupasse com os pobres, mas porque era ladrão e guardava a bolsa, desviando o que era colocado).

Jesus disse para deixá-la em paz, pois guardara aquilo para o dia de sua sepultura. Os pobres estariam sempre com eles, mas eles nem sempre teriam Jesus.

17. Outros episódios seguidos de explicações

ZELO PELO TEMPLO (JERUSALÉM)

Mateus 21 (12-13), Marcos 11 (15-17), Lucas 19 (45-46), João 2 (12-17)

Depois daquilo, ele foi até Cafarnaum com a mãe, os irmãos e os discípulos, e ficaram lá por poucos dias. A Páscoa dos judeus estava próxima, e Jesus subiu para Jerusalém.

Lá, ele entrou no templo de Deus e encontrou sentados os que vendiam bois, ovelhas e pombos ali dentro, e expulsou todos, derrubando as mesas dos comerciantes e as cadeiras dos que vendiam pombas.

Depois de fazer um chicote de cordas, tirou todos o que estavam no templo e também os bois e as ovelhas, espalhando o dinheiro dos vendedores e derrubando todas as mesas.

Disse para os que vendiam pombos para levá-los embora e não fazer da casa de seu Pai uma loja. E que não deixassem ninguém levar mercadorias pelo templo.

Também ensinou a eles (e seus discípulos lembraram) o que estava escrito: seu templo seria chamado por todos os povos de casa de oração, mas eles o estavam transformado em um antro de ladrões. E também estava escrito que *o zelo de sua casa o consumiria*.

Destruição e reconstrução

João 2 (18-22)

Os judeus perguntaram que sinal ele tinha a lhes dar para fazer aquilo, e Jesus disse-lhes para *derrubarem aquele templo e em três dias ele o levantaria de novo*.

Então os judeus responderam que aquele templo levara 46 anos para ser construído. Como ele o reergueria em três dias? Mas

Jesus falava do templo de seu corpo, e quando enfim ressuscitasse dos mortos, seus discípulos se lembrariam daquilo que dissera e acreditariam na Escritura e na palavra de Jesus.

PEDIDO E NEGAÇÃO A DAR UM SINAL (JONAS E OS ASPECTOS DO TEMPO)

Mateus 12 (38-42) e 16 (1-4), Marcos 8 (10-13), Lucas 11 (29-32) e 12 (54-56), Tomé (d) 91 (1-2)

Então alguns dos escrivães e dos fariseus, chamando Jesus de Mestre, começaram a pedir para dar algum sinal de sua parte. Jesus respondeu que a uma geração má e corrupta não lhe daria outro sinal que o do profeta Jonas.

Assim como Jonas esteve três dias e noites na barriga de uma baleia, também o *Filho Humano* ficaria três dias e noites debaixo da terra. E do modo como Jonas foi sinal para os ninivitas, o Filho Humano o seria para aquela geração.

Os ninivitas se levantariam no juízo contra aquela geração e a condenariam, por se arrependerem e se converterem pela pregação de Jonas. E agora estava entre eles alguém maior do que Jonas. A rainha do Sul se levantaria no juízo contra aquela geração, e a condenaria, pois viera dos confins da terra para ouvir a sabedoria de Salomão. E ali estava quem era maior que Salomão.

E quando os fariseus e os saduceus se aproximaram para tentá-lo, pedindo a dar algum sinal do céu, Jesus também respondeu à multidão. Disse que, quando vinha a tarde, eles diziam que faria tempo bom porque o céu estava vermelho. Ou, de manhã, diziam que haveria tempestade porque o céu estava escuro.

Disse à multidão que, quando eles viam a nuvem vinda do Ocidente, comentavam logo que vinha uma chuva, e assim era. Ou quando o vento soprava para o Sul, diziam que haveria calma, e assim era.

> (Pediram que dissesse quem era para poderem acreditarem nele. Jesus disse que eles reparavam no aspecto do céu e da terra, mas o seu aspecto diante deles não era reconhecido. Nem interpretavam nem reparavam no aspecto do tempo presente.)

Chamando-os de hipócritas, perguntou se, sabendo diferenciar as aparências da terra e do céu, eles não percebiam os sinais dos tempos. E disse que uma geração má e corrupta pedia um sinal, mas nenhum sinal lhe seria dado, senão o sinal do profeta Jonas. Então ele se retirou, deixando-os.

Logo depois, Jesus entrou em um barco com seus discípulos, indo para os lados de Dalmanuta. Lá, os fariseus fizeram novas provocações, e pediram – para tentá-lo – que desse um sinal do céu.

Jesus suspirou profundamente em seu espírito, perguntando-se por que essa geração pediria um sinal. Disse que àquela geração não seria dado nenhum sinal e então os deixou e voltou ao barco, indo para o outro lado.

ENVIO DOS APÓSTOLOS

A colheita

Mateus 9 (36-38) e 10 (1), Marcos 6 (6-7 e 12-13), Lucas 9 (1-2 e 6) e 10 (1-2), Tomé (d) 73

Vendo a multidão, Jesus sentiu grande compaixão por aquelas pessoas andando cansadas e desgarradas, como ovelhas sem pastor. E impressionado com a incredulidade delas, percorreu as aldeias vizinhas ensinando.

Então chamou os doze e começou a enviá-los de dois em dois. Disse aos discípulos ser uma colheita muito grande para poucos colhedores. Deviam suplicar ao Deus da colheita para mandar trabalhadores até lá.

(Jesus disse que a colheita era muita e poucos os trabalhadores. E deviam pedir a Deus para enviar trabalhadores à colheita.)

E falando aos seus doze discípulos, deu-lhes poder para expulsar todos os demônios e espíritos ruins, para curar toda doença e todo o mal. E enviou-os a pregar o reino de Deus e a curar os doentes.

Saindo, eles pregavam para que as pessoas se arrependessem. Percorreram todas as aldeias anunciando o Evangelho e fazendo curas em todos os lugares. Expulsavam muitos demônios e ungiam muitos doentes com óleo, curando-os.

Depois disso, Jesus ainda designou outros 70, mandando-os mais adiante, de dois em dois, a todas as cidades e lugares onde iria passar. E também dizia a eles que, na verdade, *a colheita era grande, mas poucos os trabalhadores*. Deviam suplicar ao Deus da colheita para enviar trabalhadores à sua colheita.

Recomendações

Mateus 10 (5-13 e 41-42), Marcos 6 (8-10), Lucas 9 (3-4) e 10 (4-9)

Quando enviou os doze, Jesus pediu que não fossem pelo caminho dos pagãos nem entrassem nas cidades dos samaritanos. E sim fossem primeiro às *ovelhas perdidas da casa de Israel*. E a elas pregassem a chegada do reino dos Céus.

Deveriam curar os doentes, curar os leprosos, ressuscitar os mortos, expulsar demônios. O que eles haviam recebido de graça deviam dar de graça. Não cumprimentariam ninguém pelo caminho e não levariam ouro nem prata, nem cobre ou dinheiro nos cintos, nem os bolsos cheios, nem duas túnicas, apenas suas sandálias. E não levariam cajado nem pão, porque um trabalhador era digno de seu alimento.

Em qualquer cidade ou aldeia que entrassem, deveriam descobrir alguém digno de se hospedarem até a hora de ir embora. E quando entrassem em uma casa, deviam saudar as pessoas desejando que a Paz estivesse naquele lar.

A uma casa digna, onde encontrassem um filho de paz, deviam levar a paz deles. E não sendo assim, que a paz deles voltasse com eles. Deviam ficar na mesma casa comendo e bebendo do que eles tivessem, pois o trabalhador era digno de seu salário. Não deviam ir de casa em casa.

Em qualquer cidade que entrassem e os recebessem, deviam comer o que lhes oferecessem e curar os doentes de lá, anunciando a chegada do reino de Deus a eles.

Jesus também explicou que quem recebia um profeta em nome de um profeta teria sua recompensa. E quem recebia um justo no nome de um justo seria recompensado. E quem desse um só copo de água fria a uma criança em nome de ser seu discípulo nunca deixaria de ser recompensado.

Cidades castigadas

Mateus 10 (14-15 e 23), Marcos 6 (11), Lucas 9 (5) e 10 (10-16)

E disse que, se ninguém os recebesse nem escutasse suas palavras, ao sair daquela casa ou cidade, eles deveriam sacudir o pó que estivesse sob seus pés como repúdio. E saindo daquelas ruas diriam que até o pó da cidade que grudou neles eles sacudiam de volta. Mas deveriam saber que o reino de Deus já havia chegado a eles.

Disse que, na verdade, no dia do juízo haveria menos rigor com a terra de Sodoma e Gomorra que com aquela cidade. E quando os perseguissem naquela cidade, deviam fugir para outra. E eles não terminariam de percorrer as cidades de Israel antes que o Filho Humano viesse.

Lamentou por Corazim e por Betsaida, porque se em Tiro e em Sidônia se fizessem os milagres que nelas foram feitas, há muito teriam se arrependido, vestindo roupas de saco e cobrindo se de cinzas. Assim, no juízo haveria menos rigor com Tiro e Sidônia do que com elas.

E sobre Cafarnaum, que quis ser elevada ao céu, disse que cairia ao inferno. Quem ouvisse os discípulos ouviria a ele, e quem os rejeitasse rejeitaria a ele. E quem o rejeitasse rejeitaria quem o enviara.

Parábola: ovelhas no meio de lobos

Mateus 10 (16), Lucas 10 (3), Tomé (d) 39 (3)

E disse aos discípulos que os enviava como ovelhas no meio de lobos, e eles então deveriam ser prudentes como as cobras e inofensivos como as pombas.

> (Mas deviam ser espertos como as serpentes e inocentes como as pombas.)

Parábola: passarinhos

Mateus 10 (17-20 e 29-33), Lucas 12 (6-12)

Disse para tomarem cuidado com as pessoas: elas os entregariam aos tribunais e os chicoteariam em seus templos. E por sua causa eles seriam levados à presença dos governadores e dos reis como testemunho a eles e aos pagãos.

E quando os entregassem, não deviam se preocupar com o que dizer, porque naquele momento lhes seria revelado. Não seriam eles que falariam, mas o Espírito Santo, do Pai deles, que falaria por eles.

Perguntou se não se vendiam dois passarinhos, ou até cinco, por umas poucas moedas – e nenhum deles cairia em terra sem que o Pai deles quisesse. E nenhum era desconhecido de Deus. Mesmo os fios de cabelo em suas cabeças estavam todos contados, e eles não deviam temer, pois valiam mais do que muitos passarinhos.

Assim, quem jurasse por Jesus à frente das pessoas, ele o juraria diante dos anjos e de seu Pai celestial. Mas quem o negasse à frente das pessoas, ele também negaria diante dos anjos e de seu Pai celestial. E todos que dissessem uma palavra contra o Filho Humano seriam perdoados, mas quem insultasse o Espírito Santo jamais seria perdoado.

Luz e trevas

Mateus 10 (24-28)

O discípulo não estava acima do mestre, nem o criado acima de seu patrão. A um discípulo bastava se tornar como o mestre, e ao criado, como o seu patrão. Se chamasse o dono da casa de Satanás, quanto mais os criados!

Assim, eles não deviam temer, pois nada de escondido deixaria de ser revelado, e nada secreto de ser sabido. O que Jesus dizia a eles nas sombras deviam dizer na luz. E o que lhes dissessem no ouvido, deviam proclamar sobre os telhados.

E não deviam temer os que matavam o corpo e não podiam matar a alma, mas sim quem levava à destruição do corpo e da alma no inferno.

A volta

Lucas 9 (10-11) e 10 (17-20)

Os 70 voltaram alegres, chamando Jesus de Mestre e dizendo que em nome dele até os demônios se submetiam. E Jesus disse ver Satanás cair do céu como um raio.

Dava-lhes assim o poder de pisar em cobras e escorpiões e sobre toda a força do inimigo, sem nada lhes causar qualquer dano. E eles não deviam se alegrar pelos espíritos subjugados a eles, mas por terem seus nomes escritos nos céus.

E depois de os doze apóstolos também voltarem, contando-lhe tudo o que tinham feito, Jesus retirou-se com eles para o lugar deserto de uma cidade chamada Betsaida. A multidão acabou sabendo e os seguiu. Jesus recebeu as pessoas, falando do reino de Deus e curando os que precisavam.

18. PERGUNTAS SOBRE A IDENTIDADE DE JESUS

O QUE DIZIAM

Mateus 16 (13-20), Marcos 6 (14-16) e 8 (27-30), Lucas 9 (7-9 e 18-20)

Jesus saiu com seus discípulos para ir às aldeias na região da Cesareia de Filipe. No caminho, e ao chegar lá, orando ao lado deles, perguntou aos discípulos quem as pessoas diziam ser o Filho Humano.

Eles responderam que uns diziam ser João Batista, outros diziam ser Elias, e outros, ainda, Jeremias ou um dos profetas antigos que teria ressuscitado. Jesus então perguntou quem eles mesmos diziam que ele era.

Simão Pedro respondeu que ele era o Cristo, Filho do Deus vivo. Jesus pediu para não dizer aquilo dele e, chamando-o de Simão, filho de Jonas, disse que a felicidade estava nele, pois aquilo não lhe fora revelado pela carne e pelo sangue, mas por seu Pai celestial.

E também disse que ele era Pedro, e sobre aquela pedra edificaria a sua igreja, e as portas do inferno não a sobreporiam a ela. E lhe daria as chaves do reino celestial: tudo o que fosse ligado na Terra também o seria nos Céus, e tudo o que se desligasse na Terra também o seria nos Céus. Então pediu também aos discípulos que não dissessem a ninguém que ele era o Cristo.

Como o nome de Jesus se tornara notório, o rei Herodes, um dos quatro governadores, também ouvira falar de muitas coisas feitas por ele. Estava em dúvida, mas acreditava que era João Batista ressuscitado dos mortos, e por isso aqueles milagres operavam nele.

E como alguns diziam que Jesus era Elias, ou um profeta antigo que tivesse ressuscitado, ou igual a um deles, ao ouvir aquilo, Herodes insistia em ele ser João, degolado a mando dele e depois ressuscitado. Mas, afinal, quem era aquele de quem ouvira falar tantas coisas? E queria vê-lo.

ORIGEM FAMILIAR

Mateus 13 (54-56), Marcos 6 (1-3), Lucas 4 (22), João 6 (41-42) e 7 (26-27)

Partindo da Cesareia de Filipe, ele voltou para sua terra, e os discípulos o seguiram. No sábado, Jesus começou a ensinar na sinagoga, e muitos se encantavam ao ouvi-lo. Perguntavam-se de onde vinham aquelas coisas, a sabedoria e aqueles milagres saídos de suas mãos, que tantos presenciaram, além das palavras de graça que saíam de sua boca.

Perguntavam-se se não era o filho do carpinteiro, e se sua mãe não se chamava Maria. Seus irmãos não eram Tiago, José, Simão e Judas? E lembravam que todas as suas irmãs viviam entre eles. Então, de onde vinha aquilo tudo? E desconfiavam nele.

Os judeus também cochichavam, porque ele dizia ser o pão que descera do Céu. Então se perguntavam se não era Jesus, o filho de José, de quem conheceram o pai e a mãe. E sendo ele, como poderia dizer que descera do Céu?

E viam-no ali falando abertamente, sem ninguém dizer nada, perguntando-se se os chefes saberiam se ele era de fato o Cristo. Porque sabiam bem de onde era Jesus, mas o Cristo, quando viesse, ninguém saberia de onde teria saído.

A VERDADEIRA FAMÍLIA

Mateus 12 (46-50), Marcos 3 (31-35), Lucas 8 (19-21) e 11 (27-28), Tomé (d) 79 (1-3) e 99 (1-3)

Enquanto ainda falava à multidão, que continuou sentada ao redor dele, sua mãe e os irmãos estavam do lado fora e queriam falar algo, mas não podiam aproximar-se por causa da aglomeração. Então alguém disse a Jesus que Maria e seus irmãos estavam ali fora e queriam conversar com ele.

Jesus perguntou a essa pessoa quem eram sua mãe e seus irmãos. E estendendo a mão para os discípulos, e olhando à volta, para os que estavam sentados próximos, disse que aqueles eram sua mãe e seus irmãos: os que ouviam a palavra de Deus e a executavam. Pois quem fizesse a vontade de seu Pai celestial, seria seu irmão, sua irmã e sua mãe.

> (Os discípulos disseram que os irmãos e a mãe dele estavam ali fora. Ele respondeu que os que estavam lá faziam a vontade de seu Pai, e eram eles os seus irmãos e a sua mãe. E que eles entrariam no reino de seu Pai.)

Depois de dizer essas coisas, aconteceu de uma mulher da multidão levantar a voz e dizer que felizes eram o ventre que o trouxera ao mundo e os peitos em que ele mamara. Mas Jesus disse que mais felizes eram os que ouviam a palavra de Deus e a guardavam.

> (Uma mulher da multidão disse a Jesus que felizes eram a barriga que o carregara e os seios que o amamentaram. Jesus respondeu que felizes eram os que ouviram a palavra do Pai e verdadeiramente a colocaram em prática. Pois viriam dias em que diriam que felizes eram o ventre que não engravidou e os seios que não deram leite.)

"SANTO DE CASA"

Mateus 13 (57-58), Marcos 6 (4-5), Lucas 4 (23-27), João 5 (43-45) e 7 (2-5), Tomé (d) 31 (1-2)

Jesus disse que certamente citariam o provérbio do médico que devia curar a si mesmo para sugerir que ele fizesse também em sua terra o que ouviram dizer que fizera em Cafarnaum.

Disse que, na verdade, nenhum profeta era bem recebido em sua terra. Havia muitas viúvas em Israel nos tempos de Elias, quando o céu se fechou por três anos e seis meses, provocando uma grande fome em toda a Terra. E Elias não foi enviado a nenhuma delas, a não ser a à viúva Sarepta da Sidônia.

E em Israel havia muitos leprosos no tempo do profeta Eliseu, e nenhum deles foi purificado, a não ser o sírio Naamã.

Dois dias depois, Jesus partiu dali e foi para a Galileia, porque ele mesmo testemunhara que um profeta não tinha honra na sua própria pátria. E chegando à Galileia, os galileus o receberam bem, por todas as coisas que ele fizera em Jerusalém no dia da festa – eles também estiveram ali.

Estava próxima outra festa dos judeus, a Festa das Tendas. Os irmãos de Jesus disseram para ele sair dali e ir para a Judeia, para seus discípulos também verem as obras que fazia.

(Porque quem quisesse ser conhecido não devia fazer as coisas em segredo. E se ele fazia aquelas coisas, devia manifestar-se ao mundo. Pois nem mesmo os irmãos acreditavam nele.)

E assim desconfiavam dele, mas Jesus respondeu que um profeta não era desprezado a não ser em sua terra, entre os parentes e em casa. E ali ele não pôde fazer muitos milagres por causa da falta de fé deles. Apenas curou alguns poucos doentes, tocando-lhes com as mãos.

> (Jesus disse que o profeta não era bem recebido em sua terra, e que os médicos não curavam os que o conheciam.)

19. GRANDES MILAGRES

ÁGUA EM VINHO

João 2 (1-11)

Jesus estava há três dias em Caná, na Galileia, quando foi celebrado um casamento e sua mãe estava lá. Jesus e seus discípulos também foram convidados para a festa.

Uma hora faltou vinho, e Maria avisou o filho. Então Jesus, chamando-a de mulher, perguntou o que tinham em comum, e disse ainda não ter chegado a sua hora. Maria disse aos que serviam para fazer tudo o que ele mandasse.

Ali havia seis jarros de pedra usados nas purificações dos judeus, e em cada um cabia cerca de cem litros. Jesus disse para enchê-los de água e eles assim o fizeram, até quase transbordar. Disse em seguida para tirar a água e levá-la ao mestre-sala, o que eles também fizeram.

Logo que o mestre-sala provou a água transformada em vinho (não sabendo de onde vinha, embora os criados que levaram a água o soubessem), chamou o noivo e lhe disse que as pessoas em geral serviam primeiro o vinho bom, e quando já se bebeu bastante é que serviam o inferior. Mas ele guardara o melhor dos vinhos para depois.

Foi assim que Jesus começou a dar os seus sinais em Caná da Galileia, manifestando sua glória. E os discípulos acreditaram nele.

PEIXES

Lucas 5 (1-7)

Com a multidão se apertando para ouvir a palavra de Deus, Jesus estava próximo ao lago de Genesaré quando percebeu dois barcos perto da praia. Os pescadores desceram deles e começaram a lavar as redes.

Jesus, entrando num dos barcos, o de Simão, pediu a ele que o afastasse um pouco da terra, e assim, sentado no barco, ele falava às multidões e as ensinava.

Quando parou de falar, pediu que Simão fosse com ele ao alto-mar e lançasse as redes de pesca. Simão, chamando-o de Mestre, contou que trabalhara a noite toda sem pescar nada. Mas disse que, por causa da palavra dele, lançaria a rede.

Ao fazer isso, eles pescaram uma grande quantidade de peixes, e a rede chegou a se romper. Então fizeram sinal aos companheiros, que estavam no outro barco, pedindo para ajudá-los. E assim eles encheram ambos os barcos, que quase afundaram de tão carregados.

MULTIPLICAÇÃO DE ALIMENTOS: CONTEXTO

Mateus 14 (13), Marcos 6 (30-34)

À época em que os apóstolos voltaram de suas missões, juntaram-se ao Mestre e lhe contaram tudo o que haviam feito e como tinham ensinado as pessoas. Então Jesus os levou a um lugar deserto para descansar um pouco. Mas lá havia muitas pessoas indo e vindo, sem tempo para comer.

Jesus e os discípulos foram em um barco, a sós, para outro lugar, mais isolado. Mas a multidão os viu partir e muitos os reconheceram, correndo para lá a pé, seguindo-os de todas as cidades. E chegaram lá primeiro do que eles, aproximando-se de Jesus.

Vendo toda aquela multidão, Jesus teve compaixão, percebendo que eram como ovelhas sem pastor. E começou a ensinar-lhes muitas coisas.

PRIMEIRA MULTIPLICAÇÃO

Mateus 14 (15-21), Marcos 6 (35-44), Lucas 9 (12-17), João 6 (5-14)

O sol já começava a se pôr quando os doze discípulos se aproximaram para dizer que o lugar era deserto e a noite se aproximava. Então Jesus, levantando os olhos e vendo a grande multidão que o seguia, perguntou a Filipe onde comprariam pão para todos comerem (e disse isso para testá-los, pois bem sabia o que faria).

Os discípulos disseram para ele se despedir da multidão e deixá-la ir às aldeias vizinhas se proteger do frio e comprar alguma coisa, pois não tinham o que comer - estavam em um lugar deserto. Mas Jesus disse não ser necessário, e eles é que deviam dar-lhes de comer.

Os discípulos perguntaram se teria como eles mesmos comprarem 200 dinheiros em pão para dar-lhes de comer, e Filipe respondeu que nem isso bastaria para cada um deles comer um pouco.

Então Jesus perguntou quantos pães eles tinham, pedindo para verificarem. Um dos seus discípulos, André, irmão de Simão Pedro, disse haver ali um rapaz com cinco pães de cevada e dois peixinhos. Mas o que era isso para tantas pessoas?

Os discípulos disseram que, a não ser que eles mesmo fossem comprar comida, os cinco pães e dois peixes não dariam para alimentar aquela multidão, pois havia ali quase cinco mil homens.

Então Jesus pediu que levassem até ele o pouco de alimento que tinham e pedissem à multidão que se sentasse em grupos de 100 e de 50 pessoas sobre a grama verde. Assim foi feito e todos se sentaram. Havia muita grama e todos se acomodaram, sendo quase cinco mil homens.

Jesus pegou os cinco pães e os dois peixes e, olhando para o céu, deu graças e os abençoou. Então partiu os pães e deu-os aos discípulos para que os distribuíssem, pondo-os à frente dos grupos. Do mesmo modo, repartiu os dois peixes por todos, para se servirem do quanto queriam.

Todos comeram e ficaram fartos. Quando já estavam saciados, Jesus pediu aos discípulos para recolherem as sobras e assim nada se perderia. Então juntaram doze cestos com os pedaços dos cinco pães de cevada deixados pelos que haviam comido, que eram quase cinco mil homens, e ainda havia as mulheres e crianças.

SEGUNDA MULTIPLICAÇÃO

Mateus 15 (32-39), Marcos 8 (1-9)

Em outra ocasião, também havendo grande multidão sem ter o que comer, Jesus chamou seus discípulos e disse sentir compaixão pelas pessoas que estavam com ele havia três dias sem se alimentar. Não queria mandá-los embora em jejum porque alguns vinham de longe e poderiam até desmaiar pelo caminho.

Os discípulos perguntaram onde conseguiriam, num deserto, a quantidade necessária de pães para saciar a multidão. Jesus perguntou quantos pães eles tinham, e disseram sete.

Então pediu à multidão que se sentasse. Pegou os sete pães e, dando graças, partiu-os, dando-os aos seus discípulos para que os pusessem diante deles. E eles assim fizeram. Tinham também alguns peixinhos e, depois de dar graças, Jesus mandou que também os colocassem à frente deles.

Todos comeram e se saciaram. E dos pedaços que sobraram foram enchidos sete cestos até o máximo. Os que comeram eram quatro mil homens, além de mulheres e crianças.

Depois de se despedir da multidão, Jesus entrou no barco e dirigiu-se ao território de Magadã.

COMENTÁRIO SOBRE A MULTIPLICAÇÃO – EVITAR O FERMENTO DOS FARISEUS

Mateus 16 (5-12), Marcos 8 (14-21)

Quando os discípulos passaram para o outro lado, esqueceram de levar pão, e no barco só tinham um. Jesus lhes advertiu para tomarem cuidado com o fermento dos fariseus e dos saduceus. E com o de Herodes. Então eles confabularam entre si, entendendo que era porque não tinham levado pão.

Jesus, percebendo, chamou-os de homens de pouca fé e perguntou por que cochichavam sobre não terem trazido pão. Já não lembravam? Não entendiam? Ainda tinham seus corações endurecidos? Não viam mesmo tendo olhos? E tendo ouvidos, não ouviam?

Perguntou se não lembravam dos cinco pães para cinco mil homens, e de quantos cestos ficaram cheios, e eles responderam: doze. Perguntou se não lembravam dos sete pães para quatro mil, e de quantos cestos ficaram cheios, e eles disseram: sete. Então perguntou se ainda assim eles não entendiam.

Eles não percebiam que Jesus não falava sobre o pão, mas sim deviam se precaver contra o fermento dos fariseus e saduceus. Então eles entenderam que a precaução necessária não era contra o fermento do pão, mas contra o ensino dos fariseus.

Ensinamento: mais importante é o pão que permanece (pão da vida)

João 6 (22-27, 30-35, 48-51 e 58-59)

No dia seguinte, a multidão que estava do outro lado do mar viu apenas o barquinho em que os discípulos haviam subido sem Jesus. Mas outros barquinhos haviam chegado de Tiberíades, perto do lugar onde eles comeram o pão depois de Jesus dar graças.

Vendo que Jesus não estava mais lá, nem seus discípulos, as pessoas subiram naqueles barcos e foram até Cafarnaum para procurá-lo. E ao avistarem-no do outro lado do mar, chamando-o de Rabi, perguntaram quando ele havia chegado. Mas ele respondeu que, na verdade, eles não o procuravam pelos sinais que viram, e sim por comerem daquele pão e se saciarem.

Disse que eles deviam trabalhar não pela comida que apodrecia, mas pela que permanecia para a vida eterna, que lhes seria dada pelo Filho Humano e lhes era confiada pelo Deus Pai.

Então lhe perguntaram que sinal milagroso, afinal, ele daria para que o vissem e acreditassem nele? O que ele faria? Disseram que seus antepassados comeram o maná no deserto, como estava escrito que *lhes dera a comer o pão do Céu.*

Jesus disse que, na verdade, Moisés não lhes dera o pão do Céu, mas seu Pai lhes dava o verdadeiro pão do Céu. Porque o pão de Deus era o que descia do céu e dava vida ao mundo.

Então, chamando-o de Mestre, pediram que lhes desse sempre daquele pão. E Jesus disse ser *o pão da vida*: quem o seguisse não teria fome e quem acreditasse nele nunca teria sede.

Ele era *o pão da vida.* Os antepassados deles haviam comido o maná no deserto e depois morreram. Mas aquele era *o pão que descia do Céu,* para quem o comesse não viesse a morrer. Jesus era *o pão vivo* que descera do Céu: quem comesse daquele pão viveria para sempre. E o pão que ele daria era a sua carne, ele a daria pela vida do mundo.

Aquele era *o pão que desceu do Céu.* Não era como o maná comido pelos antepassados deles, que depois morreram. Quem comesse daquele pão viveria para sempre.

E essas eram coisas ditas por ele na sinagoga, ensinando em Cafarnaum.

20. Outros milagres e a transfiguração

INTERVENÇÃO NA TEMPESTADE

Mateus 8 (23-27), Marcos 4 (35-41), Lucas 8 (22-25)

Num daqueles dias, quando já era tarde, Jesus disse aos discípulos para passarem ao outro lado. E eles, deixando a multidão, o acompanharam até um barco que estava ali parado.

Também havia outros barquinhos, e entrando num deles, Jesus foi seguido por seus discípulos. Disse para seguirem até o outro lado do lago, e eles partiram.

Enquanto navegavam, Jesus adormeceu, e então formou-se um grande temporal de vento e tempestade naquele mar ou lago. E era tão grande a intempérie que o barco já estava sendo coberto pelas ondas (algumas passavam por cima, enchendo-o de água).

Jesus dormia, na popa, sobre uma almofada. Os discípulos se aproximaram, chamando-o de Mestre, e quiseram acordá-lo, pedindo que os salvasse pois estavam morrendo. E ele, despertando, chamou-os de *homens de pouca fé* e perguntou por que temiam.

Então, levantou-se, repreendeu os ventos e a fúria do mar, dizendo para se calarem e amansarem. O vento parou, aquietou-se e seguiu-se uma grande calmaria.

Então Jesus perguntou aos discípulos por que eles eram tão tímidos. Ainda não tinham fé? Onde andava a fé deles? Os discípulos, maravilhados e sentindo um grande temor, perguntaram uns aos outros que homem era aquele, a quem até os ventos e o mar obedeciam.

ANDANDO SOBRE O MAR

Mateus 14 (22-33), Marcos 6 (45-52), João 6 (15-21)

Em outra ocasião, Jesus também mandou os discípulos se dirigirem ao barco e seguirem na frente para o outro lado, o de Betsaida, enquanto se despedia da multidão. Depois de se despedir, ele subiu ao monte sozinho para orar (sabendo que tentariam pegá-lo para torná-lo rei).

Quando entardeceu, ele estava ali sozinho, em terra, enquanto os discípulos haviam se dirigido ao mar. Eles entraram no barco e atravessaram as ondas em direção a Cafarnaum.

Já estava escuro, o barco balançava com as ondas, pois o vento era forte, e Jesus ainda não tinha chegado à margem próxima a eles. Mas no meio da noite, quase de madrugada, Jesus viu que eles estavam cansados de remar (pois o vento era contrário e o mar se levantara com o vendaval).

Depois de navegarem uns cinco quilômetros, eles viram Jesus caminhando sobre o mar e aproximando-se do barco. E temeram. Assustaram-se muito com Jesus andando por cima das ondas e querendo passar à frente. Achando que fosse um fantasma, eles gritaram de medo, porque todos o viam e estavam perturbados.

Mas Jesus logo chamou-os dizendo para não temerem e se animarem, pois era ele. Pedro, chamando-o de Mestre, disse que, se fosse mesmo ele, mandasse ele acompanhá-lo por cima das águas.

Jesus chamou Pedro e pediu para ir até lá. Pedro, descendo do barco, andou sobre as águas para ir até Jesus. Mas, sentindo o vento forte, teve medo e começou a afundar, implorando a Jesus para que o salvasse.

Jesus imediatamente estendeu-lhe a mão, segurou-o e, chamando-o de *homem de pouca fé*, perguntou por que ele havia duvidado. E quando eles subiram no barco para estar com os outros, o vento se acalmou.

Então os que estavam no barco ficaram muito assombrados e maravilhados – pois não tinham compreendido o milagre dos pães: seus corações ainda estavam endurecidos. Eles se aproximaram, adoraram Jesus e disseram que ele era verdadeiramente o Filho de Deus.

Mais tranquilos, eles o receberam no barco, que logo chegou à terra aonde iam.

TRANSFIGURAÇÃO

Mateus 17 (1-9), Marcos 9 (2-10), Lucas 9 (28-36)

Cerca de uma semana depois, Jesus chamou Pedro, Tiago e seu irmão João e os levou a sós até um monte alto para rezar. Enquanto orava, ele transfigurou-se na aparência diante dos três discípulos: seu rosto resplandeceu como o sol, e suas vestes tornaram-se brancas como a luz.

As roupas estavam resplandecentes e tão brancas como a neve, de um jeito que nenhum lavadeiro na Terra poderia clarear. Então apareceram Moisés e Elias falando com Jesus à frente dos discípulos. Os dois apareceram com glória e falavam da morte de Jesus, que haveria de se cumprir em Jerusalém.

Pedro e os dois irmãos, que já estavam tomados pelo sono, viram ao despertar a glória de Jesus e aqueles dois homens que estavam com ele.

Quando Moisés e Elias já se afastavam de Jesus, Pedro o chamou de Mestre, disse ser bom eles ficarem lá e que se quisesse poderiam montar três tendas ali, uma para ele, outra para Moisés e outra para Elias (mas Pedro não sabia o que dizia, pois estavam todos assombrados).

Pedro ainda falava quando uma nuvem luminosa cobriu a todos, e ao entrarem nela, eles temeram. De dentro dela saiu uma voz dizendo que aquele era o seu Filho amado com quem se alegrava e deviam escutá-lo.

Os discípulos, ouvindo aquilo, levaram seus rostos ao chão e sentiram um grande medo. Mas Jesus aproximou-se, tocou-os e disse para levantarem e não temerem. Então eles ergueram os olhos, observaram ao redor e não havia mais ninguém além de Jesus (depois de soar aquela voz, eles encontraram Jesus sozinho).

Descendo do monte, Jesus disse aos três que não deviam contar a ninguém sobre a visão até o *Filho Humano* ser ressuscitado dos mortos. Eles calaram-se e naqueles dias não contaram nada do que viram a ninguém, perguntando-se o que seria aquilo de ressuscitar dos mortos.

Moisés, Jesus, Elias, Pedro, Tiago e João

21. INÚMERAS CURAS

ESPÍRITO IMUNDO (QUE VÊ EM JESUS O SANTO DE DEUS)

Marcos 1 (23-28) e 3 (11-12), Lucas 4 (33-37)

Um homem tomado por um espírito imundo apareceu na mesma sinagoga em que eles estavam e, gritando, perguntou a Jesus Nazareno se viera para destruí-los? Disse bem saber quem ele era: o Santo de Deus.

Jesus o repreendeu mandando calar-se e sair dele. Então o espírito imundo teve uma convulsão e se jogou no chão à frente de todos, gritando e saindo dele sem fazer mal.

Houve um grande espanto e todos se admiravam, perguntando o que era aquilo. Que palavra e que nova doutrina era aquela? Pois Jesus, com autoridade e poder, mandava nos espíritos imundos e eles obedeciam, saindo da pessoa.

E logo a sua fama correu por toda a região da Galileia e ao redor dela. Em outras ocasiões, quando os espíritos imundos o viam, curvavam-se e diziam ser ele o Filho de Deus. E Jesus dava ordens severas para não revelarem isso a ninguém.

SOGRA DE SIMÃO E OUTRAS MULHERES

Mateus 8 (14-15), Marcos 1 (29-31), Lucas 4 (38-39) e 8 (2-3)

Ao levantar-se e sair da sinagoga, Jesus foi à casa de Simão e André, acompanhado de Tiago e João. Entrando na casa, ele viu a sogra de Pedro acamada, doente, com muita febre. Então eles pediram por ela.

Jesus se aproximou, inclinou-se, segurou na mão da senhora e repreendeu a febre, que passou imediatamente. Então ela se levantou e começou a servi-los.

Outras mulheres também foram curadas de doenças e de espíritos malignos, entre elas Maria (chamada Madalena, de quem saíram sete demônios), Joana (mulher de Cuza, procurador de Herodes), Suzana e muitas outras que os serviam com seus bens.

CURAS VARIADAS

Mateus 4 (23-25), 8 (16-17), 9 (35), 12 (22), 14 (14 e 34-36), 15 (29-31) e 21 (14), Marcos 1 (32-39), 3 (7-10) e 6 (53-63), Lucas 4 (40-41), 6 (17-19), 7 (21), 8 (1) e 11 (14), João 6 (1-4)

Jesus percorreu toda a Galileia ensinando nas sinagogas e pregando o Evangelho (a boa notícia do reino). E assim curava todos os males e doenças que havia nas populações.

Sua fama correu por toda a Síria, e levavam a ele todos que sofriam das muitas doenças e tormentos, os possessos, os lunáticos, os paralíticos: a todos ele curava. E assim era seguido por uma grande multidão da Galileia, da Decápole, de Jerusalém, da Judeia e de localidades além do Jordão.

Em uma tarde, trouxeram-lhe muitos possessos, e ele expulsou aqueles espíritos apenas com a palavra, curando todos os doentes. Era para cumprir-se o que disse o profeta Isaías, que ele *tomara para si as enfermidades de todos e levou suas doenças.*

Assim, Jesus percorria todas as cidades e aldeias, ensinando em suas sinagogas, e curava as doenças do povo. Trouxeram-lhe então um possesso cego e mudo, e Jesus o curou de tal modo que ele passou a ver e falar. Também aconteceu de expulsar um demônio mudo que, ao sair, a pessoa falou, e a multidão ficou encantada.

Certa vez Jesus caminhava e, vendo aquela grande multidão, foi tomado de uma profunda compaixão pelos que estavam ali e curou todos os seus doentes. Em outra ocasião, eles atravessaram o rio e chegaram à terra de Genesaré. As pessoas do lugar o reconheceram e espalharam a notícia pelas terras à volta, para que levassem a ele todos os que estavam doentes. E então imploraram para ao menos tocarem a bainha de sua roupa, e todos os que a tocaram ficavam bons.

Partindo de lá, Jesus chegou à beira-mar da Galileia e subiu em um monte, para ficar ali sentado. Grandes multidões de pessoas foram até ele, levando seus deficientes (cegos, mudos, mancos e outros) e os colocando à frente de Jesus, que os curava.

Desse modo, a multidão se encantava vendo os mudos falarem, os aleijados sãos, os coxos andando, os cegos enxergando. E assim se glorificava o Deus de Israel. E também no templo os cegos e mancos procuravam Jesus, sendo curados.

Em outro dia, quando veio a tarde e o sol já se punha, levaram a ele todos os que estavam doentes e possessos. Toda a cidade se juntou à sua porta, e ele fez muitas curas, de diversos tipos de doenças, expulsando os demônios sem deixar que eles falassem, pois sabiam quem ele era.

E de manhã, levantando-se bem cedo (ainda estava escuro), ele foi a um lugar deserto para orar. Simão e os que estavam junto o seguiram e, ao encontrá-lo, disseram que todos o procuravam. Então Jesus disse que também iriam às aldeias vizinhas para pregar, pois para isso ele viera. E passou a pregar nas diversas sinagogas, por toda a Galileia, e expulsava os demônios.

Quando Jesus se retirou com os discípulos para o mar, uma grande multidão da Galileia e da Judeia o seguia, e também de Jerusalém, da Idumeia, de povoados além do Jordão e de perto de Tiro e da Sidônia. Essa grande multidão queria estar com ele, pois ouvira falar de como eram grandes as coisas que fazia.

E por causa da multidão, ele pediu aos discípulos que tivessem um barquinho sempre pronto próximo a ele, para que não o apertassem. Pois como já tinha curado muitos, todos os que tinham algum mal se lançavam sobre ele para tocá-lo.

Quando já estavam do outro lado, dirigiram-se à terra de Genesaré, onde atracaram. Saindo do barco, Jesus foi logo reconhecido, e as pessoas começaram a correr à sua volta e levar em leitos os que estavam doentes, para onde quer que estivesse e elas soubessem.

Onde ele entrava, em cidades e aldeias, ou no campo, levavam os doentes às praças e imploravam para que os deixasse ao menos tocar na bainha de sua roupa. E todos os que tocavam ficavam curados.

No pôr do sol, todos os que sofriam de várias doenças foram levados a ele. E pondo as mãos sobre cada um, Jesus os curava. Também saíam demônios de muitos deles, implorando e dizendo que ele era o Cristo *Filho de Deus*. E Jesus, repreendendo-os, não os deixava falar, por saberem que ele era o Cristo.

Caminhando com os doze, ele parou em um lugar plano, e de novo vieram muitos de seus discípulos e uma grande multidão de pessoas de toda a Judeia, de Jerusalém, e da costa marítima de Tiro e da Sidônia para o ouvirem e serem curados de suas doenças. E também os possuídos por espíritos imundos eram curados.

Toda a multidão queria tocar nele, porque dele saía a virtude que a todos curava. De uma só vez ele curou muitos das doenças, de males e de espíritos maus e deu visão a muitos cegos. Depois disso ele andava de cidade em cidade, e de aldeia em aldeia, anunciando e pregando o Evangelho (a boa notícia do reino de Deus), e os doze apóstolos iam com ele.

Depois desses feitos, Jesus partiu para o outro lado do mar da Galileia, o lago de Tiberíades. Ainda uma grande multidão o seguia, porque via os sinais que ele operava sobre os doentes. E Jesus mais uma vez subiu em um monte e sentou-se ali com os discípulos. A Páscoa, festa dos judeus, estava próxima.

LEPROSO

Mateus 8 (1-4), Marcos 1 (40-45), Lucas 5 (12-16)

E aconteceu que, quando estava numa daquelas cidades, Jesus desceu do monte e foi seguido por uma grande multidão. Então veio um leproso, curvou-se e ajoelhou à frente dele, adorando-o, chamou-o de Mestre e implorou, dizendo que, se assim o quisesse, poderia purificá-lo de sua doença.

Jesus, tomado de grande compaixão, estendeu a mão e tocou no homem, dizendo que queria e era para ele se purificar. Depois de dizer isso, a lepra desapareceu, e ele ficou limpo. Jesus advertiu severamente para ele manter em sigilo aquele feito, e apenas mostrar-se ao sacerdote, fazendo a oferenda da purificação determinada por Moisés como testemunho para eles. E se despediu logo.

Mas saindo de lá, o homem começou a espalhar muitas coisas, proclamando a sua cura, e assim Jesus já não podia entrar publicamente na cidade, e por isso ficava fora dela, em lugares desertos. E pessoas de todas as partes queriam estar com ele.

Sua fama se propagava mais e mais, juntando muita gente para ouvi-lo e ser curada das doenças. E de novo Jesus se retirava nos desertos para orar.

DEZ LEPROSOS (SÓ O ESTRANGEIRO AGRADECE)

Lucas 17 (11-19)

Indo a Jerusalém, Jesus passou pelo meio de Samaria e da Galileia. Entrando em uma aldeia, dez leprosos foram ao seu encontro, mas pararam longe e gritaram, pedindo ao Mestre que tivesse piedade deles.

Olhando para os homens, Jesus mandou que se fossem e se mostrassem aos sacerdotes. E ao saírem, já no caminho ficaram limpos. Um deles, percebendo que estava curado, voltou dando glórias a Deus em voz alta e caiu aos pés de Jesus com o rosto em terra, dando-lhe graças. Era um samaritano.

Jesus perguntou a ele se não foram dez os purificados. Onde estavam os outros nove? Ninguém mais voltara para dar glória a Deus, apenas o estrangeiro? E disse para ele se levantar e seguir, pois fora salvo pela sua própria fé.

22. Pessoas pobres e ricas sendo igualmente curadas

CRIADO DO CENTURIÃO

Mateus 8 (5-13), Lucas 7 (1-10)

Certo dia, depois de concluir seus discursos diante da multidão, Jesus entrava em Cafarnaum quando um centurião se aproximou dele, chamando-o de Mestre e implorou sua atenção. Explicou que tinha um criado convalescendo em sua casa, paralítico, violentamente atormentado e doente, quase morrendo.

O centurião estimava muito essa pessoa e, quando ouvira falar de Jesus, enviou-lhe uns anciãos dos judeus, implorando para que viesse curar o criado (os anciãos haviam chegado perto de Jesus e implorado muito, dizendo que a pessoa era digna de receber aquilo e ser curada porque amava a nação dos judeus, e ele mesmo lhes construíra a sinagoga).

Jesus disse que iria e recuperaria a saúde do criado. Mas o centurião, de novo chamando-o de Mestre, disse não ser digno de que ele entrasse em sua casa, pedindo para só dizer uma palavra e seu criado seria salvo.

(Jesus foi com eles, mas quando estava perto da casa, o centurião enviou amigos para dizer ao Mestre que não se incomodasse, pois não era digno de que ele entrasse em sua casa – e nem de falar-lhe pessoalmente, mas com uma só palavra o seu criado se salvaria.)

E contou ser ele também um homem sujeito à autoridade e com soldados sob o seu comando: bastava dizer a um deles para ir e ele ia, e a outro para vir e ele vinha, e ao seu criado para fazer algo e ele o fazia.

Ao ouvir isso, Jesus maravilhou-se e disse aos que o seguiam que na verdade nem mesmo em Israel ele encontrara tanta fé. Disse que muitos chegariam do Oriente e do Ocidente e se sentariam à mesa com Abraão, Isaac e Jacó no reino dos Céus. Já os súditos do reino seriam lançados nas trevas exteriores, onde haveria choro e ranger de dentes.

Então Jesus avisou o centurião para sair, e disse que como ele acreditasse aconteceria. Naquela mesma hora o criado dele, que estava doente, sarou (os que foram enviados voltaram para casa e acharam-no são).

FILHO DO NOBRE

João 4 (46-54)

Jesus foi pela segunda vez a Caná, na Galileia, onde fizera a água se transformar em vinho. E lá havia um nobre com o filho muito doente, em Cafarnaum. Quando esse pai soube que Jesus vinha da Judeia para a Galileia, foi falar com ele e implorou para acompanhá-lo e curar o filho que estava quase morto.

Então Jesus lhe disse que, se ele não visse sinais e milagres, não acreditasse. O nobre, chamando-o de Mestre, pediu que o acompanhasse antes de o filho morrer. Mas Jesus se despediu dele dizendo que o filho viveria. O homem acreditou na palavra de Jesus e partiu.

Logo em seguida, vieram os criados do homem ao seu encontro anunciar que o filho vivia. O nobre perguntou a que horas ele ficou melhor, e disseram que no dia anterior, às sete horas, a febre cedera. Então o pai percebeu que fora na mesma hora que Jesus lhe dissera que o filho viveria, e ele acreditou, como todos os da casa.

Esse, na verdade, foi o segundo milagre de Jesus quando ia da Judeia para a Galileia.

PARALÍTICO NA CAMA

Mateus 9 (1-8), Lucas 5 (17-26), João 5 (1-9), Nicodemos 6 (1)

Alguns dias depois Jesus entrou no barco e atravessou para o outro lado, chegando outra vez a Cafarnaum, sua cidade. Soube-se que ele estava em casa, e logo muitos se ajuntaram, tantos que nem cabiam nos lugares junto à porta. E ele anunciava a palavra.

E aconteceu que naqueles dias, enquanto ele ensinava, estavam ali sentados alguns fariseus e doutores da lei vindos de todas as aldeias da Galileia e da Judeia e de Jerusalém. E a virtude de Deus estava com ele para curar.

Então lhe trouxeram um paralítico deitado numa cama, transportado por quatro pessoas que tentavam entrar com ele para deixá-lo à frente de Jesus. Não conseguindo se aproximar, nem tendo por onde levá-lo por causa da multidão, abriram a parte do telhado onde eles estavam. Fazendo um buraco, subiram com ele e o desceram por entre as telhas no leito em que estava deitado até ficar no meio, diante de Jesus.

Jesus, vendo a fé deles, chamou o paralítico de filho e disse para ele se animar, pois seus pecados estavam perdoados. Então alguns dos escrivães e dos fariseus começaram a confabular, entendendo que Jesus os enganava. Em seus corações, perguntavam quem poderia perdoar pecados além de Deus.

Mas Jesus, conhecendo em seu espírito os pensamentos deles, perguntou por que confabulavam com maldades nos corações. Afinal, o que era mais fácil? Dizer ao paralítico que os pecados dele estavam perdoados ou dizer para se levantar e andar?

E para saberem que o *Filho Humano* tinha poder e autoridade para perdoar pecados na Terra, disse ao paralítico para se levantar, pegar sua cama e ir para casa. O homem levantou-se e logo saiu na presença de todos, pegando a cama em que estava deitado e indo para casa, glorificando a Deus.

A multidão, vendo aquilo, maravilhou-se e deu glória a Deus por dar tamanho poder aos humanos. Diziam nunca ter visto algo igual, e todos ficaram maravilhados, glorificando a Deus.

E também ficaram cheios de medo, dizendo ter visto prodígios naquele dia.

Cura de paralítico

De modo semelhante, houve uma festa entre os judeus, e Jesus foi até Jerusalém. Lá, próximo à porta das ovelhas, havia um reservatório de água (de nome Betesda, em hebreu) com cinco telhadinhos onde se abrigava uma grande multidão de doentes, cegos, mancos e paralíticos, esperando o movimento da água.

Isso porque de tempos em tempos um anjo descia ao reservatório e agitava a água, e o primeiro a chegar lá, depois desse movimento, sarava de qualquer doença que tivesse.

Estava ali um homem que era doente fazia 38 anos, e Jesus, vendo-o deitado, e sabendo que estava daquele jeito há tempos, perguntou se ele queria se curar. O doente, chamando-o de Mestre, disse não ter quem o levasse ao reservatório quando a água era agitada. Quando ele ia, outro chegava antes.

> (Jesus, vendo-o, teve piedade e disse para ele levantar de seu leito e caminhar. Ele levantou e caminhou.)

Jesus disse para ele se levantar, pegar sua cama e andar. E logo aquele homem sarou: pegou sua cama e andou. E era um dia de sábado.

OUTRO ESPÍRITO IMUNDO ("LEGIÃO", PORCOS)

Mateus 8 (28-34), Marcos 5 (1-20), Lucas 8 (26-39), Relatório (P) 2

Eles atravessaram o mar e chegaram à região dos gadarenos, que ficava em frente à Galileia. Quando Jesus desceu em terra, veio ao seu encontro um homem que há tempos era possuído por um espírito imundo. Ele vinha da cidade, não se vestia e não tinha casa, morando em túmulos, e era tão feroz que nem usando grades alguém poderia prendê-lo.

E ninguém podia passar por aquele caminho. Muitas vezes ele fora preso em jaulas, com correntes, e as cadeias foram feitas em pedaços por ele, as correntes esmigalhadas, e ninguém podia amansá-lo (tentaram mantê-lo preso nessas celas, com correntes, mas ele as quebrava, era arrastado aos desertos pelo demônio).

Dia e noite ele andava clamando pelos montes e pelos túmulos, ferindo-se com as pedras. E quando viu Jesus ao longe, correu, adorou-o e implorou em voz alta, perguntando o que o Filho do

Deus Altíssimo queria com ele. Teria ido até lá para atormentá-lo antes do tempo? E pediu que não o fizesse.

Isso porque Jesus ordenara ao espírito imundo que saísse daquele homem, pois já há muito tempo se aproveitava dele. Perguntou o seu nome e o espírito disse ser Legião, pois eram muitos os demônios ali dentro.

O espírito implorou para não ser mandado para o abismo, nem enviado para fora daquela terra. E distante deles havia uma manada de muitos porcos que pastava no monte e passava por ali.

Todos os demônios imploraram a Jesus para os expulsarem e permitirem entrar na manada de porcos. Jesus lhes autorizou a irem, e saindo os demônios do homem – que eram espíritos imundos –, se infiltraram na manada, e todos aqueles porcos se jogaram ao mar de um despenhadeiro e morreram nas águas. Eram quase dois mil os que se afogaram no grande lago.

Os cuidadores dos porcos fugiram e levaram a notícia à cidade e aos campos. Na cidade eles contaram tudo o que se dera com o possesso, e muitos quiseram saber o que era aquilo e como tinha se dado.

Todos da cidade foram à procura de Jesus e, ao encontrá-lo, viram ao seu lado o possesso que tivera a legião – homem de quem os demônios haviam saído –, e ele estava vestido, em seu perfeito juízo, sentado aos pés de Jesus.

Eles temeram. E os que tinham visto aquilo contaram ao possesso do ocorrido e sobre os porcos. E toda a multidão à volta da terra dos gadarenos implorou para que Jesus se retirasse de lá, por estarem tomados de grande temor.

E, entrando no barco, Jesus voltou. O homem de quem os demônios haviam saído implorou para ir com eles, mas Jesus não permitiu, e despediu-se dele mandando-o ir para casa, para os seus, e anunciar-lhes como eram grandes as coisas que Deus, e o que lhe fizera, por piedade.

Ele foi e começou a apregoar por toda a cidade e a anunciar na Decápole como eram grandes as coisas recebidas de Jesus. E todos se maravilharam.

Repercussão entre os romanos

E outros, possuídos por demônios, que moravam no deserto e comiam a carne de si mesmos, vivendo como répteis e animais primitivos, ele fez voltarem a morar em suas casas nas cidades, e pela palavra os tornou saudáveis, inteligentes e honrados aqueles que eram atormentados por espíritos impuros. E, mandando os demônios que estavam neles para uma manada de porcos, *afogou-os no mar*.

23. Cura de possessos

HOMEM MUDO

Mateus 9 (32-33)

Depois que saíram de lá, levaram até Jesus um homem mudo e possuído. Ele expulsou o demônio, e o mudo falou. A multidão se mostrou maravilhada, dizendo nunca terem visto coisa assim em Israel.

MENINO POSSUÍDO

Mateus 17 (14-21), Marcos 9 (14-29), Lucas 9 (37-42)

E aconteceu de, no dia seguinte, ao descerem do monte, vir uma grande multidão ao encontro deles. E toda a multidão, logo ao vê-lo, espantou-se e correu até ele, cumprimentando-o.

Jesus, aproximando-se dos discípulos, observou uma aglomeração à sua volta e viu que alguns escrivães os desafiavam. Então perguntou aos escrivães o que eles discutiam.

Foi quando uma pessoa do povo se dirigiu a Jesus trazendo o filho, dizendo estar nele um espírito mudo. Em meio à multidão ele se aproximou, ficou de joelhos à frente de Jesus e, chamando-o de Mestre, pediu para olhar e ter piedade de seu filho, o único que tinha.

Então contou que ele era lunático e sofria muito. Muitas vezes caía no fogo, e outras na água, e onde quer que o espírito o tomasse, despedaçava-o, e ele espumava, gritava, rangia os dentes e ia definhando, e o espírito só o deixava depois de tê-lo destruído todo.

Disse que já o havia levado aos discípulos, mas eles não puderam curá-lo (pediu que expulsassem o espírito, mas eles não conseguiram). Em resposta Jesus, chamou aquela geração de *incrédula e perversa*, perguntando até quando estaria entre eles e até quando eles sofreriam.

Jesus perguntou ao pai desde quando o menino estava assim, e ele respondeu que desde a infância – e muitas vezes o espírito já o lançara ao fogo e à água para destruí-lo. E disse a Jesus que, se pudesse fazer alguma coisa, era para ter compaixão deles, e ajudá-los.

Jesus disse para ele acreditar e que *tudo era possível a quem acreditava*. E logo o pai do menino, implorando, em lágrimas, chamou-o de Mestre e disse que acreditava, pedindo que o ajudasse em sua incredulidade.

Então Jesus pediu para trazerem o menino, e eles trouxeram. Quando ele o viu, o espírito logo agitou-se com violência, e o possesso caiu no chão, contorcendo-se e babando. E Jesus, vendo a multidão que afluía, repreendeu o espírito imundo, ordenando àquele espírito mudo e surdo que saísse da criança e não entrasse mais.

Ele, implorando, e agitando o menino com violência, saiu. O menino ficou desacordado, e muitos diziam que ele estava morto. Mas Jesus, pegando-o pela mão, puxou-o e ele se levantou.

(Depois de o demônio tê-lo derrubado e convulsionado, Jesus repreendeu o espírito imundo, curou o menino, e o entregou ao pai. O demônio saiu dele, e desde então o menino ficou curado.)

Os discípulos se aproximaram de Jesus e perguntaram em particular por que eles mesmos não conseguiam expulsá-lo. Jesus disse que era por causa da pouca fé deles e, na verdade, se tivessem a fé do tamanho de um grão de mostarda, poderiam dizer para um monte sair dali e ir a outro lugar que ele iria. E nada lhes seria impossível. Mas aquele tipo de demônio não sairia com nenhuma outra coisa, e só se expulsava pela oração e pelo jejum.

MULHER (COM PARÁBOLA DOS CACHORRINHOS)

Mateus 15 (21-28), Marcos 7 (24-30)

Partindo dali, Jesus foi para os lados de Tiro e da Sidônia. E entrando numa casa, não queria que soubessem onde ele estava, mas não teve como esconder-se. Então uma mulher cananeia (ou grega, mas siro-fenícia de nação), que vinha dos arredores, implorou e, chamando-o de Mestre e Filho de Davi, pediu piedade, pois sua filha estava deploravelmente possuída por um espírito imundo. E implorou que ele o expulsasse (ela ouvira falar dele e assim lançou-se aos seus pés).

Jesus não respondeu, e seus discípulos, aproximando-se, sugeriram que ele a mandasse embora, pois vinha gritando atrás deles. Mas Jesus respondeu que viera enviado apenas para as ovelhas perdidas da casa de Israel.

Então ela chegou perto, adorou-o e chamou-o de Mestre, pedindo socorro. Mas ele respondeu que não convinha pegar o pão dos filhos e dá-lo aos cachorrinhos (disse-lhe que devia primeiro saciar os filhos).

Novamente chamando-o de Mestre, ela concordou, mas disse que os cachorrinhos também comiam as migalhas que caíam da mesa de seus tutores (pois as migalhas das sobras dos filhos ficavam ali no chão).

Então Jesus, chamando-a de mulher, disse que a fé dela era grande, e que por aquelas palavras ela já podia seguir: o demônio já saíra de sua filha e aconteceria com ela o que desejasse.

E desde aquela hora a filha ficou curada: quando a mãe chegou em casa, encontrou-a deitada na cama, e o demônio já havia saído.

24. MORTOS RESSUSCITADOS

UM PRIMEIRO CASO

Lucas 7 (11-17)

No dia seguinte, Jesus foi à cidade de Naim, acompanhado de muitos dos seus discípulos e de grande multidão. Quando chegou perto da porta da cidade, viu que levavam um morto, filho único de mãe viúva, e que ela era seguida por um grande número de pessoas da cidade.

Vendo-a, o Mestre foi tomando de compaixão íntima, e disse-lhe para não chorar. Aproximando-se tocou o caixão (os que o levavam resolveram parar), chamou o morto de jovem e disse para ele levantar-se. O morto sentou-se e começou a falar.

Então Jesus entregou-o à mãe, e o medo se apoderou de todos, que glorificavam a Deus dizendo que um grande profeta aparecera entre eles: Deus visitara o seu povo. E a fama desse caso de Jesus correu por toda a Judeia e pelas terras vizinhas.

LÁZARO

João 11 (1-44), Marcos (M) 15 a 19, Relatório (P) 1

Na aldeia de Betânia, um certo Lázaro, irmão de Maria e de Marta, estava doente. Maria era quem tinha ungido o Mestre com bálsamo e enxugado os pés dele com os seus cabelos. Seu irmão Lázaro estava doente.

Então as irmãs mandaram uma mensagem ao Mestre dizendo estar doente aquele que ele amava. E ouvindo aquilo, Jesus disse que aquela doença não era para levá-lo à morte, mas para a glória de Deus, para seu Filho ser glorificado por ela.

Jesus amava Marta, a irmã de Maria e Lázaro. E ao ouvir que ele estava doente, ficou mais dois dias no lugar onde estava. Depois, disse aos discípulos que iriam de novo para a Judeia.

Os discípulos, chamando-o de Rabi, lembraram que havia pouco os judeus o procuraram para apedrejá-lo. Ainda assim voltaria para lá? E Jesus perguntou se não eram doze as horas no dia. Disse que, se alguém andasse de dia, não tropeçaria porque veria a luz do mundo. Mas se andasse de noite, tropeçaria porque não haveria luz.

Então explicou que Lázaro, o amigo deles, estava dormindo, e que agora ele iria despertá-lo do sono. Os discípulos, chamando-o de Mestre, comentaram que, se ele dormia, então estava a salvo. Mas Jesus se referia à morte dele, e os outros pensavam que fosse ao repouso do sono.

Então Jesus disse claramente a eles que Lázaro estava morto, e que, por amor a eles, se alegrava em não estar lá, para que acreditassem. Agora iriam encontrá-lo. E Tomé, chamado Dídimo, disse aos condiscípulos que eles também deveriam ir para morrerem com ele.

Chegando lá, já havia quatro dias que Lázaro estava no túmulo (Betânia ficava a quase três quilômetros de Jerusalém). Muitos dos judeus foram visitar Marta e a Maria para consolá-las pelo irmão. E quando Marta ouviu dizer que Jesus estava a caminho, correu ao encontro dele. Maria ficou em casa, sentada.

Marta viu Jesus e, chamando-o de Mestre, disse que, se ele estivesse com elas, seu irmão não teria morrido. Pois agora sabia que tudo o que ele pedisse a Deus seria atendido.

Jesus disse que o irmão ressuscitaria. E Marta concordou, dizendo que ele ressuscitaria na ressurreição do último dia. Mas Jesus disse ser ele a ressurreição e a vida, e que quem acreditava nele, mesmo morrendo, viveria. E que todos que vivessem, e acreditassem nele, não morreriam até a eternidade. E perguntou se ela acreditava.

Marta, chamando-o de Mestre, disse que sim, que ele era o Cristo Filho de Deus, que havia de vir ao mundo.

E depois de dizer isso, voltou para casa e chamou sua irmã Maria, em segredo, para dizer que o Mestre estava ali e a chamava.

Ouvindo, Maria logo se levantou e dirigiu-se a ele (Jesus ainda não chegara à aldeia, mas estava onde Marta o encontrara).

Os judeus que estavam na casa, consolando Marta, viram Maria se levantar rápido para sair e a seguiram, achando que ela ia ao túmulo para chorar. E quando ela chegou onde Jesus estava, lançou-se aos seus pés e chamou-o de Mestre, dizendo que, se ele estivesse lá, seu irmão não teria morrido.

Jesus, vendo-a chorar, e os judeus que vinham com ela também chorando, sentiu uma agitação no espírito e inquietou-se, perguntando onde haviam posto o corpo. Ela, de novo chamando-o de Mestre, disse para segui-la e ver. Jesus chorou, e os judeus comentaram que ele realmente amava Lázaro.

Alguns também se perguntaram se Jesus, que abrira os olhos de um cego, não poderia fazer com que Lázaro não morresse. Então Jesus, sentindo novamente uma grande agitação interna, foi até o túmulo. E era uma gruta, fechada por uma pedra.

Jesus disse para tirarem a pedra, e Marta, irmã de Lázaro, disse ao Mestre que o corpo já cheirava mal, porque havia quatro dias que estava lá. E Jesus perguntou se já não lhe havia dito que, se acreditasse, veria a glória de Deus.

Então tiraram a pedra de onde o morto estava. Jesus, olhando para cima, deu graças ao Pai por tê-lo ouvido, dizendo saber que sempre o ouvia – e dizia isso pela multidão à sua volta, para acreditarem que ele o enviara.

Ao dizer isso, implorou em alta voz para Lázaro sair de lá. O morto saiu, com as mãos e os pés atados por faixas, e o rosto envolvido por um lenço. Então Jesus disse aos outros para soltá-lo e deixá-lo ir.

> Chegando à Betânia, havia uma mulher que tinha perdido o irmão. Ela aproximou-se e curvou-se à frente de Jesus, chamando-o de Filho de Davi e pedindo piedade. Os discípulos a repreenderam, e, com raiva, Jesus foi com ela até o jardim onde ficava o túmulo. E logo se ouviu, vindo de lá, um grito enorme.
>
> Jesus se aproximou, rolou a pedra da entrada do túmulo e, indo rápido até onde o jovem estava, estendeu a mão, levantou-o e

segurou-o. O jovem olhou para ele e o amou, pedindo que ficasse ali junto. Saíram de lá e foram até a casa dele, que era rico. Depois de seis dias, Jesus lhe deu instruções.

E quando anoiteceu, o jovem foi falar com ele vestindo um lençol sobre a nudez. E ficando juntos naquela noite, *Jesus ensinou-lhe o mistério do reino de Deus.* Depois disso, Jesus voltou à outra margem do Jordão.

Repercussão do caso

Esse homem praticou muitas curas por boas ações. Deu visão a cegos, ressuscitou mortos e curou leprosos e paralíticos – que não podiam se mexer, articulando só a voz e os ossos, e receberam dele a força para andar e correr, apenas pela palavra.

E fez algo ainda mais poderoso, desconhecido dos deuses romanos: ressuscitou um tal Lázaro que há quatro dias estava morto, apenas ordenando com a palavra que ele se levantasse, quando o corpo já se decompunha com os vermes em suas feridas. E ordenou àquele corpo já malcheiroso, no túmulo, que corresse, e ele, como um noivo se casando, saiu pleno e perfumado do sepulcro.

MENINA REANIMADA

Mateus 9 (18-19 e 23-26), Marcos 5 (21-24 e 35-43), Lucas 8 (40-42 e 49-56)

E atravessando outra vez para o outro lado, em um barco, Jesus foi recebido por grande multidão. Ele ficou próximo ao mar, e quando voltou, outra multidão o recebeu, porque todos o esperavam.

Jesus pregava algumas coisas quando chegou um homem chamado Jairo, um dos chefes da sinagoga, que ao vê-lo curvou-se aos seus pés, adorando-o. E implorou para que fosse à sua casa, pois tinha uma filha única, de quase doze anos, à beira da morte. E insistiu muito, dizendo estar desfalecida, e implorou que fosse tocá-la com as mãos para que ela sarasse e vivesse.

E logo lhe disseram que a filha acabara de falecer, mas ele disse que, se Jesus fosse até lá e a tocasse com a mão, ainda viveria. E Jesus, levantando-se, seguiu-o, levando os discípulos e também grande multidão que o seguia, apertando-os.

(Jairo ainda falava quando chegaram outros chefes da sinagoga dizendo que sua filha estava morta e que não era para incomodar mais o Mestre. E Jesus, ao ouvi-los, disse a Jairo para não temer, mas apenas crer, e a filha dele seria salva.)

Chegando à casa daquele chefe da sinagoga, Jesus não deixou entrar mais ninguém a não ser Pedro, Tiago e João (irmão de Tiago), o pai e a mãe da menina.

Havia um alvoroço, e todos choravam muito. Vendo ali os músicos e algumas pessoas agitadas, Jesus perguntou por que tanto se alarmavam e choravam, dizendo que a menina não estava morta, mas dormia.

Sabendo que ela estava morta, eles riram dele, mas Jesus pediu para se retirarem. E depois de pô-los todos para fora, chamou o pai e a mãe da menina, e os que estavam com ele, e entrou no cômodo onde a menina estava deitada.

Então Jesus disse *talita cumi*, que queria dizer *levante-se, menina.* Ele pegou em sua mão, e logo o espírito dela voltou, e a menina se levantou. E passou a andar, pois já tinha doze anos.

Os que presenciaram se assombraram e tiveram grande espanto, enquanto os pais dela ficaram maravilhados. Jesus mandou darem a ela algo para comer e disse expressamente para que ninguém mais soubesse o ocorrido. Apesar disso, a notícia se espalhou por toda a região.

25. Mais e mais curas

MULHER QUE TOCA NA ROUPA

Mateus 9 (20-22), Marcos 5 (25-34), Lucas 8 (43-48), Relatório (P) 4

Uma mulher que sofria muito, por doze anos, de um fluxo de sangue, e já passara por muitos médicos, gastando tudo o que tinha sem resolver nada, e até fazer piorar, ouviu falar de Jesus e chegou perto dele, por trás, no meio da multidão.

Ela tocou na bainha de sua roupa, pensando com ela mesma que se fizesse apenas isso já ficaria curada. Logo o fluxo de seu sangue foi estancado, e ela sentiu o seu corpo sarado daquele mal.

Jesus, percebendo a energia que saíra dele, voltou-se para a multidão e perguntou quem havia tocado em sua roupa. Todos negaram, e Pedro, e os que estavam com ele, disseram ao Mestre que toda aquela multidão o apertava e oprimia. Como ia saber quem o tocara?

Mas Jesus disse que alguém de fato o havia tocado, pois sentiu a energia saindo dele. E olhava à volta para ver quem o fizera. Então a mulher, sabendo o que lhe tinha acontecido, temendo e tremendo, vendo que não podia se esconder, aproximou-se e curvou-se à frente dele, contando-lhe a verdade. E diante de todas as pessoas, explicou por que lhe havia tocado e como logo se curara.

Jesus, voltando-se e vendo-a, chamou-a de filha e disse para ter ânimo, pois sua fé a salvara. E imediatamente a mulher sarou. Ele disse para ela ir em paz e que seria curada daquele mal.

Notícia entre os romanos

Uma mulher há tempos sofria de uma hemorragia e, por causa do fluxo de sangue, tinha toda a estrutura dos ossos aparente e transparente como o vidro. Nenhum médico pôde curá-la, e aquele era tido como um caso de desalento, sem esperança de salvação. Mas certa vez, quando Jesus passava, ela tocou por trás na bainha de sua roupa, e naquele momento sua força foi restituída. Ela ficou saudável como se não tivesse qualquer mal. E voltou correndo para a cidade dela, Paneias.

MULHER QUE FICARA CURVADA POR DEZOITO ANOS (NUM SÁBADO)

Lucas 13 (10-13)

Jesus ensinava no sábado, em uma das sinagogas, e havia ali uma mulher portando um espírito de doença já fazia dezoito anos. Ela andava curvada e não tinha como endireitar-se. Vendo-a, Jesus fez sinal para que fosse até ele e, chamando-a de mulher, disse que ela estava livre de sua doença. E pôs as mãos sobre ela, que logo se endireitou e saiu dando glória a Deus.

HOMEM INCHADO (EM UM SÁBADO)

Lucas 14 (1-4)

Também em um sábado, entrando na casa de um dos chefes dos fariseus para comer pão, Jesus estava sendo observado. À frente dele estava um homem que sofria de hidropisia (isto é, de inchaço, pelo acúmulo de líquido nos tecidos).

Jesus, tomando a palavra, falou aos doutores da lei e aos fariseus perguntando se era lícito curar em um dia de sábado. Eles se calaram, e Jesus, tocando o homem, curou-o e se despediu dele.

CEGO DE NASCENÇA

João 9 (1-41)

Quando Jesus passava, viu um homem que era cego de nascença. E seus discípulos, chamando-o de Rabi, perguntaram quem, afinal, pecara para que ele nascesse cego. Ele ou seus pais?

Jesus respondeu que nem ele nem seus pais pecaram, mas isso se dera para se manifestar nele as obras de Deus. Convinha a Jesus fazer as obras de quem o enviara enquanto era dia. A noite estava chegando, e era quando ninguém podia trabalhar. Mas enquanto estivesse no mundo, Jesus seria a luz.

Cura de cego

Depois de dizer isso, cuspiu na terra e fez barro com a saliva, ungindo com ele os olhos do cego. E disse para ele lavar-se no tanque de Siloé (que significava "Enviado").

E assim ele fez, lavou-se e voltou enxergando. Então os vizinhos e os que sabiam que ele era cego confabulavam se não era ele que estava sempre sentado e mendigando. Uns diziam que sim, e outros que se parecia com ele. E ele mesmo se pronunciou, dizendo ser ele sim.

Então perguntaram como os olhos dele foram abertos, e ele contou que o homem chamado Jesus fizera barro e lhe ungira os olhos, mandando ir ao tanque de Siloé para lavar-se. Ele foi, lavou-se e passou a ver. Perguntaram onde Jesus estava, e ele disse não saber.

Então levaram o que era cego aos fariseus. Jesus fizera o barro abrir-lhe os olhos em um sábado, e os fariseus também lhe perguntaram como voltara a ver. Ele disse que Jesus pusera o barro sobre seus olhos, ele lavara-se e passou a enxergar.

Alguns dos fariseus diziam que Jesus não era de Deus, pois não respeitava o sábado. Mas outros se perguntavam como poderia um pecador fazer aqueles sinais. E havia divergências entre eles.

Então voltaram a perguntar ao cego o que achava daquele que abrira os seus olhos, e ele respondeu ser um profeta. Mas os judeus não acreditaram que ele tivesse sido cego e passara a ver, então chamaram seus pais e perguntaram se aquele era o seu filho, que eles diziam ter nascido cego. Como agora ele podia ver?

Os pais responderam que aquele era o seu filho e nascera cego. Mas como passara a ver não sabiam, nem quem lhe abrira os olhos. E como era maior de idade, poderiam perguntar a ele mesmo, que responderia.

Seus pais disseram isso por temerem os judeus, que já tinham decidido que, se alguém reconhecesse Jesus como Cristo, seria expulso da sinagoga. Então chamaram de novo o homem que fora cego e disseram-lhe para dar glória a Deus, pois sabiam que aquele homem era pecador. E o ex-cego não sabia afirmar se ele era pecador, mas uma coisa sabia: havia sido cego e agora enxergava.

E voltaram a perguntar o que ele fez e como abriu os olhos. O homem afirmou já ter dado essa resposta e perguntou por que queriam ouvi-lo de novo. Também queriam ser discípulos de Jesus? Então eles o insultaram dizendo que o ex-cego sim era um deles, mas eles eram discípulos de Moisés. E sabiam que Moisés viera de Deus, mas Jesus eles não sabiam de onde vinha.

O homem disse ser aquilo surpreendente: eles não saberem de onde Jesus vinha e ao mesmo tempo ele ter lhe aberto os olhos. Afinal, sabiam que Deus não ouvia os pecadores, e se alguém temia a Deus, e fazia sua vontade, seria ouvido por ele.

Desde o começo do mundo, não se sabia de alguém que abrisse os olhos de um cego de nascença. Se ele não fosse de Deus, não poderia ter feito nada. Então disseram que ele, que nascera todo em pecados, ainda queria lhes dar lições. E o expulsaram.

Jesus soube que ele fora expulso e quis encontrá-lo para perguntar se acreditava no Filho de Deus. O homem chamou-o de Mestre e perguntou quem ele seria, para que acreditasse. E Jesus disse que já o havia visto, e eram com quem falava. Então ele disse sim, que acreditava em seu Mestre, e o adorou.

Jesus contou-lhe que viera ao mundo para julgar, para que os cegos vissem e os que viam ficassem cegos. Ouvindo-o, os fariseus perguntaram se eles também seriam cegos, e Jesus respondeu que, se fossem cegos, não teriam pecados. Mas como agora diziam que viam, o pecado permanecia.

MAIS DOIS CEGOS

Marcos 8 (22-26) e 10 (46-52), Lucas 18 (35-43)

Quando Jesus chegou a Betsaida, trouxeram-lhe um cego e imploraram para que lhe tocasse. Pegando o cego pela mão, Jesus levou-o para fora da aldeia e, pondo as mãos e cuspindo em seus olhos, perguntou se via alguma coisa. Ele levantou os olhos e disse que via os homens, *que eram como árvores que andavam.*

Então Jesus voltou a colocar as mãos em seus olhos e o fez olhar para cima. E ele ficou recuperado, vendo claramente cada um dos homens. Jesus mandou-o para casa dizendo para não entrar na aldeia nem contar a ninguém de lá.

Depois foram a Jericó, e perto dali, quando saíam ele e os discípulos junto a uma grande multidão, o cego Bartimeu, filho de Timeu, que mendigava sentado à beira do caminho, perguntou o que era aquilo. Disseram ser Jesus Nazareno quem passava, e ele começou a implorar, chamando-o de *Filho de Davi* e pedindo que tivesse piedade dele.

Muitos dos que passavam o repreendiam pedindo para se calar mas ele implorava cada vez mais, chamando-o de Jesus *Filho de Davi* e pedindo piedade. Jesus parou e pediu que o levassem até ele. Então disseram ao cego para levantar-se e se animar, pois Jesus o chamava. E ele, tirando sua capa, levantou-se para falar com Jesus.

Jesus perguntou o que ele queria receber, e o cego, chamando-o de Mestre, disse que era voltar a ver. E Jesus lhe disse para seguir adiante, pois sua fé o havia salvado. E logo ele enxergou e seguiu Jesus pelo caminho, glorificando a Deus. E todo o povo, vendo aquilo, dava louvores a Deus.

OUTROS DOIS

Mateus 9 (27-31)

Quando Jesus partiu dali, dois cegos o seguiram chamando-o de *Filho de Davi,* implorando para ter compaixão deles. Chegando à casa, os cegos se aproximaram, e Jesus lhes perguntou se acreditavam que ele poderia fazer aquilo.

Chamando-o Mestre, disseram que sim. Então Jesus tocou nos olhos deles e disse para acontecer conforme a fé deles. Os olhos deles se abriram e Jesus repreendeu-os, dizendo que ninguém mais deveria saber daquilo. Mas ao saírem, eles espalharam a fama de Jesus pela região.

E MAIS DOIS

Mateus 20 (29-34)

Saindo de Jericó, Jesus e os discípulos foram seguidos por uma grande multidão. Quando dois cegos que estavam sentados à beira do caminho, informados de que Jesus passava, imploraram, chamando-o de Mestre e *Filho de Davi*, pedindo piedade.

A multidão os repreendia pedindo que se calassem, mas eles imploravam cada vez mais, chamando-o de Mestre *Filho de Davi* e pedindo piedade. E Jesus, parando, chamou-os perguntando o que queriam que lhes fizesse.

Eles, chamando-o de Mestre, pediram que seus olhos fossem abertos. Jesus, movido de compaixão em seu íntimo, tocou-lhes os olhos, e eles logo viram, passando a segui-lo.

SURDO E MUDO

Marcos 7 (31-37)

Jesus, novamente saindo das regiões de Tiro e da Sidônia, foi até ao mar da Galileia pelos confins da Decápole, e lhe trouxeram um surdo que falava com muita dificuldade. E imploraram a Jesus que pusesse a mão sobre ele.

Separando-o da multidão, Jesus pôs os dedos nos ouvidos dele e, cuspindo, tocou em sua língua. Então olhou para ao céu, suspirou, e disse *Efatá*, que era uma ordem para eles se abrirem.

Logo os ouvidos dele se abriram, a prisão da língua se desfez, e ele passou a falar perfeitamente. De novo Jesus pediu que não espalhassem aquilo a ninguém, mas quanto mais ele os repreendia, mais divulgavam, pois, de tão surpresos e admirados, eles diziam que tudo feito por Jesus era bonito: os surdos podiam ouvir e os mudos podiam falar.

26. AS MUITAS PARÁBOLAS

JUSTIFICATIVA

Mateus 13 (10-17 e 34-35), Marcos 4 (10-12 e 33-34), Lucas 8 (9-10), Tomé (d) 41 (1-2)

Quando Jesus estava sozinho, os discípulos se aproximaram perguntando por que ele falava tudo em parábolas e o que significava aquela parábola em especial.

Ele disse que para os doze era permitido conhecer os mistérios do reino de Deus, mas não para os que estavam de fora. Porque aos que já tinham seria dado, e teriam em abundância. E aos que não tinham, seria tirado até o pouco que tivessem.

(Jesus disse que quem tinha algo em sua mão mais lhe seria dado. E de quem não tinha até o pouco lhe seria tirado.)

E por isso falava aos outros por meio de parábolas, porque, vendo, eles não viam, e ouvindo, não ouviam nem compreendiam. E assim se cumpria neles a profecia de Isaías ao dizer que *ouviriam, mas não entenderiam, e veriam, mas não perceberiam.* De outro modo se converteriam, e os pecados lhes seriam perdoados.

Disse que o coração daquelas pessoas estava endurecido, e com seus ouvidos elas ouviram de mau grado. Deviam fechar os olhos para não ver, e ouvir com os ouvidos, entender com o coração e converterem-se para que Jesus as curasse.

Disse que os olhos delas eram felizes por verem, e os ouvidos por ouvirem. Na verdade, muitos profetas e justos desejariam ver o que eles viam – e não viram – e ouvir o que eles ouviam – e não ouviram.

Jesus falava todas essas coisas em parábolas à multidão e nada dizia se não fosse assim. Era para se cumprir o que dissera o profeta, que *abriria a sua boca em parábolas e revelaria coisas que estavam ocultas desde a criação do mundo.*

Era por essas muitas parábolas que lhes dirigia a palavra, conforme o que podiam entender. Nunca lhes falava sem as parábolas, mas depois explicava tudo aos discípulos, em particular.

PARÁBOLAS LIGADAS À AGRICULTURA: O SEMEADOR E AS SEMENTES

Mateus 13 (1-9), Marcos 4 (1-9), Lucas 8 (4-8)

Naquele dia, ao sair de casa, Jesus sentou-se à beira-mar e muita gente, vinda de todas as cidades, juntou-se à volta dele. Novamente ele começou a ensinar, até subir em um barco no mar e ficar próximo à terra, de modo que toda a multidão pudesse ouvi-lo.

Sentado no barco, e com toda a multidão na praia, ainda de pé, ele falou muitas coisas usando parábolas para ensinar sua doutrina.

Contou a do agricultor que saiu a plantar sua semente e deixou uma parte dela cair no caminho. Ela foi pisada, vieram as aves do céu e a comeram. Outra parte caiu sobre as pedras, onde não havia umidade nem terra o suficiente. Aquela parte das sementes nasceu logo, porque a terra era rasa, mas veio o sol e queimou até secá-la, porque não tinha raiz.

Outra caiu nos espinhos, e eles cresceram e a sufocaram, impedindo de dar fruto. E outras caíram em terra boa e deram o fruto, que vingou e cresceu: uma 30, outra 60 e outra 100. Quem tivesse ouvidos que escutasse.

Explicação

Mateus 13 (18-23), Marcos 4 (13-20), Lucas 8 (11-15)

Então perguntou se haviam entendido aquela parábola. E se não haviam, como entenderiam as outras? O que se plantava era a palavra. Esta era a parábola: a semente era a palavra de Deus.

Deviam, assim, conhecer a parábola do agricultor. Quando alguém ouvia a palavra do reino e não a entendia, vinha o maligno e levava o que fora semeado no coração dessa pessoa, tirando dela a palavra para que não se salvasse acreditando. Essa era a parte em quem a palavra fora semeada no caminho.

A parte semeada nas pedras mostrava a pessoa que ouvia a palavra e a recebia com prazer e alegria, mas não tinha raiz em si mesma: acreditava apenas por algum tempo, e quando vinha a tentação ela se desviava. Isto é, pela inconstância dela, a palavra não durava muito: quando vinham a angústia, a perseguição, as dificuldades por causa da palavra, a pessoa logo desistia.

A parte semeada entre espinhos era a pessoa que ouvia a palavra, mas o cuidado com coisas do mundo, as tarefas, os enganos, a sedução das riquezas, os deleites da vida e as ambições de outras coisas faziam sufocar a palavra de modo a não dar o seu fruto com perfeição, ou tornar-se infrutífera.

Mas a parte semeada em terra boa era a pessoa que ouvia, compreendia e recebia a palavra, conservando-a em um coração honesto e bom, e dava fruto com perseverança. Uma parte produzia 30, outra 60, e outra 100 vezes mais.

O JOIO E O TRIGO

Mateus 13 (24-30), Tomé (d) 57 (1-4)

Então Jesus propôs outra parábola a eles, dizendo que o reino celestial era como uma pessoa plantando a boa semente em sua terra. Quando ela dormia, vinha o inimigo e plantava joio no meio do trigo, e depois ia embora.

Quando a planta crescia e frutificava, aparecia também o joio, e os criados perguntavam ao pai de família: se ele mesmo plantara a boa semente na terra, por que aparecera o joio?

O patrão contava que um inimigo fizera aquilo, e os criados se ofereciam a arrancá-lo. Mas ele dizia não: para que, ao tirarem o joio, eles não arrancassem também o trigo.

Dizia para deixar os dois crescerem juntos até a colheita, e quando chegasse o momento, diria aos trabalhadores para colherem primeiro o joio e juntá-lo em montes para queimar. E o trigo eles estocariam no celeiro.

> (Jesus disse que o reino do Céu era como um homem com uma boa semente. De noite veio o inimigo e semeou joio no meio dela. O homem não permitiu que colhessem o joio, explicando que

assim acabariam colhendo junto o cereal. No dia da colheita, os joios seriam notados, colhidos e queimados.)

Explicação

Mateus 13 (36-43)

Depois de se despedir da multidão, Jesus foi para casa, e lá os discípulos se aproximaram pedindo que explicasse a parábola do joio no campo.

Jesus disse que quem semeava a boa semente era o Filho Humano. Aquela terra era o mundo, e a boa semente eram os filhos do reino. O joio eram os filhos do maligno, e o inimigo que o semeou era o diabo. A colheita era o fim dos tempos, e os trabalhadores eram os anjos.

Assim como o joio era colhido e queimado no fogo, no fim dos tempos seria assim para o mundo. O Filho Humano mandaria seus anjos, e eles tirariam do reino tudo o que causava desordem e os que faziam maldades. E iria lançá-los ao fogo, onde haveria choro e ranger de dentes. Então os justos brilhariam como o sol no reino de seu Pai. E quem tivesse ouvidos que escutasse.

FIGUEIRA ADUBADA PARA DAR FRUTOS

Lucas 13 (6-9)

Jesus contou esta parábola: um homem com uma figueira plantada em sua vinha foi ver se ela tinha algum fruto e não tinha. Então contou ao cuidador da vinha que durante três anos ele procurou fruto naquela figueira, e ela não dava. Era para cortá-la, pois ocupava aquela terra sem ser útil.

O cuidador, chamando-o de patrão, pediu que a deixasse lá durante aquele ano, que ele cavaria e a adubaria. Se desse fruto, ela ficaria, mas se não desse, depois a cortariam.

QUEM SEMEIA E QUEM COLHE (EM CONVERSA COM SAMARITANA)

João 4 (31-38)

Chamando-o de Rabi, os discípulos insistiam para que Jesus comesse, e ele disse que outra comida o alimentaria – eles ainda não a conheciam. Os discípulos perguntaram entre si se acaso alguém trouxera algo para comer. Mas Jesus lhes disse que seu alimento era fazer a vontade daquele que o enviara e realizar sua obra.

Não diziam que faltavam quatro meses até vir a colheita? Então Jesus lhes disse que era para abrir os olhos e ver que as terras já estavam brancas, prontas para a colheita. E quem colhia era recompensado, juntando frutos para a vida eterna.

Assim, tanto quem semeava quanto quem colhia se alegraria. Porque nisso era verdadeiro o ditado que dizia ser um o que semeava e outro o que colhia. Jesus os enviara para colher onde não cultivaram: enquanto outros trabalharam muito, eles vieram a usufruir desse trabalho.

A VINHA ARRENDADA

Mateus 21 (33-44), Marcos 12 (1-11), Lucas 20 (9-18), Tomé 65 (1-7) e 66

Começando a falar para a multidão, Jesus pediu que ouvissem mais uma parábola. Era sobre um pai de família que plantou uma vinha, cercou-a com uma vala, construiu uma torre e uma oficina de preparo. Depois arrendou-a a uns lavradores e partiu para longe da terra por muito tempo.

À época da colheita, enviou seus criados para receber dos lavradores os frutos da vinha. Os lavradores, atacando aqueles criados, mataram um, apedrejaram outro e feriram um terceiro, espancando-o e mandando-o embora sem levar nada.

Depois o homem enviou outros criados, em maior número, e os lavradores fizeram o mesmo com eles. Enviou-lhes outro criado, e eles, apedrejando-o, feriram sua cabeça, e depois de espancá-lo o expulsaram de mãos vazias.

O dono da vinha enviou mais um, que foi morto, e muitos outros, sendo alguns mortos, outros feridos e depois expulsos. Perguntando-se o que faria, o pai de família mandou seu filho amado, imaginando que ele seria respeitado.

Mas os lavradores, vendo o filho, confabularam sobre ser ele o herdeiro e combinaram de matá-lo para se apoderarem da herança. E atacando-o, arrastaram-no para fora da vinha e o mataram.

Então Jesus perguntou à multidão o que o dono da vinha faria àqueles lavradores quando voltasse. Responderam que mataria aquelas pessoas más de modo violento e arrendaria a vinha a outros lavradores, que no momento certo lhe entregariam os frutos.

Jesus disse que sim, ele viria e destruiria os lavradores e daria a vinha a outros. Ao ouvi-lo, a multidão desejou que isso não ocorresse, mas Jesus, olhando a todos, perguntou se não haviam lido nas Escrituras que *a pedra rejeitada pelos construtores se tornaria a pedra angular*? Isso vinha de Deus e era maravilhoso aos nossos olhos.

> (Jesus disse para lhe mostrarem o pedregulho rejeitado pelos construtores, pois aquela seria a pedra angular.)

Assim, explicou que o reino de Deus seria tirado deles e dado a um povo que produzisse os seus frutos. E quem caísse sobre essa pedra ficaria em pedaços, e sobre quem ela caísse viraria pó.

> (Jesus disse que um homem avarento tinha uma vinha e a alugou a lavradores para trabalharem por ele e lhe darem a parte combinada. Depois enviou o criado para lhe pagarem em produtos. Eles o agarraram, bateram nele e por pouco não o mataram.
>
> O patrão achou que talvez não o tivessem reconhecido e enviou outro criado, mas os lavradores também bateram nele. Então o patrão enviou seu filho pensando que talvez o respeitassem, mas os lavradores, sabendo que aquele era o herdeiro da vinha, agarraram-no e o mataram.)

27. Mais comparações

O REINO CELESTIAL

Como semente (grão de mostarda)

Mateus 13 (31-32), Marcos 4 (26-32), Lucas 13 (18-19)

Jesus propôs outra parábola, dizendo que o reino de Deus era como uma pessoa que jogasse semente na terra, dormisse, levantasse de noite ou de dia e visse a semente brotando e crescendo, sem saber como.

Porque a terra por si frutificava, primeiro a erva, depois a espiga, e por fim o grão cheio na espiga. E quando o fruto já se mostrava, punha-se logo a foice nele, porque era chegada a hora da colheita.

E perguntou com o que comparar o reino de Deus (ou com que parábola ele seria representado) e disse ser como o grão de mostarda que alguém pegava e semeava em sua horta. Ele era de fato a menor de todas as sementes da terra, mas, crescendo, virava a maior das plantas, a maior de todas as hortaliças, e criava grandes ramos fazendo-se uma árvore enorme, e as aves do céu vinham aninhar-se em seus galhos sob sua sombra.

Como fermento

Mateus 13 (33), Lucas 13 (20-21), Tomé (d) 96 (1-3) e 97 (1-4)

E contou outra parábola, perguntando ao que comparar o reino de Deus. O reino dos Céus era como o fermento que uma pessoa pegasse e misturasse em três medidas de farinha, até tudo virar levedura.

> (Jesus disse que o reino do Pai era como uma pessoa que pegou um pouco de fermento, escondeu-o na farinha e fez pães grandes. Quem tinha ouvidos devia escutar.
>
> E que o reino do Pai era como uma mulher carregando na cabeça um vaso cheio de farinha. Enquanto andava pela longa estrada,

a base do jarro rachou e a farinha foi caindo pelo caminho atrás dela. Ela não percebeu, não se cansou, e quando chegou à casa, desceu o vaso e descobriu que estava vazio.)

Como tesouro, pérola, rede

Mateus 13 (44-53), Tomé (d) 76 (1-3), 98 (1-3) e 109 (1-3)

Disse que o reino dos Céus era como um tesouro escondido no campo, que uma pessoa achava e camuflava. Alegre, ela vendia tudo o que tinha e comprava aquele terreno.

O reino celestial também era como um negociante que procurava pérolas boas. Ao encontrar uma bem valiosa, vendia tudo o que tinha e a comprava.

> (Jesus disse que o reino de seu Pai era como um comerciante que tinha a sua mercadoria e encontrava uma pérola. Prudente, ele vendia a mercadoria e adquiria a pérola apenas para si.
>
> Também eles deveriam procurar aquele tesouro assegurado e permanente de que o inseto não se aproximaria para comer, nem o verme para destruir.
>
> Jesus disse que o reino era como alguém que tinha em seu sítio um tesouro escondido e não sabia. Ao morrer, deixou o sítio para o filho, que também não sabia, e acabou vendendo-o. Quem o arrematou, comprou para arar e encontrou o tesouro, passando a emprestar dinheiro a juros a quem queria.)

O reino dos Céus também era como a rede lançada ao mar, que apanhava todos os tipos de peixe. Quando estava cheia, puxavam-na para a praia e todos sentavam para pôr nos cestos os bons e jogar fora os ruins.

E assim seria o fim dos séculos com a vinda dos anjos para separar os maus dos justos e lançá-los ao fogo. Então haveria choro e ranger de dentes.

> (Jesus também disse que o reino do Pai era alguém que queria matar uma pessoa poderosa. Primeiro ele puxou a espada em sua casa e furou a parede para ver se tinha a força suficiente. Depois, foi lá e matou a pessoa poderosa.)

Então Jesus perguntou se eles tinham entendido todas aquelas coisas. Chamando-o de Mestre, eles disseram que sim. Jesus explicou que, por isso, todo o escrivão estudado sobre o reino celestial era como um pai de família que tirava as coisas novas e velhas de seu tesouro.

E ao concluir aquelas parábolas, Jesus logo se retirou dali.

28. Parábolas ligadas a relações econômicas

EMPREGADO PERDOADO QUE NÃO PERDOA SEU DEVEDOR

Mateus 18 (23-35)

Jesus também comparou o reino dos Céus a um rei que quis fazer as contas com seus criados. Começando a calcular, apareceu um que lhe devia dez mil dinheiros. Ele não tinha como pagar, então o rei mandou que ele, sua mulher e seus filhos fossem vendidos, junto com tudo o que ele tinha, para que a dívida fosse paga.

Então o criado curvou-se e reverenciou o amo pedindo que fosse generoso com ele e prometendo lhe pagar tudo. O rei foi tomado de uma compaixão íntima e soltou-o, perdoando a dívida.

Mas aquele criado, ao sair de lá, encontrou um subalterno que lhe devia cem dinheiros e lançou-se com as mãos sobre ele, sufocando-o e exigindo que lhe pagasse o devido.

E o colega, curvando-se aos seus pés, implorou-lhe que fosse generoso, pois iria pagar tudo. Mas o criado preferiu entregá-lo para ficar preso até pagar a dívida.

Os outros criados vendo aquilo se entristeceram muito e foram contar ao rei o que houve. Então o rei chamou o criado à sua presença e disse que ele era malvado. Afinal, depois de ter implorado, fora-lhe perdoada toda a dívida. Então por que não teve compaixão de seu colega, assim como recebera do amo?

Indignado, o rei o entregou aos guardas, até ele pagar todo o devido. E assim também faria o seu Pai celestial, se cada um deles não perdoasse no coração a seu irmão pelas ofensas.

DÍVIDA PERDOADA

Lucas 7 (40-43)

Em resposta a Pedro, chamando-o de Simão, Jesus avisou ter algo a dizer. E o discípulo, chamando-o de Mestre, pediu que o fizesse.

Jesus contou que certo credor tinha dois devedores, um lhe devia 500 dinheiros e outro lhe devia 50. Os dois não tinham como pagar, e o credor preferiu perdoá-los. E assim, perguntou Jesus, qual dos dois o amaria mais?

Simão disse acreditar ser aquele mais perdoado. E Jesus disse ter acertado em sua resposta.

EMPREGADO DESPEDIDO QUE SE ALIA A DEVEDORES DO PATRÃO (PRUDÊNCIA)

Lucas 16 (1-8)

Jesus também contava aos discípulos sobre um homem rico que tinha o seu administrador, acusado na sua frente de dissipar os bens. Chamando-o, perguntou sobre o que ouvira e pediu as contas de seu trabalho, pois já não poderia mais ser seu administrador.

E o administrador pensou no que faria, pois o patrão lhe tirava o emprego. Arar a terra não poderia e tinha vergonha de mendigar. E descobriu o que fazer para que, quando fosse despedido da administração, ter quem o recebesse bem em suas casas.

E chamando cada um dos devedores de seu patrão, perguntou ao primeiro de quanto era a sua dívida. Ele disse que de cem barris de azeite. Então entregou-lhe o registro da dívida e disse para sentar rápido e escrever 50. Depois perguntou a outro quanto devia, e ele disse que cem medidas de trigo. Disse-lhe para pegar o recibo e escrever 80.

O patrão elogiou o administrador desonesto pela prudência, pois os filhos deste mundo eram mais prudentes com seus semelhantes do que os filhos da luz.

Explicação

Lucas 16 (9-12)

Jesus lhes disse para fazer amigos com as riquezas da injustiça, pois quando elas fizessem falta, eles os receberiam nas moradas eternas. Quem era leal nas pequenas coisas também o seria nas grandes. E quem era injusto nas pequenas coisas também o seria nas grandes.

Se a pessoa não fosse leal nas riquezas injustas, quem confiaria nela nas verdadeiras? E se não fosse leal com as coisas dos outros, quem lhe daria as suas coisas?

VIRGENS COM AZEITE PARA A LAMPARINA (PRUDÊNCIA)

Mateus 25 (1-13)

E continuou dizendo que o reino dos Céus era como a dez virgens que pegaram suas lamparinas e foram ao encontro do noivo. Cinco delas eram prudentes e as outras cinco tresloucadas. As tolas pegaram suas lamparinas e não levaram azeite, enquanto as prudentes o levaram em suas vasilhas, junto às lamparinas.

Como o noivo demorou, todas pegaram no sono e dormiram. À meia-noite ouviu-se uma voz avisando que o noivo chegara, e era para irem ao seu encontro.

Todas as virgens levantaram e prepararam suas lamparinas. Então as tolas pediram às prudentes que lhes dessem um pouco do azeite para que suas lamparinas não apagassem. As prudentes se recusaram, pois assim as delas também acabariam e sugeriram que as outras fossem à venda comprar seus azeites.

E quando aquelas saíram para comprar, chegou o noivo, e as que estavam preparadas entraram com ele para as núpcias e fechou-se a porta. Depois as outras virgens chegaram e, chamando-o de Senhor, pediram que lhes abrisse a porta. E ele respondeu dizendo que, na verdade, não as conhecia.

Assim, era preciso vigiar, pois não se sabia o dia nem a hora em que o Filho Humano viria.

PATRÃO QUE COMBINA E PAGA O MESMO POR TRABALHOS DIFERENTES

Mateus 20 (1-15)

Jesus explicou que o reino dos Céus era como um pai de família que saiu de madrugada procurando trabalhadores para a colheita em sua vinha. E acertou com eles uma quantia em dinheiro por dia, mandando-os para a lavoura.

Umas três horas depois, viu outras pessoas ociosas na praça, chamou-as para também irem à vinha e combinou de lhes pagar o justo. E elas foram. Saindo de novo, na sexta e na nona hora, ele fez o mesmo.

E saindo perto da décima primeira hora, viu outros que estavam ociosos e perguntou por que estavam assim o dia todo. Eles responderam não ter trabalho, e então ele os chamou também para a vinha, dizendo que receberiam o que fosse justo.

Quase de noite, o dono da vinha pediu a seu administrador para chamar os trabalhadores e pagar as diárias, começando pelos últimos até chegar aos primeiros. E os que chegaram perto da décima primeira hora receberam um dinheiro cada. Quando vieram os primeiros, acharam que iam receber mais, mas igualmente receberam um dinheiro cada.

E ao recebê-lo, confabulavam contra o pai de família, reclamando que os últimos trabalharam só uma hora e receberam o mesmo que eles, que suportaram o cansaço e o calor daquele dia.

Mas o patrão respondeu a um deles, chamando-o de amigo, que não lhe causara prejuízo. Lembrou ter combinado com ele o valor de um dinheiro, que agora era dele e já podia se retirar. Mas queria dar ao último o mesmo tanto e perguntou se não era lícito fazer o que bem quisesse com o que era dele. A bondade dele teria lhe feito mal?

Parábolas

29. O QUE PEDIR SERÁ DADO (E A QUEM TEM)

PATRÃO QUE EMPRESTA MOEDAS E PEDE JUROS (A QUEM TEM)

Mateus 25 (14-30), Lucas 19 (11-27)

Quando Jesus estava perto de Jerusalém, vendo que logo se manifestaria o reino de Deus, contou a mesma parábola de duas maneiras.

Na primeira, falou de um homem que, saindo de sua terra, chamou os criados e entregou-lhes seus bens. E a um deu cinco dinheiros, a outro dois, e a um terceiro um, conforme a capacidade deles. E logo ausentou-se, indo para longe.

Assim que partiu, o que recebeu cinco dinheiros fez negócio com eles e obteve outros cinco dinheiros. Do mesmo modo, o que recebera dois adquiriu outros dois. Mas o que recebera só um fez um buraco na terra e escondeu o dinheiro de seu patrão.

Muito tempo depois o patrão veio fazer as contas e aproximou-se o que recebera cinco dinheiros, trazendo outros cinco e contando que fizera negócios com eles. O patrão o elogiou, chamando-o de empregado bom e fiel, e disse que, por ele ter sido leal, receberia muito mais, e celebrariam juntos.

Veio também o que recebera dois dinheiros e explicou que com os dois adquirira outros dois dinheiros, e o patrão falou ter feito ele bem, chamando-o de empregado bom e fiel. E como fora leal sobre aquele pouco, receberia muito mais, e celebrariam juntos.

Quando chegou o que recebera apenas um dinheiro, ele disse conhecer bem seu patrão – um homem duro e capaz de colher onde não semeava e de juntar o que não espalhara. Então, com medo, escondera na terra o seu dinheiro, e agora o dava de volta.

Mas o patrão chamou-o de empregado mau e negligente, pois se sabia que ele colhia onde não plantava e juntava o que não espalhara, então devia ter dado o seu dinheiro aos banqueiros e, quando ele voltasse, o receberia com juros.

Então pegou o dinheiro devolvido e entregou-o ao que já tinha dez, explicando que a quem tivesse seria dado, e essa pessoa teria em abundância. Mas de quem não tivesse seria tirado até o pouco que tinha. E mandou que lançassem o empregado inútil às trevas exteriores, onde haveria choro e ranger de dentes.

Em outra ocasião, Jesus contou a mesma parábola de outra maneira. Disse que um nobre partiu para uma terra distante a fim de tomar posse de um reino e depois voltar. Chamou dez de seus criados e lhe deu dez riquezas, pedindo que as negociassem até sua volta. Mas o seu povo o odiava, e enviou-lhe emissários dizendo que não queriam mais ser reinados por ele.

Quando o nobre voltou, depois de conquistar outro reino, mandou chamar aqueles servos a quem dera o dinheiro para saber o que cada um havia ganhado em seu negócio. O primeiro, chamando-o de Senhor, disse que sua riqueza lhe rendeu outras dez. O nobre o elogiou, chamando-o de criado bom, e disse que ele fora leal no pouco, e então lhe daria dez cidades para governar.

Veio o segundo e, também chamando-o de Senhor, disse que a riqueza dele lhe rendera outras cinco. E também ouviu dele que iria governar cinco cidades. Veio o terceiro, também chamando-o de Senhor, e devolveu-lhe a riqueza que guardara em um lenço.

Explicou que tinha medo dele por ser um homem rigoroso, que tirava o que não punha e colhia o que não semeava. O nobre, chamando-o de servo mau, disse que o julgaria pela própria boca, pois, mesmo sabendo que ele era um homem rigoroso, que tirava o que não punha e colhia o que não semeava, não colocara o seu dinheiro em um banco para que quando voltasse recebesse os juros.

Então disse aos que estavam lá para tirar-lhe a riqueza e dá-la ao que tinha dez – e eles, chamando-o de Senhor, lembraram que ele já tinha dez riquezas.

Assim a quem já tinha seria dado, e de quem não tinha, até o pouco lhe seria tirado. E quanto aos inimigos que não queriam ser reinados por ele, mandou que os trouxessem e os matasse à frente dele.

LUMINÁRIA A DESCOBERTO (A QUEM TEM)

Marcos 4 (21-25), Lucas 8 (16-18) e 11 (33)

Jesus perguntou a eles se por acaso uma lamparina acesa seria coberta por uma vasilha ou colocada embaixo da cama. Não deveria ficar no suporte? E lembrou que sim, para que quem entrasse visse a luz.

Disse que nada de encoberto deixaria de ser manifesto, e nada de escondido deixaria de ser conhecido e visto à luz. Quem pudesse que o ouvisse.

E disse para eles discernirem o que ouviam. Pela medida com que medissem os outros, eles os mediriam e ainda lhes seria acrescentado. Porque a quem já tivesse seria dado, e a quem não tivesse, até o pouco que tinha lhe seria tirado.

O CRIADO (TER FÉ É MERA OBRIGAÇÃO)

Lucas 17 (7-10)

Perguntou qual deles, tendo um criado para cuidar de sua plantação ou do gado, quando voltasse do campo o convidaria a sentar-se à mesa? Primeiro não lhe diria para preparar a ceia e servi-la, e só depois de ter comido e bebido é que o deixaria comer e beber?

E perguntou se não se devia agradecer a esse criado por fazer o que lhe fora ordenado. Disse que eles também, quando fizessem tudo o que lhes fosse ordenado, deviam pensar que eram criados inúteis, que apenas cumpriam com suas obrigações.

O JUIZ E A VIÚVA (O QUE PEDIR SERÁ DADO)

Lucas 18 (1-8)

Também lhes contou uma parábola sobre o dever de orar sempre e nunca desanimar. Disse que numa cidade havia um juiz que não temia a Deus nem respeitava ninguém. E nessa cidade havia uma viúva que ia falar com ele pedindo que lhe fizesse justiça contra seu adversário.

Durante um tempo, o juiz não quis atendê-la, mas depois pensou que, mesmo sem temer a Deus nem respeitar as pessoas, como aquela viúva o perturbava, faria a justiça pedida por ela para que deixasse de ir até lá e de aborrecê-lo ainda mais.

E Jesus disse para atentarem ao que disse o juiz injusto. Deus não faria justiça, mesmo que tardiamente, aos seus escolhidos que lhe imploravam noite e dia? Deviam pedir, e ele logo lhes faria justiça. Mas quando viesse o Filho Humano, acaso encontraria fé na Terra?

AMIGO QUE PROCURA À MEIA-NOITE (O QUE PEDIR SERÁ DADO)

Lucas 11 (5-8)

Também perguntou qual deles que, se um amigo o chamasse à meia-noite e pedisse três pães emprestados (porque outro amigo chegara de viagem e ele não tinha o que oferecer) responderia de dentro de casa para não o importunar, pois a porta já estava fechada e seus filhos e ele já se deitavam à cama (e assim ele não poderia levantar e lhe dar os pães).

Jesus disse que, mesmo não se levantando para dar os pães ao amigo, ele se levantaria só pela importunação e lhe daria tudo o que fosse preciso.

ORAÇÕES DE FARISEU E PUBLICANO NO TEMPLO (QUEM SE HUMILHA SERÁ EXALTADO)

Lucas 18 (9-14)

E também contou uma parábola sobre aqueles que confiavam muito em si mesmos por se acharem justos e desprezavam os outros. Disse que dois homens foram ao templo para orar: um fariseu e um cobrador de impostos.

O fariseu, de pé, rezava implorando a Deus e dando graças por não ser como os outros homens, ladrões, injustos e adúlteros, nem como aquele cobrador de impostos. Disse que jejuava duas vezes por semana e dava os dízimos de tudo o que possuía.

Já o cobrador de impostos, também de pé, mais longe, nem queria levantar os olhos para o céu, mas batia em seu peito implorando a Deus para que tivesse piedade dele, que era um pecador.

Jesus disse a eles que o cobrador voltou justificado para sua casa, e o fariseu não. Porque quem exaltava a si mesmo seria humilhado, e quem se humilhava seria exaltado.

30. Parábolas ligadas à caridade (e à falsidade)

O SAMARITANO PIEDOSO (AMAR O PRÓXIMO)

Lucas 10 (29-37)

Uma pessoa, querendo se justificar, perguntou a Jesus quem seria o seu próximo. E Jesus respondeu com uma parábola. Disse que um homem ia de Jerusalém a Jericó e foi atacado por assaltantes que o roubaram e espancaram, deixando-o quase morto.

Por aquele caminho, por acaso, vinha um sacerdote que, ao vê-lo, passou à distância. E também um levita, andando por ali, viu-o e passou à distância. Mas um samaritano, que estava em viagem, aproximou-se e, percebendo o que houve, foi movido por compaixão íntima.

E chegando perto, ele cobriu as feridas do homem derramando azeite e vinho e o colocou sobre seu animal, levando-o até uma pousada onde cuidou dele.

No outro dia o samaritano partiu e deixou dois dinheiros com o dono da pousada, pedindo que cuidasse do homem – e tudo que precisasse gastar com ele na volta lhe pagaria.

Jesus perguntou a alguém qual dos três parecia ser o próximo daquele atacado pelos assaltantes. A pessoa respondeu que era quem teve piedade dele. Então Jesus disse a essa pessoa para seguir e fazer o mesmo.

OVELHAS, PASTOR E LADRÕES (FALSOS PROFETAS)

João 10 (1-5)

Jesus disse que em um curral de ovelhas, na verdade, quem não entrava pela porteira, mas por outra passagem, eram o ladrão e o malfeitor. Mas quem entrava pela porteira era o pastor das ovelhas.

Para ele o vigia abria a porteira, as ovelhas reconheciam a voz, e ele as chamava pelo nome, fazendo com que fossem atrás dele. Quando saíam do curral, ele ia à frente, e elas o seguiam, por conhecerem a sua voz. Mas nunca seguiriam o estranho, e sim fugiriam dele, por não reconhecerem a voz.

Explicação

João 10 (6-14)

Quando Jesus contou essa parábola, eles não entenderam o que queria dizer. Então Jesus lhes disse que, na verdade, ele era a porteira das ovelhas. Todos o que haviam chegado antes dele eram ladrões e assaltantes, e as ovelhas não os ouviam. Ele era a porteira, e se alguém entrasse por ele estaria a salvo: entraria e sairia e encontraria pastagens.

O ladrão iria apenas para roubar, matar e destruir as ovelhas, enquanto ele viria para que vivessem - e em abundância.

Jesus era o bom Pastor, o que dava a sua vida pelas ovelhas. E o interesseiro, que não era pastor, nem dono das ovelhas, via o lobo chegar, abandonava as ovelhas e fugia. O lobo as atacava e as dispersava, e o interesseiro fugia porque era egoísta e não tinha cuidado com elas.

Jesus era o bom Pastor, conhecia suas ovelhas e era reconhecido por elas.

31. VALOR DO ARREPENDIMENTO

PARÁBOLA: 99 OVELHAS E 1 DESGARRADA

Mateus 18 (11-14), Lucas 15 (3-7), Tomé (d) 107 (1-2)

Jesus lhes propôs uma nova parábola, dizendo que o Filho Humano viria para salvar os que estavam perdidos. O que eles achavam? Que se uma pessoa (mesmo um deles) tivesse cem ovelhas, e uma se desgarrasse do grupo, ela não iria pelos montes, deixando as 99 no deserto, atrás da que estava perdida, até encontrá-la? E achando-a, não poria nos ombros e ficaria alegre? E chegando à casa, chamaria os amigos e vizinhos para comemorar com ele, contando que achara a sua ovelha perdida?

Jesus disse que, na verdade, a pessoa teria maior afeição por aquela do que pelas 99 que se não desgarraram. Também era essa a vontade do Pai celestial deles, se um de seus filhos se perdesse. Disse que no Céu haveria mais alegria por um pecador arrependido do que por 99 justos que não precisaram se arrepender.

> (Jesus disse que o reino era como um pastor que tinha cem ovelhas. A maior delas vagou, e ele deixou as 99 para procurar aquela única, até encontrá-la. Depois de todo o esforço, o pastor disse à ovelha que a amava mais do que as 99.)

NOVE MOEDAS E UMA SUMIDA

Lucas 15 (8-10)

Jesus disse que, do mesmo modo, se uma pessoa tinha dez moedas e perdia uma, não iria acender a lamparina, varrer a casa e procurar cuidadosamente até encontrá-la?

E encontrando-a, não chamaria pessoas amigas e vizinhas para se alegrarem com ela por encontrar sua moeda perdida? Jesus disse que assim era a alegria dos anjos de Deus quando um pecador se arrependia.

DOIS FILHOS: UM GASTA TUDO, VOLTA, E O PAI FAZ GRANDE FESTA

Lucas 15 (11-32)

Jesus contou que um homem tinha dois filhos. O mais moço pediu-lhe que desse a sua parte dos bens, e então o pai repartiu entre eles a riqueza. Poucos dias depois, esse filho mais novo juntou tudo e partiu para uma terra distante, onde esbanjou seus bens e viveu de maneira promíscua.

Depois de gastar tudo, houve uma grande fome e escassez naquela região, e ele começou a passar necessidades. Então aproximou-se de um cidadão que o contratou para trabalhar em suas terras cuidando dos porcos. E ele precisou matar a fome com as bolotas que os porcos comiam, pois ninguém lhe dava nada.

Então pensou nos muitos diaristas de seu pai com abundância de pão, enquanto ele ali não tinha o que comer. Decidiu levantar-se e encontrar o pai, contando que errara contra o Céu e que já não era mais digno de ser chamado de seu filho. Mas gostaria que o contratasse como um de seus diaristas.

Levantando-se, foi até o pai, e quando ainda estava longe, ele o avistou. O pai, tomado de compaixão íntima, correu, lançou-se ao pescoço do filho e o beijou. E o filho disse o que sentira, que errara contra o Céu e não era mais digno de ser chamado de filho.

Mas o pai disse aos criados para lhe trazerem logo a melhor roupa, vesti-lo e colocar-lhe um anel na mão e sandálias nos pés. Ordenou que matassem o bezerro gordo e o trouxessem para eles comerem e se alegrarem. E explicou o motivo: seu filho estava morto e revivera, tinha se perdido e fora achado. Então começaram a se alegrar.

E o filho mais velho, quando chegou à casa vindo do campo, ouviu a música, viu as danças e chamou um dos criados perguntando o que era aquilo. Então soube que seu irmão voltara e seu pai mandara matar o bezerro gordo por encontrá-lo são e salvo.

O irmão mais velho se indignou e não queria mais entrar na casa. O pai saiu e insistiu com ele, mas o filho explicou que lhe servia há muitos anos, sem nunca transgredir às ordens, e nunca ganhara dele sequer um cabrito para alegrar-se com seus amigos. E quando chegou o irmão que esbanjara seus bens com prostitutas, ele logo mandou matarem o bezerro gordo.

O pai, chamando-o de filho, disse que ele sempre estaria ao seu lado, e que todas as suas coisas eram dele. Mas era justo se alegrarem e divertirem, porque o irmão dele estava morto e reviveu: tinha se perdido e foi achado.

32. Poucos serão salvos

DOIS FILHOS: UM SÓ DIZ, O OUTRO FAZ

Mateus 21 (28-32)

De novo, Jesus perguntou o que eles achavam da história: um homem tinha dois filhos e pediu ao primeiro para trabalhar o dia em sua vinha. Ele respondeu que não queria, mas depois se arrependeu e foi. Então ele falou a mesma coisa para o segundo filho, que, chamando-o de Senhor, disse que ia, mas não foi.

Jesus perguntou qual dos dois fez a vontade do pai, e os discípulos responderam que o primeiro. Então ele disse que, na verdade, os cobradores de impostos e as prostitutas entrariam antes deles no reino de Deus. E isso porque João veio a eles pelo caminho da justiça, e eles não acreditaram, mas os cobradores de impostos e as prostitutas acreditaram. E eles, vendo, nem mesmo depois disso se arrependeram para acreditar em João.

REI QUE PROCURA CONVIDADOS PARA A FESTA DO FILHO

Mateus 22 (1-14), Lucas 14 (16-24), Tomé (d) 64 (1-12)

Jesus, tomando a palavra, voltou a falar com eles por parábolas. Disse que o reino celestial era como um rei que ia comemorar o noivado de seu filho e mandou os criados chamarem os convidados. Mas esses não quiseram comparecer.

Depois enviou outros criados, mandando avisar os convidados que já haviam matado os bois e porcos, o jantar estava pronto e era para comparecerem ao noivado. Mas os convidados não fizeram caso, um indo para o seu campo, outro para o comércio, e outros dominando os criados enviados para os ofenderem e matarem.

Quando o rei soube disso, enraiveceu-se e mandou seus exércitos destruírem aqueles assassinos incendiando a cidade deles. Então disse aos criados que a festa de noivado estava preparada, mas os convidados não eram dignos. E que então eles fossem a pontos a que os caminhos levavam e convidassem todos os que vissem para a festa. Os criados, indo pelos caminhos, juntaram todos, tanto maus quanto bons, e a festa de noivado ficou cheia de convidados.

O rei, entrando para ver os convidados, viu um homem que não estava bem-vestido e, chamando-o de amigo, perguntou como entrara lá, se não se vestia bem. E ele ficou em silêncio.

Então o rei disse aos criados para amarrarem os pés e as mãos dele e jogá-lo na noite escura, onde haveria choro e ranger de dentes. Porque muitos eram chamados, mas poucos os escolhidos.

Jesus também lhes contou um caso parecido. Disse que um homem deu um grande jantar e convidou muitas pessoas. Chegando a hora, mandou seu criado chamar os convidados dizendo estar tudo pronto, mas todos começaram a se desculpar.

O primeiro disse que comprara umas terras e precisava vê-las, pedindo para ser desculpado. Outro disse que comprara cinco lotes de bois e iria testá-los, e também pediu desculpas. Outro disse que se casara e assim não poderia ir.

Quando o criado voltou, explicando essas coisas ao patrão, o pai de família ficou indignado e disse para ele ir depressa às ruas e bairros da cidade e trazer de lá os pobres e deficientes inválidos.

Depois de um tempo, o criado, chamando-o de senhor, disse ter feito como ele mandara e ainda haver lugares. O patrão disse a ele ir pelos caminhos e guetos e forçar pessoas a entrarem lá, para que sua casa ficasse cheia. E disse que, assim, nenhum daqueles que foram convidados primeiro provariam de seu jantar.

> (Jesus disse que um homem tinha convidados, preparou o jantar e enviou seu criado para chamá-los. Falando com o primeiro, o criado disse que seu patrão o convidava, mas ele respondeu ter negócios a fazer com os mercadores que chegariam à noite. Disse que precisava lhes dar instruções e pedia desculpas por não ir ao jantar.
>
> Com o segundo, o criado disse o mesmo, e ele respondeu que comprara uma casa e não estava disponível porque precisava ir até lá. A um terceiro o criado disse o mesmo, e ele disse que seu amigo iria casar-se e daria um jantar, pedindo desculpas por não poder comparecer. A outro, o criado disse o mesmo, e o convidado

disse que comprara uma aldeia e ia receber os rendimentos, lamentando não poder comparecer.

O criado disse ao patrão que todos os convidados pediam desculpas, e o patrão disse ao criado para ir às ruas e convidar aqueles que encontrasse para o jantar, dizendo que os mercadores e negociantes não teriam os lugares de seu Pai.)

HOMEM QUE ACUMULA E NÃO USUFRUI (NÃO CONFIAR NA RIQUEZA)

Lucas 12 (16-21), Tomé (d) 63 (1-4)

Jesus também propôs uma parábola a eles dizendo que a fazenda de um homem rico havia produzido em abundância, e ele pensava em como faria, pois não tinha onde estocar os seus frutos.

Então decidiu que derrubaria os celeiros e construiria outros maiores, estocando ali os seus bens e todas as novas produções. Assim, diria à sua alma que já tinha muitos bens guardados, para muitos anos, e então podia descansar, comer, beber e se divertir.

Mas Deus chamou-o de louco, dizendo que naquela noite lhe pediriam a alma. E o que ele acumulou, para o que serviria? Jesus explicou que era assim para quem juntava tesouros e não era rico em relação a Deus.

(Jesus disse que um homem tinha muito dinheiro e resolveu usá-lo para semear, colher e plantar até encher seu armazém de frutos de modo a não lhe faltar nada. Pensou essas coisas no coração, mas morreu naquela noite. E quem tivesse ouvidos que escutasse.)

HOMEM RICO E MENDIGO (NÃO CONFIAR NA RIQUEZA)

Lucas 16 (19-31), Tomé (d) 82 (1-2)

E contou de um homem rico que só se vestia de vermelho usando um linho finíssimo e passava todos os dias em meio à fartura e a coisas esplêndidas. E também havia um mendigo chamado Lázaro que se deitava à porta dele, cheio de doenças, alimentando-se das migalhas que caíam da mesa do rico, enquanto os cães vinham lamber suas feridas.

Um dia o mendigo morreu e foi levado pelos anjos para junto de Abraão. O rico também morreu e foi sepultado. No inferno, sofrendo com os tormentos, ele levantou os olhos e viu ao longe Abraão e Lázaro ao seu lado. Chamando Abraão de Pai, pediu piedade e que lhe enviasse Lázaro para, depois de molhar a ponta de seu dedo na água, refrescar sua língua, pois estava passando mal naquelas chamas.

Mas Abraão, chamando-o de filho, lembrou dos bens que ele recebera em vida, e que Lázaro só recebera males, e agora estava sendo consolado, enquanto ele era atormentado. E que, além disso, havia um grande abismo entre os dois, e não era possível os que estavam lá passarem para o outro lado, e nem o contrário.

(Jesus disse que quem estava perto dele estava perto do fogo, e quem estava longe dele estava longe do reino.)

Então, chamando-o de pai, ele implorou que mandasse Lázaro à casa de seu pai, pois ele tinha cinco irmãos, e queria alertá-los para também não serem levados àquele lugar de aflições.

Abraão respondeu que eles tinham Moisés e os profetas para orientá-los e deviam ouvi-los. Mas o rico, chamando Abraão de pai, novamente, disse que, se algum dos mortos fosse falar com eles, poderiam se arrepender. Mas Abraão explicou que, se não ouviam Moisés nem os profetas, também não acreditariam em Lázaro, mesmo se um dos mortos ressuscitasse.

ESPÍRITO IMUNDO E A CASA

Mateus 12 (43-45), Lucas 11 (24-26)

Disse que quando o espírito imundo saía de uma pessoa, andava por lugares secos à procura de repouso e não encontrava. Então decidia voltar à própria casa de onde saíra e a encontrava vazia, varrida e decorada.

Quando ia, levava com ele outros sete espíritos ainda piores, e passavam a morar lá. Assim, o último estado daquela pessoa se tornara pior que o primeiro, e o mesmo aconteceria com aquela geração má.

CONTAMINAÇÃO PELA FALA

Mateus 15 (10-11), Marcos 7 (14-16)

Jesus chamou a multidão para perto e disse que ouvindo eles entenderiam: o que contaminava uma pessoa não era o que estava fora dela e entrava pela boca, mas o que saía por ela – era isso o que a contaminava. E quem o escutasse deveria ouvir.

Explicação

Mateus 15 (15-20), Marcos 7 (17-23)

Depois, quando deixou a multidão e entrou em casa com seus discípulos, Pedro tomou a palavra e pediu que Jesus explicasse aquela parábola. E Jesus perguntou se nem eles mesmos eram capazes de entender. Não viam que tudo que entrava na pessoa pela boca descia para o estômago e depois era expelido?

Assim, não podia contaminá-la, porque não entrava em seu coração, mas no ventre, e era jogado fora, enquanto as comidas ficavam puras. Já o que saía da boca vinha do coração, e isso contaminava a pessoa.

Afinal, era do coração das pessoas que vinham os maus pensamentos, as mortes, as traições, a prostituição, os roubos, as mentiras, as calúnias, os assassinatos, a avareza, as maldades, o engano, a dissolução, a inveja, a arrogância, a loucura – era isso (todos esses males vindos de dentro) o que contaminava uma pessoa. Mas comer sem lavar as mãos não contaminava alguém.

33. Disputas com autoridades religiosas

LAVAR AS MÃOS (MOISÉS: HONRAR PAI E MÃE)

Mateus 15 (1-9), Marcos 7 (1-13), Lucas 11 (37-41)

Alguns escrivães e fariseus, vindos de Jerusalém, aproximaram-se de Jesus e perguntaram por que alguns de seus discípulos transgrediam a tradição dos antigos, não lavando as mãos para comer o pão.

(Isto é, comiam-no com as mãos impuras, não lavadas, quando os fariseus e todos os judeus, conservando a tradição dos antigos, não comiam sem lavar as mãos muitas vezes - e quando voltavam do mercado, se não as lavassem não comiam, e por isso repreendiam os outros).

(Os judeus receberam muitas outras coisas que deviam observar, como lavar os copos, os jarros, os vasos de metal e as camas, e os discípulos de Jesus não seguiam essa tradição.)

Jesus rebateu-lhes perguntando por que eles também transgrediam (e muito invalidavam) o mandamento de Deus em defesa da tradição deles. Afinal, Deus, por meio de Moisés, mandava *honrar o pai e a mãe*, ensinando que *quem falasse mal do pai ou da mãe deveria morrer*. Mas segundo eles, quem dissesse ao pai ou à mãe que a ajuda a lhes ser dada era *Corbã* (isto é, uma oferta a Deus) não precisaria honrá-los. Já não precisavam fazer nada pelo pai ou pela mãe, anulando o mandamento de Deus pela tradição que seguiam.

E eles faziam outras coisas como essa, afastando-se do mandamento para seguir as tradições das pessoas, como lavar jarros e copos e muitas coisas parecidas.

Jesus chamou-os de hipócritas e disse que Isaías bem profetizou sobre eles dizendo que aquele povo *se aproximava dele com a boca e o honrava com os lábios, mas tinha o coração distante*. E assim o adoravam em vão, *ensinando doutrinas que eram preceitos humanos.*

Em outra ocasião, Jesus ainda falava quando um fariseu lhe implorou que fosse jantar com ele. Indo, ele entrou e sentou-se à mesa, fazendo o fariseu admirar-se por ele não ter se lavado antes de jantar.

O Mestre lhe disse que os fariseus, nessa hora, limpavam o exterior do copo e do prato enquanto deixavam o interior deles cheio de corrupção e maldade. Eram loucos! Quem criou o exterior não fez também o interior? Era melhor darem esmola do que tivessem, e tudo estaria limpo para eles.

DIVÓRCIO (MOISÉS)

Mateus 19 (1-12), Marcos 10 (1-12)

Depois de concluir alguns discursos, Jesus saiu da Galileia em direção aos confins da Judeia, além do Jordão. Grandes multidões o seguiam, e ele as reunia à volta, ensinando-as, como era de costume.

Lá ele curou as pessoas, e então os fariseus se aproximaram para tentá-lo, perguntando se era lícito ao homem rejeitar sua mulher por qualquer motivo que fosse.

E Jesus perguntou o que Moisés lhes dissera e se não haviam lido que quem os criou no princípio os fez macho e fêmea. E que assim o homem deixaria o pai e a mãe e se uniria à mulher, e os dois seriam uma só carne – já não seriam duas, mas uma só carne. Portanto, o que Deus uniu, o homem não devia separar.

Eles perguntaram por que, então, Moisés autorizou dar à esposa uma carta de divórcio e rejeitá-la. Jesus respondeu que, por causa da dureza dos corações deles, Moisés deixou escrito aquele mandamento permitindo rejeitar suas mulheres, mas no princípio não seria assim.

(E disse que quem rejeitasse sua mulher, não sendo por causa de prostituição, e se casasse com outra, estaria cometendo adultério. E quem casasse com a mulher rejeitada também cometia adultério. E se a mulher deixasse seu marido e casasse com outro, também.)

Em casa, os discípulos voltaram a questioná-lo sobre isso e se manifestaram dizendo que, se era essa a condição do homem em relação à mulher, seria melhor não casar. Mas Jesus disse a eles que nem todos podiam entender isso, só aqueles a quem era dado. Afinal, havia eunucos nascidos assim desde o ventre da mãe e aqueles castrados por pessoas. E havia eunucos que eles mesmos se castravam por causa do reino dos Céus. E quem pudesse entender, que o fizesse.

IMPOSTOS (A CÉSAR O QUE ERA DELE)

Mateus 22 (15-22), Marcos 12 (13-17), Lucas 20 (21-26), Tomé (d) 100 (1-4)

Os fariseus se retiraram e confabularam sobre uma maneira de surpreender Jesus em uma palavra. Então enviaram discípulos seus junto a herodianos para interrogá-lo. E eles, chamando Jesus de Mestre, disseram saber que ele ensinava bem porque não reparava na aparência das pessoas e ensinava o caminho de Deus pela verdade.

Então perguntaram se lhe parecia lícito ou não pagar o imposto a César. Pagariam ou não? E Jesus, conhecendo a malícia deles, chamou-os de hipócritas, perguntando por que o testavam.

Jesus pediu que lhe mostrassem a moeda do imposto, e eles o fizeram. Então perguntou de quem era aquela imagem e inscrição, e lhe disseram que de César. Jesus disse para darem a César o que era de César, e a Deus o que era de Deus. E eles, que não puderam apanhá-lo em nenhuma palavra diante do povo, maravilharam-se com sua resposta, calaram-se e se retiraram.

> (Mostraram a Jesus uma moeda de ouro dizendo que os representantes de César cobravam impostos. Ele disse para dar a César o que era dele. E dar a Deus o que era dele. E dar a Jesus o que era dele.)

Para não tumultuar

Mateus 17 (24-27)

Quando chegavam a Cafarnaum, os cobradores de impostos se aproximaram de Pedro perguntando se o mestre deles não costumava pagá-los. Pedro disse que sim. E entrando em casa, chamando-o de Simão, Jesus se adiantou perguntando o que lhe parecia: de quem os reis das regiões cobravam os impostos e faziam censos? Dos da terra ou dos de fora?

Pedro respondeu que dos de fora. Jesus disse que, assim, estariam livres os filhos da terra. Mas, para não causar confusão, pediu a Pedro que fosse ao mar, jogasse o anzol e pegasse o primeiro peixe que aparecesse. Abrindo-lhe a boca, encontraria uma moeda. Era para levá-la e pagar o imposto por eles dois.

CASO DE MULHER QUE CASOU SETE VEZES

Mateus 22 (23-33), Marcos 12 (18-27), Lucas 20 (27-40), Tomé (d) 114 (1-3)

Naquele dia, chegaram alguns saduceus que diziam não haver ressurreição. Aproximando-se de Jesus, e chamando-o de Mestre, perguntaram sobre Moisés ter escrito que, se o irmão de alguém morresse sem ter filhos, essa pessoa deveria casar com a mulher dele para ela ter descendência do irmão.

Contaram que entre eles havia sete irmãos, sendo que o primeiro, depois de casar, teve a mulher e morreu sem filhos. Como não tinha descendência, deixou a mulher para o irmão. O segundo também a teve e depois morreu sem deixar descendência, e com o terceiro aconteceu o mesmo. E assim acabou que os sete a tiveram e morreram sem deixar filhos.

E depois disso, morreu também a mulher. Assim, na ressurreição, quando ressuscitassem, de quem dos sete ela seria mulher, já que todos a possuíram?

Jesus disse que eles estavam errados, não conheciam as Escrituras nem o poder de Deus. Explicou que na ressurreição não se casariam nem ninguém seria dado em casamento, pois passariam a ser como os anjos de Deus no Céu.

> (Simão Pedro sugeriu que Maria [M] se afastasse deles porque as mulheres não seriam dignas da vida. Jesus disse que a puxaria para torná-la homem, tornando-se também um espírito vivo, como eles. Afinal, toda mulher que passasse a ser homem entraria no reino celestial.)

Os que fossem considerados dignos de alcançar o mundo futuro e a ressurreição dos mortos já não poderiam morrer, pois seriam como os anjos e filhos de Deus, como filhos da ressurreição.

E sobre a ressurreição dos mortos, dos que haveriam de ressuscitar, Jesus perguntou se não haviam lido no livro de Moisés como Deus lhe dissera nos campos, ao declarar-se o Deus de Abraão, de Isaac e de Jacó. Ora, Deus não era o Deus dos mortos, mas dos vivos, porque todos viviam para ele. Então eles estavam muito enganados.

E a multidão, ouvindo isso, ficava maravilhada com sua doutrina. Alguns dos escrivães o chamaram de Mestre e disseram que ele respondeu bem. E não ousavam perguntar mais nada.

34. SOBRE O SÁBADO

DAVI E OS PÃES

Mateus 12 (1-8), Marcos 2 (23-28), Lucas 6 (1-5), Relatório (P) 5

> **Notícia entre os romanos**
>
> E eram coisas assim. Mas os judeus disseram que Jesus fazia dessas coisas no sábado. E Pilatos sabia que da parte dos deuses que veneravam não havia milagres assim tão grandes.

Naquele tempo, Jesus passou pelas colheitas em um sábado, e seus discípulos, com fome, começaram a colher espigas (eles as arrancavam e esfregavam com as mãos) e comê-las. Enquanto caminhavam, os fariseus, vendo aquilo, contaram a Jesus o que estava acontecendo, pois seus discípulos estavam fazendo algo ilícito de se fazer em um sábado.

Jesus perguntou se eles não leram o que Davi fez quando passou fome e teve necessidade, assim como os que estavam com ele. Davi entrou na casa de Deus no tempo de Abiatar como sumo sacerdote e comeu os pães da oferenda, o que não lhe era lícito fazer – nem a ele nem aos que o acompanhavam e os receberam dele, mas apenas aos sacerdotes.

Disse que o sábado fora estabelecido por causa das pessoas, e não as pessoas por causa do sábado. E perguntou se não leram na lei que os sacerdotes no templo violavam o sábado e não ficavam culpados.

E disse-lhes que estava lá quem era maior do que o templo. E que se soubessem o que significava Deus querer *a piedade e não sacrifício*, e que *não se devia condenar os inocentes*, entenderiam que o Filho Humano era dono até do sábado.

CURA DE MÃO (DISCURSO: OVELHA)

Mateus 12 (9-13), Marcos 3 (1-5), Lucas 6 (6-10) e 14 (5-6), Relatório (P) 3

Em outro sábado, aconteceu de Jesus ir à sinagoga para os ensinar. E também estava lá um homem com a mão direita seca, e os escrivães e os fariseus observavam se Jesus o curaria no sábado, para terem do que acusá-lo.

E para acusá-lo, eles o interrogaram, perguntando se era permitido curar aos sábados. Mas Jesus, conhecendo bem os pensamentos deles, disse ao que tinha a mão seca para levantar-se e ir até o meio. E ele, levantando-se, ficou em pé.

Jesus perguntou a todos se alguém que tivesse uma ovelha e ela caísse em um buraco no sábado não a socorreria nem a tiraria de lá. E um homem não valia mais do que uma ovelha? Sendo assim, era permitido fazer o bem também aos sábados.

Também perguntou (em outra ocasião) quem deles, tendo o seu jumento ou o boi caído no poço em um sábado, não o tiraria logo. E eles não tinham como replicar.

Então Jesus perguntou se nos sábados era permitido fazer o bem ou o mal, salvar uma vida ou matá-la. E eles se calaram.

Olhando para todos à volta, com indignação, e condoendo-se da dureza de seus corações, disse para aquele homem estender a mão. E quando ele o fez, ela lhe foi restituída e ficou curada, como a outra.

Repercussão entre os romanos

> Outro, que tinha a mão ressecada, sofrendo por não ter metade de seu corpo saudável, apenas com uma palavra ele curou.

CURA DE PARALÍTICO

João 5 (10-15)

Quando os judeus vieram dizer ao paralítico curado que era um sábado, e não era permitido levar a cama, ele respondeu que quem o havia curado disse para ele pegar sua cama e andar.

Então lhe perguntaram quem, afinal, era o homem que disse para ele pegar a cama e andar. E o que fora curado não sabia quem ele era, porque Jesus havia saído, havendo uma grande multidão naquele lugar.

Depois Jesus encontrou-o no templo e comentou que ele agora estava curado e não deveria mais pecar para não acontecer algo pior. E o que fora paralítico saiu e anunciou aos judeus que fora Jesus quem o curara.

CURA DE MULHER ENCURVADA E HOMEM HIDRÓPICO (TAMBÉM SE DÁ ÁGUA AOS ANIMAIS)

Lucas 13 (14-17)

O chefe da sinagoga tomou a palavra e, indignado porque Jesus curava no sábado, disse à multidão que havia seis dias em que era preciso trabalhar, e que neles, portanto, eles deviam ir lá para serem curados, mas não no dia de sábado.

Mas o Mestre, chamando-o de hipócrita, perguntou se no sábado cada um deles não desamarrava o seu boi, ou o jumento da manjedoura, e não o levava para beber. Então, não convinha soltar daquela prisão, num sábado, aquela filha de Abraão que Satanás mantivera presa por 18 anos?

Quando Jesus disse isso, todos os seus acusadores ficaram envergonhados, e todo o povo se alegrava pelas coisas gloriosas que fazia.

MOISÉS

João 7 (21-24), Tomé (d) 53 (1-3)

Jesus respondeu a eles dizendo ter feito apenas uma obra, e todos se maravilharam. Disse que, pelo motivo com que Moisés lhes dera a circuncisão (não que fosse de Moisés, mas dos patriarcas), eles circuncidavam um homem no sábado.

Ora, se o homem recebia a circuncisão no sábado para que a lei de Moisés não fosse infringida, ainda se indignava por ele ter curado totalmente um homem no sábado? Não deviam julgar pela aparência, e sim pela justiça mais correta.

> (Os discípulos perguntaram se a circuncisão era vantajosa, e ele respondeu que se assim o fosse, os pais engravidariam as mães com filhos já circuncidados. A verdadeira circuncisão no espírito, sim, era vantajosa.)

Pregações e conflitos

35. ENFRENTAMENTO DE AUTORIDADES COM OS NOVOS ENSINAMENTOS

AMAR DEUS E O PRÓXIMO

Mateus 22 (34-40), Marcos 12 (8-34), Lucas 10 (25-28)

Os fariseus e um dos escrivães, que ouvira o debate e soube da boa resposta de Jesus, fazendo os saduceus se calarem, foram se reunir ali perto. Um deles, doutor da lei, aproximou-se e interrogou Jesus para testá-lo. Chamando-o de Mestre, perguntou qual era o grande mandamento da lei.

Jesus queria que toda a Israel o ouvisse, dizendo que o Deus deles era o único. E respondeu que o mandamento mais importante era amar o Criador seu Deus de todo o coração, de toda sua alma e de todo o seu pensamento e entendimento, e com todas as suas forças.

Era esse o primeiro e maior mandamento. O segundo, parecido com esse, era amar o próximo como a si mesmo. E disse que não havia outro mandamento maior do que esses. Desses dois mandamentos dependiam toda a lei e os profetas.

O escrivão elogiou sua resposta e, chamando-o de Mestre, concordou com a verdade de que havia um só Deus, e nenhum além dele. E que amá-lo de todo o coração, de todo o entendimento, de toda a alma, com todas as forças, e amar o próximo como a si mesmo era mais importante do que todos as imolações e os sacrifícios.

Jesus, ao vê-lo comentar sabiamente, disse que não estava longe do reino de Deus. E ninguém ousava perguntar-lhe mais nada.

Em outra ocasião, levantou-se um doutor da lei que chamou Jesus de Mestre e, para tentá-lo, perguntou o que ele devia fazer para herdar a vida eterna. Jesus perguntou o que estava escrito na lei e como ele a interpretava. O doutor respondeu que era para amar ao seu Deus com todo o seu coração, com toda a sua alma, com todas as suas forças e com todo o seu entendimento, e ao seu próximo como a si mesmo. Jesus disse que ele respondeu bem, e que fazendo isso ele viveria.

JEJUM

Mateus 9 (14-17) e 11 (18-19), Marcos 2 (18-22), Lucas 5 (33-39) e 7 (33-35), Tomé (d) 47 (3-5) e 104 (1-3)

Os discípulos de João se aproximaram de Jesus e perguntaram por que seus discípulos não jejuavam, mas comiam e bebiam normalmente. Afinal, eles, e os fariseus, muitas vezes jejuavam e faziam suas orações.

Jesus perguntou se acaso os convidados do noivo podiam andar tristes e jejuar quando quem os convidou estava com eles. Enquanto o noivo estivesse com eles, não deviam jejuar. Mas viriam dias em que o noivo lhes seria tirado, e então eles jejuariam.

> (Disseram a Jesus para orarem e jejuarem naquele dia, mas ele perguntou que pecado fizera e no que fora vencido. Disse que era quando o noivo saísse de seu casamento que deviam jejuar e orar.)

E também lhes contou uma nova parábola, dizendo que ninguém pegava o pedaço de uma roupa nova para a coser em uma velha, porque ele rasgaria junto com a roupa, fazendo um estrago maior. A nova iria romper-se e o remendo não condizia com a velha.

> (Não se costurava remendo de pano velho em roupa nova, pois ela rasgaria.)

Também não se punha vinho novo em barris velhos, que romperiam, o vinho seria derramado e os barris ficariam estragados. Mas punha-se o vinho novo em barris novos, com os dois se conservando. E ninguém que bebesse o velho quereria depois o novo, porque diria que o velho era melhor.

> (Ninguém bebia um vinho velho e logo beberia um novo. Não se punha vinho novo em barris velhos para não se romperem. Nem velhos em barris novos, para que o vinho não os estragasse.)

Jesus comentou que, quando veio João o Batista, que não comia nem bebia vinho, eles diziam que ele tinha um demônio.

E quando veio o Filho Humano, que comia e bebia, eles diziam que estava ali uma pessoa comilona e beberrona de vinho, amigo dos cobradores de impostos e dos pecadores. Mas a sabedoria fora justificada por todos os seus filhos, por suas próprias ações.

TRANSUBSTANCIAÇÃO (ANTERIOR À CEIA)

João 6 (52-56)

Os judeus discutiam entre si sobre como ele poderia lhes dar sua carne para comer. Jesus explicou que, na verdade, se não comessem a carne do *Filho Humano* e não bebessem o seu sangue, já não teriam vida dentro de si mesmos.

Quem comesse sua carne e bebesse o seu sangue teria a vida eterna, e ele o ressuscitaria no último dia, porque a sua carne era a verdadeira comida, e o seu sangue, verdadeira bebida. Quem comesse sua carne e bebesse seu sangue permanecia em Jesus, e Jesus nessa pessoa.

O BATISMO DE JOÃO

Mateus 21 (23-27), Marcos 11 (27-33), Lucas 20 (1-8)

Num daqueles dias, eles voltaram a Jerusalém, e Jesus caminhava e ensinava o povo anunciando o Evangelho. Chegando mais uma vez ao templo, os chefes dos sacerdotes, os escrivães e os anciãos do povo se aproximaram dele, que já estava ensinando, e perguntaram com que autoridade ele fazia aquelas coisas. Quem lhe dava aquela autoridade?

Jesus disse que também iria perguntar-lhes uma coisa e, se respondessem, também lhes diria com que autoridade fazia aquilo tudo. Então perguntou de onde vinha o batismo de João, se era do Céu, ou dos humanos. E pediu que respondessem.

Discutindo entre eles, pensaram que, se dissessem que era do Céu, Jesus ia perguntar por que, então, não acreditaram em João. E se dissessem que era dos humanos, iriam desagradar o povo – e tinham medo dele –, porque todos consideravam João verdadeiramente um profeta. Talvez fossem até apedrejados.

Então disseram a Jesus que não sabiam, e ele respondeu que também não lhes diria com que autoridade fazia todas aquelas coisas.

36. Ainda as disputas e explicações sobre Jesus

IDENTIDADE DO MESSIAS

João 7 (40-43 e 52-53)

Muitos na multidão, ouvindo sua palavra, diziam que Jesus era mesmo o profeta. Uns diziam que ele era o Cristo, mas outros questionavam: o Cristo viria da Galileia? A Escritura não dizia que o Cristo seria descendente de Davi, e de Belém, da aldeia de onde Davi vinha?

E assim havia discordâncias em relação a ele. Também os sacerdotes e fariseus, em resposta a Nicodemos, perguntaram se ele não era da Galileia, e disseram que se examinasse veria que nenhum profeta viera da Galileia. E cada um foi para sua casa.

Filho de Davi

Mateus 22 (41-46), Marcos 12 (35-37), Lucas 20 (41-44)

Ensinando no templo, Jesus voltou a falar. E vendo os fariseus reunidos, perguntou quem eles e os escrivães achavam que era o Cristo. De quem ele era filho? Eles responderam que de Davi.

Então Jesus perguntou por que o próprio Davi, em espírito (por meio do Espírito Santo), no livro dos Salmos chamava Deus de Mestre, ao dizer que o Criador disse a seu Mestre para sentar-se à sua direita até ele pôr seus inimigos como banquinho para os pés. Assim, se Davi o chamava de Mestre, como seria seu filho?

A grande multidão ouvia Jesus de boa vontade, e ninguém podia responder a ele com uma palavra. Desde aquele dia, ninguém mais ousou interrogá-lo.

Acusação de proveniência demoníaca

Mateus 9 (34) e 12 (23-32), Marcos 3 (20-30), Lucas 11 (15-23), João 8 (41-49) e 10 (19-21), Tomé (d) 35 (1-2), 44 (1-3) e 105, Nicodemos 5 (1)

Quando as autoridades ouviram aquelas coisas, ameaçaram prendê-lo, dizendo que ele estava fora de si. Jesus e os discípulos foram para uma casa, e a multidão novamente afluiu, de modo que não podiam nem comer pão.

Alguns dos escrivães e dos fariseus diziam que Jesus se deixava ser possuído, e era por meio de Satanás que expulsava os demônios. Outros, tentando-o, pediam-lhe um sinal do céu.

Enquanto toda a multidão se admirava perguntando se ele não era Filho de Davi, os fariseus continuavam dizendo que ele só expulsava os demônios por meio chefe dos demônios.

Jesus, conhecendo seus pensamentos, chamou-os e perguntou como Satanás expulsaria a si mesmo. Disse, por parábolas, que todo o reino dividido contra si mesmo se arruinaria sozinho. E nenhuma cidade ou casa dividida contra si mesma poderia resistir.

Disse que, se Satanás se voltasse contra si mesmo e expulsasse a si, estaria dividido. Como o seu reino resistiria? Simplesmente se extinguiria. E ainda assim diziam que Jesus expulsava os demônios por meio de Satanás.

Jesus disse que se expulsasse os demônios por Satanás, então por quem os filhos deles expulsariam? E, por isso, eles mesmos seriam seus julgadores. Mas se ele os expulsava pelo Espírito e pelo dedo de Deus, era porque o reino de Deus havia chegado para eles.

Disse que, quando um homem valente guardava a sua casa armado, ficava em segurança tudo o que ele tinha. E como alguém entraria em sua casa para furtar os bens se primeiro não o dominasse e o amarrasse, para então roubar a casa? Mas, se viesse outro mais valente do que ele, e o vencesse, tiraria toda a armadura em que ele confiava e repartiria os seus bens.

(Não se pode entrar na casa de um homem forte e subjugá-lo, a não ser que se amarre as mãos dele. Só então se poderia roubá-lo.)

Jesus disse que quem não estava com ele era contra ele. E quem não juntasse com ele, espalhava. Disse que, na verdade, todos os pecados e mentiras praticadas pelos humanos seriam perdoados, mas pela mentira contra o Espírito, os humanos não seriam perdoados.

Se alguém dissesse uma palavra contra o *Filho Humano*, seria perdoado. Mas quem dissesse algo, ou mentisse contra o Espírito Santo, não seria perdoado, naquele século nem no futuro, e sim seria réu do julgamento eterno porque diriam ter o espírito imundo.

> (Jesus disse que quem proferisse calúnias contra o Pai seria perdoado, e o mesmo se daria em relação ao Filho. Mas quem proferisse calúnias contra o Espírito Santo não seria perdoado nem na Terra nem no Céu.)

Em outra discussão, Jesus disse aos escrivães e fariseus que só faziam obras do Pai deles. Mas eles disseram não ter nascido da prostituição e tinham um só Pai: Deus.

> (Jesus disse que quem conhecesse o Pai e a Mãe seria chamado de filho da prostituição.)

Jesus respondeu que, se Deus fosse o Pai deles, certamente o amariam, pois ele saíra de Deus e vinha dele. Não vinha de si mesmo, mas fora enviado por ele. E disse não entenderem sua linguagem porque não podiam ouvir sua palavra.

Disse que o pai deles era o diabo e que queriam atender aos desejos dele – ele que fora homicida desde o princípio e não se firmou na verdade, porque não havia verdade nele. Quando ele dizia uma mentira, falava do que lhe era próprio, porque era mentiroso e pai da mentira.

Então perguntou por que não acreditavam nele, que lhes dizia a verdade? Qual deles o condenava pelo erro? E se ele dizia a verdade, por que não acreditavam? Quem era de Deus escutava suas palavras, e por isso eles não as escutavam, porque não eram de Deus.

(Era para deixá-lo e não querer lhe fazer mal. Se os sinais que ele fazia eram de Deus, continuariam. E se fossem humanos, morreriam.)

Os judeus perguntaram se não tinham razão em dizer que ele era um samaritano e que estava possuído pelo demônio. Jesus respondeu que não tinha em si o demônio e sobretudo honrava seu Pai, enquanto eles o desonravam.

E voltou a haver divisão entre os judeus por causa daquelas palavras. Muitos diziam que ele estava com o demônio e andava fora de si e perguntavam por que o ouviam. Outros diziam que suas palavras não eram de um possuído e, afinal, um demônio poderia abrir os olhos de cegos?

Afirmação da origem divina

João 8 (23-27 e 50-58), Tomé (d) 43 (1-3)

Jesus disse que eles eram de baixo, e ele de cima. Eles eram deste mundo, e Jesus não. E por isso ele disse que morreriam em seus pecados e, como não acreditavam em quem ele era, morreriam em seus erros.

Perguntaram quem, afinal, ele era, e Jesus respondeu que aquilo mesmo que desde o começo vinha afirmando a eles.

(Os discípulos perguntaram quem era ele que lhes dizia aquelas coisas. Jesus perguntou se eles não compreendiam a partir do que ele dizia ser. Disse que eles teriam se tornado como os judeus, que amavam a árvore, mas odiavam seu fruto, ou amavam o fruto e odiavam a árvore.)

Ele teria muito a dizer e julgar sobre eles, mas aquele que o enviara era verdadeiro, e o que Jesus falava ao mundo era o que ouvira dele. Mas eles não entenderam que Jesus lhes falava do Pai.

Jesus disse que não buscava a própria glória e havia quem a buscasse e julgava. Na verdade – disse a eles –, se alguém guardasse sua palavra, nunca morreria.

Então os judeus disseram agora ter certeza de que ele estava mesmo com o demônio. Se Abraão e os profetas morreram, como ele dizia que se alguém guardasse a sua palavra nunca morreria?

Seria ele maior que Abraão, o pai deles, que um dia morreu? Os profetas também morreram, e por quem ele queria se passar?

Jesus respondeu que, se glorificasse a si mesmo, sua glória não significaria nada. Mas quem o glorificava era seu Pai, que eles diziam ser o Deus deles, e não conheciam, mas Jesus o conhecia. Se dissesse que não o conhecia, seria mentiroso como eles. Mas o conhecia e guardava a sua palavra. Abraão, o pai deles, alegrou-se ao ver o seu dia, e viu-o, e contentou-se.

Então os judeus disseram que ele ainda não tinha 50 anos. Teria visto Abraão? Jesus lhes disse que, na verdade, ele já existia antes de Abraão.

Reafirmação

João 10 (22-30 e 32-38)

Era inverno, e havia em Jerusalém a festa da dedicação. Jesus passeava no templo, na varanda de Salomão, e os judeus o rodearam, perguntando até quando ele os deixaria com a alma em suspenso: se ele era o Cristo, que lhes dissesse abertamente.

Jesus respondeu já ter lhes dito, mas não acreditavam. As obras que fazia, em nome de seu Pai, mostravam quem ele era. Mas eles não acreditavam pois não eram ovelhas suas, como já havia dito.

Disse que suas ovelhas ouviam sua voz, ele as conhecia e elas o seguiam. E dava-lhes a vida eterna: elas nunca morreriam e ninguém as tiraria de sua mão. Seu Pai, que as deu, era maior do que todos, e ninguém poderia tirá-las da mão de seu Pai. Ele e o Pai eram um só.

Jesus disse que havia lhes mostrado muitas obras boas, vindas de seu Pai. E por qual delas iriam apedrejá-lo? Os judeus responderam que não o apedrejavam por nenhuma obra boa, mas pela mentira, pois era um humano e fazia-se Deus para si mesmo.

Jesus perguntou se não estava escrito na lei deles que *eram todos deuses*. E se a lei chamou de deuses aqueles a quem a palavra de Deus foi dirigida (e a Escritura não podia ser anulada), aquele a quem o Pai santificara, e enviara ao mundo, eles chamavam de mentiroso por dizer que era Filho de Deus?

Se ele não fizesse as obras de seu Pai, não acreditariam nele. Mas mesmo fazendo, e eles não acreditando, que acreditassem ao menos nas obras, para que conhecessem e acreditassem que o Pai estava nele, e ele no Pai.

37. ACIRRAMENTO DOS CONFLITOS

TENTATIVAS DE AGRESSÃO

Lucas 4 (28-30), 6, (11), 11 (53-54), 15 (1-2) e 16 (14), João 8 (59) e 10 (31)

Os que ouviam aquelas coisas de Jesus, na sinagoga, passaram a sentir repulsa. Levantando-se, eles o expulsaram da cidade e o levaram até o topo do monte em que a cidade deles fora construída, para o jogarem de lá. Mas Jesus passou pelo meio deles e se retirou.

Também em outra ocasião, eles ficaram enfurecidos e cochichavam, uns aos outros, sobre o que fariam com Jesus. Houve um momento em que, após a fala de Jesus, os escrivães e fariseus quiseram intimidá-lo gravemente e pressioná-lo a falar de muitos assuntos para armar ciladas contra ele, tentando extrair de sua boca algumas palavras de que pudessem acusá-lo.

Todos os cobradores de impostos e pecadores se aproximavam de Jesus para ouvi-lo. E os fariseus e os escrivães confabulavam, dizendo que era ele quem recebia os pecadores e comia com eles. E os fariseus, avarentos que eram, ouviam todas aquelas coisas que Jesus falava e caçoavam dele.

Então um dia pegaram em pedras para atirar contra ele, mas Jesus se escondeu e saiu do templo, passando pelo meio de todos, e assim se retirou. Em outra ocasião, os judeus também juntaram pedregulhos na intenção de apedrejá-lo.

PLANOS PARA PRENDER E MATAR JESUS

Mateus 12 (14-21), 21 (45-46) e 26 (3-5), Marcos 3 (6), 11 (18), 12 (12) e 14 (1-2), Lucas 19 (47-48), 20 (19-20) e 22 (2)

Todos os dias ele ensinava no templo. Em uma ocasião, ao saírem de lá, os fariseus formaram conselho contra Jesus para o matarem. E Jesus, percebendo, retirou-se dali. Grandes multidões o acompanharam, e ele curou todas as pessoas.

E pedia a elas, com austeridade, que não divulgassem aquilo para não o tornar conhecido. Pois era para se cumprirem as palavras do profeta Isaías, que dizia estar ali *o criado que ele mesmo escolhera: o seu amado, em quem sua alma se alegrava.*

Poria sobre ele o seu espírito e ele anunciaria aos pagãos o julgamento. Não deveriam brigar, nem implorar, nem alguém ouviria a sua voz pelas ruas. Ele não esmagaria a cana quebrada, nem apagaria uma mecha esfumaçando até que a justiça triunfasse, e em seu nome os povos teriam esperança.

Os chefes dos sacerdotes, e os fariseus, ouvindo aquelas palavras, quiseram segurá-lo na mesma hora, entendendo que falava sobre eles. Queriam prender Jesus, mas temiam as pessoas que o tinham como profeta.

Eles procuravam uma oportunidade certa de matá-lo, mas o temiam, pois toda a multidão se admirava com a doutrina de Jesus – que o povo escutando tendia a seguir (assim, queriam prendê-lo porque percebiam que a parábola os denunciava, mas, temendo a multidão, eles o deixaram e saíram).

Quando faltavam dois dias para a Páscoa e a festa dos pães ázimos, os chefes dos sacerdotes, os escrivães, os anciãos e as autoridades do povo reuniram-se na sala de Caifás, o sumo sacerdote. E discutiram sobre um modo traiçoeiro de prender Jesus, para depois o matarem. Mas achavam que não deveria ser durante a festa, para não criar alvoroço entre as pessoas. E porque temiam o povo.

Também os fariseus, saindo do templo, logo se reuniram com os herodianos contra Jesus, pensando em como o matariam. E, observando-o, mandaram espiões que se fingiriam de justos para o apanharem em alguma palavra, e o entregarem à jurisdição e ao poder do governador.

FESTA EM JERUSALÉM

João 5 (16-18), 7 (1, 6-13, 19-20, 25, 30-32 e 44-49), 8 (37-40), 10 (39-40), 11 (45-57) e 12 (9-11)

Assim, os judeus perseguiram Jesus com a intenção de matá-lo, inclusive porque fazia curas aos sábados. E Jesus respondia que seu Pai trabalhava até naquelas horas, e ele também trabalhava.

E com isso os judeus ainda mais queiram matá-lo, porque não só desrespeitava o sábado, como dizia que Deus era seu próprio Pai, igualando-se a ele.

Depois desses fatos, Jesus passou a andar só na Galileia, não querendo circular pela Judeia, onde os judeus queriam matá-lo. Ele disse aos apóstolos que a sua hora ainda não havia chegado, mas que a deles estaria sempre preparada. O mundo não podia odiá-los, mas odiava Jesus, por testemunhar que suas obras eram más.

Disse aos discípulos irem à festa, mas ele esperaria, porque seu tempo não havia se cumprido. E ficou na Galileia. Mas quando seus irmãos já seguiam para festa, ele também foi, discretamente, não à vista de todos.

Os judeus o procuravam pela festa perguntando-se onde estaria. E havia um grande murmúrio na multidão a respeito de Jesus. Alguns diziam que ele era bom, e outros que não, e sim enganava o povo. E ninguém falava dele abertamente, com medo dos judeus.

Até que Jesus se mostrou e perguntou à multidão se Moisés não lhe dera a lei, dizendo que nenhum deles a observava. E perguntou por que queriam matá-lo. A multidão perguntou se ele estava possuído, pois, afinal, quem estava tentando matá-lo?

Então alguns de Jerusalém perguntaram se não era ele quem as pessoas queriam matar. E queriam prendê-lo, mas ninguém o atacou, porque ainda não era a sua hora.

Muitos na multidão acreditaram nele, perguntando se, quando o Cristo viesse, faria ainda mais sinais do que ele. Os fariseus ouviram a multidão confabulando sobre essas coisas e, junto com os chefes dos sacerdotes, mandaram guardas para prendê-lo.

Festa em Jerusalém

E novamente, embora quisessem o prender, ninguém atacou. Então os guardas foram encontrar os chefes dos sacerdotes e fariseus, que lhes perguntaram por que não levaram Jesus. Os guardas responderam que nunca ninguém havia falado como aquele homem.

Os fariseus perguntaram se até eles estavam iludidos e se por acaso algum dos chefes ou dos fariseus haviam acreditado nele. E disseram que aquela multidão, que não conhecia a lei, era maldita.

Jesus, falando às pessoas, disse não haver dúvida de que eles eram descendentes de Abraão, mas alguns queriam matá-lo porque sua palavra não entrava neles. E ele falava do que vira junto de seu Pai, e também eles faziam o que viram junto do pai deles.

Eles responderam que o pai deles era Abraão, mas Jesus lhes disse que, se fossem filhos de Abraão, fariam as obras dele. Mas agora queriam matar quem dizia a verdade do que ouvira de Deus, e Abraão não fizera isso.

Então tentaram prendê-lo mais uma vez, mas Jesus escapou das mãos deles e retirou-se de novo para além do Jordão, o lugar onde João começara a batizar. E ficou por lá.

Muitos dos judeus que foram até Maria, e presenciaram os feitos de Jesus, acreditaram nele. E alguns foram até os fariseus e contaram a eles dos feitos de Jesus. Então os chefes dos sacerdotes e os fariseus se reuniram para decidir o que fazer, pois aquele homem realizava muitos sinais. Disseram que, se o deixassem prosseguir, todos acreditariam nele, até os romanos, e acabariam tomando a nação e o lugar deles.

Um deles, Caifás, o sumo sacerdote daquele ano, disse que eles não sabiam de nada, pois não viam que era melhor um homem morrer pelo povo que toda uma nação perecer.

Ele não disse isso por si mesmo, mas, como sumo sacerdote naquele ano, profetizou que Jesus morreria pela nação. E não somente pela nação, mas também para reunir em um corpo os filhos de Deus que andavam dispersos. E assim, desde aquele dia, combinavam como o matariam.

Jesus já não andava à frente dos judeus, mas retirara-se para uma terra próxima ao deserto, em uma cidade chamada Efraim. E lá ficou com seus discípulos.

A Páscoa dos judeus estava próxima, e muitos da região foram antes a Jerusalém para se purificarem. As pessoas procuravam Jesus e, no templo, perguntavam-se umas às outras se ele iria à festa.

Os chefes dos sacerdotes e os fariseus haviam dado ordem para que o denunciasse se alguém soubesse onde ele estava, e assim o prenderiam.

Muitos dos judeus sabiam onde Jesus estava e foram vê-lo, e também a Lázaro, que ele ressuscitara dos mortos. Assim, os chefes dos sacerdotes decidiram também matar Lázaro, pois, por causa dele, muitos dos judeus passaram a acreditar em Jesus.

38. AS MUITAS PREGAÇÕES

"A VERDADE OS LIBERTARÁ"

João 8 (31-36)

Jesus dizia aos judeus que acreditavam nele que, se permanecessem na palavra, seriam verdadeiramente seus discípulos. Conheceriam a verdade, e a verdade os libertaria.

Eles disseram que descendiam de Abraão e não haviam sido escravizados por ninguém. E assim, como seriam libertados?

Jesus respondeu que, na verdade, todos os que pecavam eram escravos do erro. O escravo não ficaria em casa para sempre, mas o Filho sim. E se o Filho os libertasse, eles seriam verdadeiramente livres.

"VENHAM A MIM"

Mateus 11 (28-30), João 7 (37-39), Tomé (d) 90 (1-2)

Jesus convidou a irem a ele todos os que estivessem cansados e oprimidos, pois os aliviaria. E a ficarem sob sua autoridade, pois aprenderiam muito com ele, que era calmo e humilde de coração. Assim encontrariam descanso para suas almas, porque sua autoridade era suave, e o seu fardo era leve.

> (Jesus disse para irem a ele porque seu julgamento era brando, e seu mando era gentil. E então encontrariam descanso.)

E no último dia, o grande dia da festa, Jesus ficou em pé e implorou para que, se alguém tivesse sede, fosse até ele e bebesse. E quem acreditasse nele, como dizia a Escritura, teria rios de água viva correndo de seu ventre.

Ele dizia isso do Espírito – que quem acreditassem nele receberia –, porque o Espírito Santo ainda não havia sido dado, pois Jesus ainda não fora glorificado.

"O REINO DE DEUS ESTÁ ENTRE VOCÊS"

Lucas 10 (23-24) e 17 (20-21), Tomé (d) 3 (1-5) e 113 (1-4)

Jesus voltou-se aos discípulos e disse-lhes em particular que felizes eram os olhos que viam o que eles viam. Muitos profetas e reis desejavam ver o que eles viam e não puderam. Desejavam ouvir o que eles ouviam e também não puderam.

E em outra ocasião, os fariseus lhe perguntaram sobre quando viria o reino de Deus, e Jesus respondeu que ele não vinha com aparência exterior. Não poderiam dizer que estava aqui ou ali, porque o reino de Deus já estava entre eles.

> (Os discípulos perguntaram a Jesus em que dia chegaria o reino. Ele disse que não chegaria pelo fato de esperarem. Não diriam que estaria aqui ou ali, mas o reino do Pai estava espalhado pela Terra, nos vários lugares, e as pessoas não o viam.)

> (Jesus disse que, se os que nos arrastavam lhes mostrassem o reino no Céu, as aves do céu lhes passariam à frente. Se lhes dissessem que o reino está sob a terra, os peixes do mar lhe passariam à frente. Disse que o reino de Deus estava dentro e fora deles. E quem conhecia a si mesmo encontraria o reino, e quando o conhecesse saberia que era filho do Pai Vivo. Enquanto não conhecessem a si mesmos, estariam na miséria e seriam a miséria.)

"SOU A LUZ DO MUNDO"

João 8 (12) e 12 (46-48), Tomé (d) 83 (1-2) e 84 (1-2)

E falando novamente a eles, Jesus disse ser *a luz do mundo* e que quem o seguisse não andaria nas sombras, mas teria *a luz da vida.*

Disse ser ele a luz que veio ao mundo para que quem acreditasse pudesse sair das sombras. E se alguém ouvia suas palavras e não as praticava, Jesus não o julgaria, porque não viera para julgar o mundo, mas para salvá-lo.

E quem o rejeitasse, e não recebesse suas palavras, já tinha quem o julgasse. A palavra pregada por ele é que julgaria essa pessoa no último dia.

> (Jesus disse que as imagens eram visíveis às pessoas, mas a luz estava escondida nelas. A luz do Pai seria revelada, mas a sua imagem estava escondida pela sua luz.

Jesus disse que, quando vissem as suas semelhanças, deviam se alegrar. Mas quando vissem as suas imagens, que vieram antes deles – e não morriam nem eram reveladas –, quanto eles aguentariam?)

"EM NOME DO PAI"

Mateus 11 (27), Lucas 10 (22), João 5 (19-23 e 25-30), 6 (28-29, 36-39, 43-46, 57 e 65), 7 (14-18, 28-29 e 33-36), 8 (28-30), 10 (15-18), 12 (44-45) e 13 (20)

Jesus disse que todas as coisas lhe foram entregues pelo Pai e ninguém conhecia o Filho a não ser o Pai. E ninguém conhecia o Pai a não ser o Filho, e a quem o Filho escolhesse revelar.

E disse que, na verdade, o Filho, por si mesmo, não podia fazer nada que o Pai não tivesse feito. Pois tudo que o Pai fazia o Filho realizava de modo igual. Assim, o Pai amava o Filho e mostrava-lhe tudo que era feito. E ele lhe mostraria obras maiores do que aquelas, para que todos se maravilhassem.

Assim como o Pai ressuscitava e revivia os mortos, o Filho também reanimaria os que quisesse. O Pai também não julgaria ninguém, mas dera ao Filho toda a capacidade de julgar, para que todos honrassem o Filho como honravam o Pai. Quem desonrava o Filho desonrava o Pai que o enviara.

Jesus disse que, na verdade, era chegada a hora em que os mortos ouviriam a voz do Filho de Deus, e os que a ouvissem viveriam. Porque, como o Pai tinha a vida em si mesmo, ele dera também ao Filho o dom de ter a vida em si mesmo.

E por ser o *Filho Humano*, deu-lhe o poder de julgar. Mas não deviam se maravilhar com aquilo, porque viria o tempo em que todos os mortos ouviriam sua voz. E os que fizeram o bem sairiam para a ressurreição da vida, e os que fizeram o mal para a ressurreição da condenação.

Disse que por si mesmo não poderia fazer nada. Como ouvia, ele julgava. Seu julgamento era justo, porque não buscava a sua vontade, mas a vontade do Pai que o enviara.

Então lhe perguntaram o que deviam fazer para realizarem as obras de Deus, e Jesus disse que a obra de Deus era acreditar naquele que ele enviou. E lembrou que eles também o viram, mas não acreditaram.

Disse que tudo o que o Pai lhe dava ia até ele, e o que ia a ele nunca se perderia. Porque ele descera do Céu não para fazer sua própria vontade, mas a daquele que o enviou. E a vontade do Pai era de que nenhum daqueles que lhe foram dados se perdesse, e que fosse ressuscitado no último dia.

Jesus também pediu para não confabularem entre eles. Ninguém podia ir a ele se o Pai que o enviou não mandasse. E ele o ressuscitaria no último dia.

Disse estar escrito pelos profetas que *todos seriam ensinados por Deus*. E assim, todos os que ouviram e aprenderam com o Pai iriam até ele. Não que alguém tivesse visto o Pai, a não ser quem era de Deus – só este teria visto ao Pai.

Assim como o Pai vivo o enviara, e ele vivia pelo Pai, também quem dele se alimentava viveria por ele. E por isso, ninguém poderia ir a ele se isso não lhe fosse concedido por seu Pai.

E assim, no meio da festa, Jesus foi até o templo e passou a ensinar. Os judeus se maravilhavam e perguntavam como ele sabia todas aquelas letras se não as tinha aprendido. E Jesus lhes disse que aquela doutrina não era sua, mas daquele que o enviara.

Disse que se alguém quisesse fazer a vontade dele, conheceria pela própria doutrina se ela era de Deus, ou se falava por si mesmo. Quem falava por si mesmo buscava a própria glória, mas o que buscava a glória de quem o enviara era verdadeiro, e não havia injustiça nele.

E assim Jesus conclamava no templo, ensinando e dizendo que eles o conheciam e sabiam de onde era. Ele não viera por si, mas quem o enviara era verdadeiro, e eles não o conheciam. Mas ele o conhecia, porque pertencia a ele, que o enviara.

Jesus também lhes disse que ainda estaria um pouco entre eles e depois iria para aquele que o enviou. Eles o procurariam e não achariam e onde ele estaria eles não poderiam ir.

Então os judeus se perguntaram uns aos outros aonde ele iria que não o encontrariam. Por acaso estaria entre os gregos dispersos e ensinaria a eles? O que ele queria dizer com o procurarem e não encontrarem e que aonde ele ia não poderiam ir?

Jesus disse que quando elevassem o *Filho Humano* então entenderiam quem ele era e que não fazia nada por si mesmo, mas falava como seu Pai o ensinara. E que aquele que o enviara estava com ele. O Pai não o deixava só, porque ele sempre fazia o que o agradava.

E dizendo essas coisas, muitos acreditaram nele.

Em outra ocasião, falando mais uma vez, Jesus disse que, assim como o Pai o conhecia, ele também o conhecia e dava a sua vida pelas ovelhas. Ainda tinha outras ovelhas além daquele curral e também lhe convinha agregá-las. Elas ouviriam sua voz, e haveria um só rebanho e um Pastor.

Por isso o Pai o amava: porque dava a sua vida para depois retomá-la. Ninguém a tiraria dele, mas ele, por si mesmo, a dava. Tinha poder para dá-la e retomá-la e recebera este mandamento de seu Pai.

Jesus exclamou dizendo que quem acreditava nele acreditava não nele, e sim naquele que o enviara. E quem o via via aquele que o enviara. Disse que, na verdade, se alguém recebesse o que ele enviava, recebia a ele, e quem o recebia recebia aquele que o enviara.

Testemunho

João 5 (31-32 e 37-47) e 8 (13-20)

Jesus disse que, se o testemunho viesse dele próprio, não seria verdadeiro. Mas havia outro testemunhando por ele, e ele sabia que o testemunho dado a ele era verdadeiro. O próprio Pai, que o enviara, era testemunho dele. E aquelas pessoas jamais ouviram sua voz, nem o teriam visto. E a palavra dele não permanecia nelas por não acreditarem naquele enviado por ele.

Disse para examinarem as Escrituras, porque acreditavam ter nelas a vida eterna, e elas eram testemunho de Jesus. Não queriam ir até ele para terem vida, e ele não recebia glória dos humanos, mas bem os conhecia, de que não tinham neles o amor de Deus.

Também disse ter vindo em nome de seu Pai, e não o aceitavam, mas se outro viesse em seu próprio nome o aceitariam. Como eles podiam acreditar se uns honravam aos outros mas não procuravam a honra que vinha só de Deus?

Não deviam se preocupar com o que ele os acusaria diante do Pai. Já havia Moisés para acusá-los, e era em quem eles esperavam. Porque se acreditassem em Moisés, acreditariam nele, pois Moisés escreveu sobre ele. Mas, se não acreditavam nos escritos de Moisés, como acreditariam em suas palavras?

Os fariseus vieram dizer que Jesus testemunhava sobre si mesmo, e assim seu testemunho não era válido. Então Jesus disse que, mesmo testemunhando sobre si, seu testemunho era válido pois sabia de onde vinha e aonde ia. E eles não sabiam de onde ele vinha nem aonde ia.

Disse que eles julgavam pela carne, e ele não julgava ninguém. E se realmente julgava, sua sentença era verdadeira, porque não era só dele, mas do Pai que o enviara. Na lei deles também estava escrito que o testemunho de duas pessoas era verdadeiro. Ele era o que testemunhava sobre si mesmo, e dele também testemunhava o Pai que o enviara.

Então lhe perguntaram onde estava o pai dele, e Jesus respondeu que não o conheciam nem a seu Pai. Se eles o conhecessem, também conheceriam seu Pai.

Jesus disse essas palavras ensinando no templo, no lugar onde ficava o tesouro, e ninguém o prendeu, porque a sua hora ainda não havia chegado.

Vida eterna

João 5 (24), 6 (40 e 47) e 12 (49-50)

Jesus disse que, na verdade, quem ouvia a sua palavra e acreditava em quem o enviara teria vida eterna e não seria condenado, mas passaria da morte para a vida. E que a vontade de quem o enviara era que todos os que viam o Filho, e acreditavam nele, teriam a vida eterna. E Jesus os ressuscitaria no último dia.

Também disse que, na verdade, quem acreditava nele tinha a vida eterna. Pois ele não falava por si mesmo, mas o Pai, que o enviara, dera instrução sobre o que dizer e falar. E ele sabia que o seu mandamento era a vida eterna. Assim, Jesus falava como o Pai lhe havia dito.

39. MAIS PREGAÇÕES (EM RESPOSTA AOS QUE O CRITICAVAM)

"ARREPENDAM-SE"

Mateus 11 (20-24), Lucas 12 (2-5) e 13 (1-5), João 6 (60-64), Tomé (d) 4 (4), 5 (2), 6 (4-5), 29 (1-3) e 33 (1)

Então ele começou a visitar as cidades onde aconteceu a maior parte de seus prodígios, porque não tinham se arrependido. Lamentou-se pelos de Corazim e de Betsaida e disse que, se houvesse prodígios como aqueles em Tiro e na Sidônia, já teriam se arrependido há muito tempo. Disse que, por isso, no dia do julgamento haveria menos rigor com Tiro e Sidônia que com eles.

E dirigindo-se à Cafarnaum, que se erguia até os céus, disse que ela seria atirada aos infernos. Porque, se em Sodoma tivessem feito os prodígios realizados nela, existiria até aqueles dias. Mas no dia do julgamento haveria menos rigor com os de Sodoma que com os dela.

Nada que estava escondido deixaria de ser revelado, e o que era secreto haveria de ser sabido. E assim, tudo o que dissessem nas sombras seria ouvido à luz, e o que falassem em segredo nas salas seria apregoado sobre os telhados.

> (Ia reconhecer o que estava diante do semblante, e o que era secreto à pessoa seria revelado. Nada de escondido deixaria de ser mostrado, nem nada que estava enterrado deixaria de levantar.
>
> Porque todas as coisas se revelavam diante da verdade, e nada oculto deixaria de ser revelado.)

> (Jesus disse que o que ouvia por um dos ouvidos deveria ser proclamado. E o que se ouvia nesse ouvido, no outro devia-se anunciar nos telhados.)

Chamando-os de amigos, Jesus disse para não temerem os que matavam e depois não tinham mais que fazer. Deviam temer era os que podiam matar e depois lançar ao inferno. A esses sim eles deviam temer.

Naquele momento, alguns dos presentes contaram que Pilatos misturara o sangue de alguns galileus em seus sacrifícios. Jesus disse para tomarem cuidado, perguntando se aqueles galileus eram mais pecadores do que todos os galileus por terem sofrido aquelas coisas.

E disse que não, se eles não se arrependessem, iriam todos morrer do mesmo jeito. E sobre os dezoito em que a torre de Siloé caiu em cima e matou, perguntou se achavam que eram mais culpados do que todos os habitantes de Jerusalém. E disse que não, que era melhor se arrependerem, ou todos iriam morrer do mesmo jeito.

Muitos dos seus discípulos, ao ouvirem aquelas coisas, diziam que Jesus era duro em seus discursos. Quem poderia ouvi-lo? Mas Jesus, percebendo em seu íntimo eles cochichando sobre aquilo, perguntou o que os incomodava. O que aconteceria se vissem o Filho Humano subir e voltar aonde estava antes? Era o Espírito que fazia a vida, e a carne de nada servia. As palavras que dizia a eles, sim, eram espírito e vida.

> (Jesus dizia que se a carne fora criada por causa do espírito, isso era uma maravilha. E se o espírito o fora por causa do corpo, era uma maravilha maravilhosa. Mas admirava-se que aquela grande riqueza morasse na pobreza.)

Mas alguns deles não acreditavam, e Jesus, desde o começo, sabia quem eram os que não acreditavam e quem o trairia.

Aos escrivães e fariseus, pelo mau exemplo

Mateus 23 (1-7 e 14), Marcos 12 (38-49), Lucas 11 (43 e 45-46) e 20 (45-47)

Em outra ocasião, enquanto ensinava, Jesus contou à multidão e aos discípulos que os escrivães e fariseus estavam sentados na cadeira de Moisés. E deviam observar tudo o que mandassem fazer. Mas não deviam agir conforme as obras deles, pois diziam algo e não faziam.

Eles impunham fardos pesados e difíceis de suportar e os colocavam nos ombros das pessoas. Mas eles mesmos sequer moviam um dedo. E faziam todas as obras apenas para serem vistos pelos outros. Por isso aumentavam os pergaminhos e as bainhas de seus mantos.

Um dos doutores da lei, chamando-o de Mestre, respondeu que, ao dizer aquilo, ele também os ofendia. E Jesus lamentou também por eles, os doutores da lei, que impunham aos homens cargas difíceis de transportar, e eles mesmos nem com um dedo tocavam nessas cargas.

E com a multidão o ouvindo, Jesus disse aos discípulos que aqueles doutores gostavam era de ter os primeiros lugares nas ceias, e as primeiras cadeiras nas sinagogas, e nas saudações das praças com as pessoas chamando-os de Rabi.

E lamentou pelos escrivães e fariseus, chamando-os de hipócritas por consumirem os bens das casas das viúvas sob o pretexto de fazerem longas orações. Por isso, eles teriam julgamento mais rigoroso e receberiam condenação mais grave.

Aos escrivães e fariseus: crítica geral

Mateus 23 (13 e 15-36), Lucas 11 (42, 44 e 47-52) e 12 (1), Tomé (d) 39 (1-2), 74, 89 (1-2) e 102

Jesus lamentou mais uma vez pelos escrivães e fariseus, chamando-os de hipócritas. Eles barravam o acesso das pessoas ao reino dos Céus e no final nem eles entravam nem deixavam passar os que estavam entrando.

E lamentou de novo por eles, chamando-os de hipócritas, pois percorriam o mar e a terra para converterem, e ao fazê-lo, criavam os que seriam duas vezes mais filhos do inferno do que eles.

E de novo lamentou, chamando-os de condutores cegos, pois diziam que alguém jurar pelo templo não era nada, mas, se jurasse pelo ouro do templo, seria devedor. Chamou-os de insensatos e cegos e perguntou o que era maior: o ouro ou o templo que santificava o ouro?

Diziam a quem jurava pelo altar que isso não era nada, mas, se jurasse pela oferta que estava no altar, seria devedor. Novamente chamando-os de insensatos e cegos, perguntou o que era maior: a oferta ou o altar que santificava a oferta?

Assim, quem jurava pelo altar era por ele e por tudo o que estava sobre ele. E quem jurava pelo templo era por ele e por quem morava nele. E quem jurasse pelo céu jurava pelo trono de Deus e por quem estava sentado nele.

E lamentou pelos escrivães e fariseus chamando-os de hipócritas, por dizimarem a hortelã, a arruda e toda a hortaliça e desprezarem o mais importante da lei, a moral, a piedade e a fé. Deviam era fazer essas coisas, e não omitir as outras, nem desprezar o juízo e o amor de Deus.

Chamou-os de condutores cegos, que separavam um mosquito, mas engoliam um camelo. E lamentou pelos escribas e fariseus hipócritas, que limpavam o lado de fora do copo e do prato, deixando o de dentro cheio de sujeira e de maldade.

Chamou aquele de fariseu cego e disse para primeiro limpar os lados de dentro do copo e do prato, para também os de fora ficarem limpos.

> (Jesus perguntou por que limpavam o lado de fora do copo? Não entendiam que quem limpava o lado de fora também limpava o de dentro?)

E lamentou pelos escrivães e fariseus hipócritas, pois eram como os túmulos pintados com cal, que por fora pareciam formosos, mas por dentro estavam cheios de ossos dos mortos e de toda a imundície possível (e eram como aqueles túmulos escondidos, que os homens andavam por cima e não sabiam).

Assim eles também, por fora, pareciam justos aos homens, mas por dentro estavam cheios de hipocrisia e de maldade. Lamentou pelos escrivães e fariseus hipócritas, pois construíam os túmulos dos profetas e enfeitavam os monumentos dos justos e diziam que, se vivessem no tempo dos antepassados, não teriam parte no derramamento do sangue dos profetas.

Assim, eles mesmos reconheciam descender dos que mataram os profetas. Então eles deviam cumprir a lei de seus antepassados. E chamando-os de serpentes, de raça de cobras, perguntou como escapariam da condenação do inferno.

(Lamentou por aqueles que construíram os túmulos dos profetas mortos pelos antepassados deles – e bem reconheciam que seus antepassados mataram os profetas, e a eles coube erguer os túmulos.)

Por isso também lhes enviaria a sabedoria de Deus: profetas, apóstolos, sábios e escrivães. Alguns, eles matariam e crucificariam; outros eles chicoteariam em suas sinagogas e os perseguiriam de cidade em cidade. E era para que daquela geração fosse pedido o sangue de todos os profetas, derramado desde a criação do mundo. Para que sobre eles caísse todo esse sangue justo derramado sobre a terra desde o sangue de Abel, o justo, até ao sangue de Zacarias, filho de Baraquias, que eles mataram entre o templo e o altar.

Jesus disse que, na verdade, todas aquelas coisas aconteceriam àquela geração e lamentou pelos doutores da lei que guardavam a chave do conhecimento e eles mesmos não entravam, impedindo os outros de entrarem.

E enquanto juntavam-se muitos milhares de pessoas para ouvi-lo, atropelando-se umas às outras, Jesus começou a dizer aos discípulos para tomarem cuidado principalmente com o fermento dos fariseus – a hipocrisia.

> (Disse que os fariseus e os escrivães pegaram as chaves do conhecimento e eles mesmos as esconderam. Mas não entraram nem permitiram entrar os que queriam.
>
> Alguém, chamando-o de Mestre, disse haver muitos à volta do poço, mas nada no poço.
>
> Jesus lamentou pelos fariseus, pois eram como um cão dormindo na manjedoura de gado, que não comia nem deixava o gado comer.)

DIA DO JULGAMENTO

Mateus 10 (21 e 34-36), 12 (36-37) e 25 (31-46), Marcos 13 (2), Lucas 12 (49-53), Tomé (d) 61 (2-5) e 88 (1-2)

Jesus disse que vinha para lançar fogo sobre a Terra e queria que já estivesse ateado. Tinha um batismo em que seria batizado, e não via a hora de cumprir-se. Não deviam achar que vinha trazer paz à Terra, porque vinha sim para trazer divisão: o filho contra seu pai, a filha contra sua mãe e a nora contra a sogra. E assim os inimigos das pessoas seriam os seus familiares.

(Naquele dia, um irmão entregaria o outro à morte, o pai entregaria o filho, e os filhos se levantariam contra os pais e os matariam. Porque dali em diante estariam cinco divididos em uma casa, três contra dois e dois contra três. O pai estaria em conflito com o filho, e o filho com o pai, a mãe com a filha, e a filha com a mãe, a sogra com a nora e vice-versa.)

E no dia do julgamento as pessoas precisariam responder por todas as palavras supérfluas. Porque, pelas palavras, cada um prestaria contas, e por elas seria condenado.

Quando o *Filho Humano* viesse em seu esplendor, trazendo com ele todos os anjos, sentaria no trono de sua glória. E reuniria todos os povos à frente dele, separando uns dos outros, como o pastor separa os bodes das ovelhas.

Ele poria as ovelhas à direita, e os bodes à esquerda. Então o rei, chamando os da direita de benditos de seu Pai, os convidaria a se aproximar e ter por herança o reino já preparado para eles desde o começo do mundo. Isso porque deram-lhe de comer quando teve fome, de beber quando teve sede, fora hospedado quando era estrangeiro, fora vestido quando estava nu, o visitaram quando adoeceu, e foram até ele quando esteve preso.

E os justos, chamando-o de Mestre, perguntariam quando o viram com fome e lhe deram de comer, com sede e lhe deram de beber, como estrangeiro e o hospedaram, nu e o vestiram, doente ou na prisão e foram vê-lo. E o rei responderia que quando atenderam a um de seus irmãos mais humildes foi a ele que atenderam.

E então, chamando-os de malditos, também diria aos que estivessem à esquerda para se afastarem e irem ao fogo eterno, preparado para o diabo e seus anjos. Porque teve fome e não lhe deram comida, teve sede e não deram bebida, não o abrigaram quando era estrangeiro, não o vestiram quando estava nu, nem o visitaram quando estava doente ou na prisão.

Eles também, chamando-o de Mestre, perguntariam quando o viram com fome, ou com sede, ou como estrangeiro, nu, doente ou na prisão, e não o serviram. E ele responderia que, verdade, quando não atenderam um daqueles irmãos humildes, não o atenderam. Então iriam para o tormento eterno, e os justos para a vida eterna.

> (E Salomé perguntou quem era aquele que sendo estrangeiro fora recebido em seu leito e havia comido em sua mesa. Jesus respondeu ser aquele que vinha do igual a si, pois lhe fora dado algo do que pertencia a seu Pai. E Salomé se disse sua discípula. Jesus disse que por isso quem fosse igual a si mesmo ficaria repleto de luz. Mas quando fosse dividido, se encheria de escuridão.)
>
> (Jesus disse que os mensageiros e os profetas iriam até eles e lhes dariam o que lhes pertencia. E eles, por outro lado, deveriam dar o que estava à mão deles e perguntar quando viriam pegar o que era deles.)

40. Fim dos tempos

PEDRA SOBRE PEDRA

Mateus 24 (1-2), Marcos 13 (1-2), Lucas 19 (41-44) e 21 (5-6)

Quando se aproximou e viu a cidade, Jesus chorou sobre ela. Disse que se ela também entendesse, ao menos naquele dia, o que trazia a paz... Mas agora aquilo estava invisível aos seus olhos.

E isso porque viriam os inimigos e a cercariam de trincheiras, e a sitiariam, e a apertariam por todos os lados. E a derrubariam, a ela e aos filhos que estivessem dentro dela, e não deixariam nela pedra sobre pedra, por não reconhecer o tempo da visita.

Mas quando Jesus saía do templo, os discípulos se aproximaram para mostrar a estrutura do prédio. Um dos seus discípulos, chamando-o de Mestre, pediu que notasse aquelas pedras e aqueles edifícios.

Jesus perguntou se não podiam ver aquilo e se notavam aqueles grandes edifícios. Disse que, na verdade, lá não haveria pedra sobre pedra que não fosse derrubada.

E a outros que falavam sobre o templo, decorado de pedras formosas e de dádivas, também disse sobre aquele lugar haveria dias em que não restaria pedra sobre pedra.

FALSOS PROFETAS

Mateus 24 (3-6, 11 e 23-26), Marcos 13 (3-7 e 21-23), Lucas 21 (7-8)

Jesus estava sentado no Monte das Oliveiras quando os discípulos se aproximaram à frente do santuário. Pedro, Tiago, João e André lhe perguntaram em particular quando aconteceriam aquelas coisas e que sinal do fim do mundo e da vinda dele haveria (o sinal de que todas aquelas coisas se cumpririam e estavam para acontecer).

Jesus passou a dizer que deviam tomar cuidado e olhar para que ninguém os enganasse, nem se deixassem ludibriar. Muitos viriam em seu nome dizendo ser o Cristo e iludiriam as pessoas dizendo ser ele e que o tempo estaria próximo. Mas não deveriam segui-los.

E eles ouviriam falar de guerras e de rumores de guerras. Era para observarem e não se assustar, pois era preciso acontecer tudo aquilo, mas ainda não seria o fim, e não deviam se perturbar, porque deveria acontecer assim mesmo.

Também surgiriam inúmeros falsos profetas, enganando muitos. E assim, se algum dissesse a eles que o Cristo estava ali, ou lá perto, não deviam acreditar. Porque surgiriam falsos cristos e falsos profetas e fariam sinais e prodígios tão grandes que, se fosse possível, enganariam até os escolhidos.

Mas eles veriam, pois já lhes contava de antemão sobre tudo aquilo. E se dissessem que ele estava no deserto, não deviam sair. E se dissessem que estava dentro de casa, não deviam acreditar.

CALAMIDADES

Mateus 24 (7-10), Marcos 13 (8-9 e 24-25), Lucas 21 (9-11 e 24-26)

Jesus disse que, quando ouvissem falar de guerras e levantes, não deviam se assustar. Pois era preciso essas coisas acontecerem primeiro, mas o fim demoraria.

E então as nações se revoltariam uma contra a outra, reino contra reino, e haveria fome, tormentos, pestes e grandes terremotos em vários lugares. E esse seria apenas o princípio das dores, mas também haveria coisas espantosas e grandes sinais do céu.

Eles deveriam se cuidar, pois seriam entregues aos conselhos e às sinagogas. E seriam chicoteados e levados aos governadores e reis, por amor ao Cristo, para dar testemunho a eles.

Então os entregariam para serem torturados, mortos, e eles seriam odiados por todos os povos por causa de seu nome. E a partir daí, muitos ficariam apavorados e se trairiam e odiariam uns aos outros.

Cairiam ao fio da espada e seriam levados como escravos para todos os povos. Jerusalém seria pisada pelos pagãos até o tempo deles se completarem.

E naqueles dias, depois daquela aflição, o sol escureceria, a lua não daria luz - haveria sinais no sol, na lua e nas estrelas -, e as estrelas cairiam do céu (as forças que estão nos Céus seriam abaladas).

Na terra haveria a angústia das nações, em perplexidade pelo estrondo do mar e das ondas. Haveria pessoas desmaiando de terror, na espera do que sobreviria ao mundo, pois as virtudes do Céu seriam abaladas.

ESCOLHIDOS

Mateus 10 (22) e 24 (12-14), Marcos 13 (10-11 e 13), Lucas 21 (12-19 e 28)

Assim, importava que primeiro o Evangelho fosse pregado por todos os povos. Mas antes disso, eles os procurariam e perseguiriam, entregando-os às sinagogas e às prisões, para serem conduzidos à presença de reis e governadores pelo amor de seu nome. E isso aconteceria para que testemunhassem.

E quando os conduzissem e entregassem, não deveriam se preocupar com o que iriam dizer, nem planejar antes (deviam propor aos seus corações não premeditar suas respostas). Deviam falar apenas o que viesse naquele instante, pois não seriam eles que falariam, mas o Espírito Santo - e Jesus lhes daria sabedoria e boca para que todos os opositores não pudessem lhes resistir ou contradizer.

Disse que até pelos pais, irmãos, parentes e amigos eles seriam traídos e alguns seriam mortos. E que todos seriam odiados pelo amor a ele e por causa de seu nome. Mas não se perderia um só fio de cabelo das suas cabeças. Na paciência teriam as suas almas, e quem perseverasse até ao fim seria salvo.

E com a multiplicação da maldade, o amor de muitos esfriaria. Mas (de novo) quem perseverasse até ao fim seria salvo. E a boa notícia - aquele Evangelho do reino - seria pregado em todo o mundo como testemunho a todas as nações, e então viria o fim.

Assim, quando essas coisas começassem a acontecer, deviam olhar para cima e levantar suas cabeças, pois a redenção deles estaria próxima.

FUGAS

Mateus 24 (15-22), Marcos 13 (14-20), Lucas 17 (30-31) e 21 (20-23)

Disse que ao verem a repulsa da desolação anunciada pelo profeta em lugar santo – e quem lesse entenderia –, então os que estivessem na Judeia deviam fugir para as montanhas.

E quando vissem Jerusalém cercada de exércitos, saberiam que era chegada a sua desolação. E assim seria no dia em que o *Filho Humano* se manifestaria. Os que estivessem dentro da cidade deviam sair, e os que estivessem nos campos não deviam voltar.

Quem estivesse no telhado não deveria descer à casa, nem entrar para pegar algo (nem os móveis nem nada). E quem estivesse no campo não deveria voltar para buscar sua roupa.

E lamentou-se pelas grávidas e pelas que amamentassem e criassem seus filhos naqueles dias. Disse para orarem desejando que a fuga deles não se desse no inverno nem no sábado, porque haveria grande aperto na terra e ira sobre aquele povo.

Nesse tempo haveria uma grande aflição, como não houvera da criação de Deus e do começo do mundo até aqueles dias, e nem haveria mais. Pois aqueles seriam dias de vingança, para se cumprirem todas as coisas que estavam escritas.

E se aqueles dias não fossem abreviados, nenhum ser vivo se salvaria. Mas, por causa dos escolhidos, aqueles dias seriam abreviados.

VINDA DO MESSIAS

Mateus 24 (27-31), Marcos 13 (26-27), Lucas 17 (24 e37) e 21 (27)

Porque, assim como o relâmpago vinha do Oriente e se mostrava até o Ocidente, assim também veriam a vinda do Filho Humano nas nuvens, com grande poder e glória.

Os discípulos, chamando-o de Mestre, perguntaram onde isso se daria, e Jesus respondeu que onde estivesse o corpo lá se juntariam as águias e os abutres. Disse que, em seguida à aflição daqueles dias, o sol escureceria e a lua não mostraria sua luz. As estrelas cairiam do céu, e os poderes celestiais seriam abalados.

Então surgiria no céu o sinal do Filho Humano e todas as tribos da terra lamentariam, vendo o Filho vindo sobre as nuvens do céu com poder e toda a glória.

Ele enviaria os seus anjos com o forte som de uma trombeta, que reuniria os seus escolhidos dos quatro ventos da extremidade da terra à extremidade do céu, e de uma extremidade do céu à outra. Porque, como o relâmpago iluminava de uma extremidade baixa do céu à outra extremidade, assim seria o Filho Humano em seu dia.

O fim estava próximo (parábola da figueira)

Mateus 24 (32-33), Marcos 13 (28-29), Lucas 21 (29-31)

Jesus disse que eles precisavam aprender a parábola da figueira, devendo olhar para ela e para todas as árvores. Quando os seus galhos ficavam macios – eles sabiam por si mesmos, vendo-os – e brotavam folhas, já se notava que o verão estava próximo.

E eles também, quando vissem acontecer todas aquelas coisas, saberiam que o reino de Deus estaria batendo às portas.

Suas palavras não passariam

Mateus 24 (34-36), Marcos 13 (30-32), Lucas 21 (32-33), Tomé (d) 42, 51 (1-2) e 111 (1-3)

Disse que, na verdade, ainda naquela geração aquelas coisas aconteceriam. Passariam o Céu e a Terra, mas suas palavras não passariam.

Mas o dia e a hora disso acontecer ninguém saberia, nem mesmo os anjos que estavam no Céu nem o Filho. Apenas seu Pai.

> (Jesus lhes disse para serem caminhantes.
>
> Os discípulos perguntaram quando se daria a ressurreição dos mortos e quando chegaria o novo mundo. Jesus disse que

a ressurreição aguardada por eles já havia chegado, mas não a reconheciam.

Disse que os Céus e a Terra rolariam na presença deles. E quem vivesse pelo Vivo não morreria. Jesus não perguntou se o mundo era indigno de quem se encontrou.)

Noé e Ló

Mateus 24 (37-39), Lucas 17 (26-29 e 32-33)

Disse que a vinda do Filho Humano seria como nos tempos de Noé. Nos dias anteriores ao dilúvio, todos comiam, bebiam, casavam-se e davam-se em casamento, até o dia em que Noé entrou na arca. E não perceberam nada até vir o dilúvio e levar todos.

E do mesmo modo aconteceu nos dias de Ló: comiam, bebiam, compravam, vendiam, plantavam e edificavam. Mas no dia em que Ló saiu de Sodoma choveu do céu fogo e enxofre, e levou todos. Também assim seria a vinda do Filho Humano.

Deviam se lembrar da mulher de Ló. Quem procurasse salvar sua vida haveria de perdê-la, e quem a perdesse a salvaria.

Divisão

Mateus 24 (40-41), Lucas 17 (34-36), Tomé 61 (1)

Jesus disse que naquela noite, estando dois em uma cama, um seria tomado e outro seria deixado. E que estando dois no campo, um seria levado e o outro deixado. Estando duas pessoas trabalhando no moinho, uma seria levada e a outra deixada.

(Jesus disse que de dois descansando numa cama, um morreria e outro viveria.)

VIGÍLIA (PARÁBOLAS – PAI DE FAMÍLIA E LADRÃO, PATRÃO E CRIADO)

Mateus 24 (42-51), Marcos 13 (33-37), Lucas 21 (34-38)

Jesus disse para vigiarem – olharem e orar –, pois não sabiam o tempo e o momento em que o Mestre deles viria. Mas deviam considerar: se o pai de família soubesse a que horas da noite vinha o ladrão, vigiaria e não o deixaria invadir sua casa.

Assim, eles também estavam alertados, pois o Filho Humano chegaria em momento que não imaginavam. Afinal, qual o criado confiável e prudente o patrão escolheria para a casa, remunerando a seu tempo?

Era como se um homem, partindo para outra terra, deixasse sua casa sob a autoridade dos criados, e a cada um desse sua tarefa, mandando o porteiro vigiar. Deviam vigiar, pois não sabiam quando viria o dono da casa (se à tarde, se à meia-noite, se ao cantar do galo, se pela manhã), para quando ele chegasse de repente, não estivessem dormindo. E as coisas que dizia a eles, Jesus dizia a todos: era para vigiar!

Feliz seria o criado que o patrão, ao chegar, encontrasse trabalhando. Na verdade, disse Jesus, o patrão o poria acima de seus bens. Mas se o criado fosse mau e dissesse em seu coração que o patrão chegaria tarde, e começasse a bater nos subalternos, e a comer e a beber com os bêbados, o patrão dele chegaria em um dia inesperado, em hora que não se sabia, e iria cortá-lo ao meio e dar-lhe um lugar entre os hipócritas. Ali haveria choro e ranger de dentes.

Deviam olhar por si mesmos, para que seus corações não se enchessem de gula, de embriaguez e das preocupações da vida, e que esse dia não viesse de improviso sobre eles. Porque ele viria como um laço sobre todos os habitantes da face da Terra.

Deviam vigiar o tempo todo, orando, para serem reconhecidos como dignos de evitar aquelas coisas que haveriam de acontecer e de estarem em pé diante do Filho Humano.

E assim, de dia Jesus ensinava no templo, e à noite, saindo, ficava no chamado Monte das Oliveiras. E de manhã cedo todo o povo ia se encontrar com ele no templo para ouvi-lo.

41. Episódios que antecedem à prisão

AVISOS DO SACRIFÍCIO

Mateus 16 (21-23), 17 (22-23), 20 (17-19), 23 (37-39) e 26 (1-2), Marcos 8 (31-33), 9 (30-32) e 10 (32-34), Lucas 9 (21-22 e 43-45), 13 (31-35), 17 (25) e 18 (31-34)

A partir de então Jesus começou a explicar a seus discípulos que precisaria ir a Jerusalém e sofrer as muitas coisas preparadas pelos anciãos, pelos chefes dos sacerdotes e escrivães, até ser morto e ressuscitar no terceiro dia (era importante o Filho Humano sofrer muito e ser rejeitado por eles e por toda aquela geração e que fosse morto, para depois de três dias ressuscitar).

E dizia abertamente essas palavras, mas recomendava que não se referissem a isso publicamente. Pedro, em particular, questionou-o: chamando-o de Mestre, pediu que tivesse compaixão por si mesmo e disse que isso jamais deveria acontecer com ele.

Mas Jesus, virando-se, e olhando para os discípulos, repreendeu a Pedro. Chamando-o de Satanás, pediu para se afastar e perguntou de que servia aquele tumulto. Disse que ele só compreendia as coisas humanas, e não as de Deus.

E partindo dali eles andaram pela Galileia, pois Jesus não queria que soubessem onde ele estava. E todos se encantavam com a majestade de Deus, maravilhando-se com todas as coisas que Jesus fazia.

Então, de novo ele pediu aos discípulos que o escutassem, dizendo que *o Filho Humano seria entregue nas mãos dos homens: iriam matá-lo e no terceiro dia ele ressuscitaria.*

Mas eles não entendiam isso, pois as palavras lhes eram encobertas e não percebiam o que Jesus dizia (para que de fato não as compreendessem). E temendo perguntar sobre aquilo, os discípulos entristeceram muito.

E iam pelo caminho em direção a Jerusalém com Jesus à frente. Todos se maravilhavam e o seguiam com medo, até ele voltar a chamar em particular e a tomar consigo os doze discípulos para dizer-lhes as coisas que aconteceriam quando chegassem àquela cidade. Lá se cumpriria no Filho Humano tudo o que fora escrito pelos profetas: *ele seria entregue aos chefes dos sacerdotes e aos escrivães e iriam condená-lo à morte. E o entregariam aos pagãos para caçoarem dele, chicotearem, cuspirem, e logo o crucificarem e matarem, para depois de morto, no terceiro dia, ele ressuscitar.*

Mas eles não entendiam essas palavras e tinham medo de perguntar. E chamando a cidade pelo seu nome, disse que Jerusalém matava os profetas e apedrejava quem lhe era enviado. E lembrou de quantas vezes ele quis juntar os seus filhos como a galinha junta os seus pintos debaixo das asas, e a cidade não quis.

Assim, a casa ficaria deserta para ela, porque desde aquele momento não o veria mais até vir o tempo em que dissesse *bendito era o que vinha em nome de Deus.*

E quando Jesus concluiu aqueles discursos, disse aos discípulos que, como bem sabiam, dali a dois dias era a Páscoa, e o *Filho Humano* seria entregue para ser crucificado.

Naquele mesmo dia chegaram uns fariseus, dizendo-lhe para ir embora e se retirar de lá, pois Herodes queria matá-lo. Mas Jesus pediu que se fossem e dissessem àquela raposa que ele expulsava demônios, fazia curas, naquele dia e no seguinte, e no terceiro seria consumado.

E o que importava era ele caminhar naqueles três dias para não acontecer de morrer um profeta fora de Jerusalém.

Tempo de glorificar-se

João 8 (21-22), 12 (20-24) e 13 (31-35), Tomé (d) 60 (1-6)

E mais uma vez, Jesus disse a todos que se retiraria. Eles iriam buscá-lo e morreriam em seus erros, mas aonde ele ia eles não podiam ir. Então os judeus perguntaram se por acaso ele tiraria a própria vida, pois dizia que aonde ia não podiam ir.

Entre os que tinham subido para adorar no dia de festa também havia alguns gregos. Eles se dirigiram a Filipe, que era de Betsaida, na Galileia, e, chamando-o de Mestre, imploraram para ver Jesus.

Filipe foi falar com André, e os dois foram falar com Jesus, que respondeu dizendo ser chegada a hora de o Filho Humano ser glorificado. E explicou que, na verdade, se o grão de trigo não morresse ao cair na terra, ele ficaria só. Mas se morresse, daria muito fruto.

> (Jesus viu um samaritano levando um cordeiro para a Judeia e disse aos discípulos que ele estava à volta do cordeiro. Eles responderam que era para matá-lo e comê-lo. Ele disse que, enquanto estivesse vivo, não o comeria. E se o matasse, se tornaria um corpo sem vida. Responderam que de outro modo ele não conseguiria. Então disse que deviam procurar também para eles um lugar de repouso, para não se tornarem corpos sem vida e serem comidos.)

Jesus disse que a partir dali o Filho Humano se glorificaria, e nele, Deus seria glorificado. E se Deus era glorificado nele, Jesus também o glorificaria em si, e logo glorificaria a Deus.

Chamando-os de filhinhos, disse ainda ficar um pouco entre eles. Eles o buscariam, mas, como disse aos judeus, aonde ele ia não poderiam ir. Voltava a repetir isso.

E deu-lhes um novo mandamento: que amassem uns aos outros, da mesma maneira que ele os amou. Assim todos saberiam que eram seus discípulos, se houvesse amor entre eles.

ENTRADA TRIUNFANTE EM JERUSALÉM (SOBRE JUMENTINHO: "HOSANA")

Mateus 21 (1-11), Marcos 11 (1-11), Lucas 19 (28-40), João 12 (12-19)

Depois de dizer essas coisas, Jesus foi caminhando à frente, subindo para Jerusalém. No dia seguinte, uma grande multidão, sabendo que Jesus viera à cidade para a festa, pegou folhas de palmeira e foi ao seu encontro, clamando *Hosana, bendito o rei de Israel que vem em nome de Deus.*

Ao se aproximarem de Jerusalém, já perto de Betfagé e de Betânia, junto ao chamado Monte das Oliveiras, Jesus enviou dois dos discípulos à aldeia em frente e disse que logo encontrariam uma jumenta, e presa a ela um jumentinho que nenhum homem havia montado. Mandou que o soltassem e o levassem até lá, e se alguém perguntasse por que faziam aquilo, deviam dizer que o Mestre precisava dele e logo o devolveria.

E era tudo para cumprir-se como anunciara o profeta, para *avisar à filha de Sião para não temer, que seu rei vinha ao seu encontro, manso, e montado numa jumenta e sobre um jumentinho, filho de animal de carga.*

(À época, os discípulos não entenderam, mas, quando Jesus foi glorificado, lembraram-se disso que estava escrito sobre ele e do que lhe fizeram.)

Os discípulos foram, acharam os animais conforme dito por Jesus, e fizeram como ele havia ordenado, encontrando o jumentinho preso fora da porta, entre dois caminhos. Quando o soltaram, alguns dos que estavam ali lhes perguntaram por que soltavam o jumentinho, e eles responderam como Jesus havia mandado (dizendo que o Mestre precisava dele), e assim os deixaram seguir.

Depois de trazerem a jumenta e o jumentinho, puseram roupas sobre eles e ajudaram Jesus a subir e sentar-se. Inúmeras pessoas estendiam suas roupas pelo caminho, outras cortavam galhos de árvores e os espalhavam por onde eles passariam.

(A multidão havia presenciado Lázaro ser chamado do túmulo e testemunhara Jesus ressuscitá-lo dos mortos. E por isso foi ao seu encontro, pois soubera desse sinal feito por ele.)

Quando já chegava perto da descida do Monte das Oliveiras, a multidão de discípulos, alegrando-se, passou a dar louvores a Deus em voz alta por todas as maravilhas que havia visto. E os que iam à frente, e as multidões que o seguiam clamavam *Hosana ao Filho de Davi, bendito o rei, aquele que vem em nome de Deus: paz no Céu e glória nas alturas!*

E repetiam: *Hosana nas alturas! Bendito o reino do nosso pai Davi, que vem em nome de Deus. Hosana nas alturas!*

Coro de *Hosana nas alturas*

Entrando em Jerusalém, toda a cidade se agitou perguntando quem era aquele. E a multidão dizia ser Jesus, o profeta de Nazaré da Galileia.

Já os fariseus comentavam entre si que nada de útil puderam fazer, pois todos iam atrás dele. Do meio da multidão alguns desses fariseus, chamando-o de Mestre, pediram para ele repreender os discípulos. Jesus respondeu que, se os discípulos calassem, as próprias pedras clamariam.

Então entrou no templo e, depois de olhar tudo à volta, vendo ser tarde, retirou-se para Betânia com os doze.

42. Traição

FIGUEIRA AMALDIÇOADA

Mateus 21 (17-22), Marcos 11 (12-14 e 19-23), Lucas 17 (5-6)

Deixando a multidão, Jesus saiu da cidade e foi para Betânia, onde passou a noite. De manhã, quando ele os discípulos saíram de lá, voltando para Jerusalém, Jesus sentiu fome e avistou uma figueira perto do caminho. Vendo-a de longe – a figueira tinha folhas –, foi ver se acharia nela algum fruto.

Mas chegando lá, não havia nada além de folhas, pois ainda não era tempo de figos. Ele ordenou que ela nunca mais desse frutos e nunca mais alguém comesse um fruto dela. Os discípulos ao ouvirem aquilo notaram como a figueira secara imediatamente e surpreenderam-se, perguntando como a árvore teria ficado assim.

Ao entardecer eles saíram da cidade, e de manhã, passando por lá, viram a figueira seca desde as raízes. E Pedro, lembrando do que vira, chamou Jesus de Mestre e mostrou-lhe como a figueira amaldiçoada havia secado. Jesus respondeu dizendo para terem fé em Deus.

Jesus respondeu que, na verdade, se tivessem fé e não duvidassem, fariam não só o que fora feito à figueira: se dissessem para aquele monte se erguer e se lançar ao mar – e não duvidassem disso no coração e acreditassem que se daria o que fora dito –, assim se daria. Tudo o que dissesse lhe seria feito. Pois tudo o que pedissem na oração, acreditando, receberiam.

(Em outra ocasião, quando os apóstolos pediram ao Mestre que lhes aumentasse a fé, Jesus respondeu à multidão que, se tivessem fé do tamanho de um grão de mostarda, diriam à amoreira que estava ali para desgarrar-se e plantar-se no mar, e ela lhes obedeceria.)

TRAIÇÃO DE JUDAS

Mateus 26 (14-16), Marcos 14 (10-11), Lucas 22 (1 e 3-6), José (de A) 2 (3)

Estava chegando a festa dos ázimos, chamada de Páscoa, quando Satanás entrou em Judas, o de sobrenome Iscariotes, um dos doze. Judas foi falar com os chefes dos sacerdotes e outras autoridades sobre como entregaria Jesus. Perguntou o que lhe dariam em troca, e eles, ouvindo-o, se alegraram e prometeram lhe dar dinheiro. Mostraram-lhe 30 moedas de prata. E ele concordou.

(E Judas levou as 30 moedas de ouro.)

Desde então, Judas pensava em uma boa maneira de entregá-lo, esperando ocasião oportuna, que não chamasse atenção nem provocasse alvoroço.

PERTURBAÇÃO

João 12 (27-33)

Jesus saiu para rezar e dizia em seu íntimo que sentia a alma perturbada. Mas o que pensar? Pediria ao Pai para salvá-lo daquela hora? Mas fora para viver aquela hora que ele veio. Então disse ao Pai para glorificar o próprio nome.

Veio uma voz do céu dizendo que *já o havia glorificado e novamente o glorificaria*. A multidão que estava ali ouviu aquilo e disse ser um trovão, enquanto outros diziam se tratar da voz de um anjo.

Jesus respondeu que aquela voz não viera por amor a ele, mas por amor a todos. Passaria a haver então o julgamento daquele mundo, e seria expulso o chefe daquele mundo. E quando ele fosse levantado da terra, atrairia todos para si.

Ele dizia aquilo referindo-se ao tipo de morte que teria.

Aviso à multidão (luz e sombras)

João 12 (34-36)

A multidão, sabendo pela lei que o Cristo permaneceria para sempre entre eles, perguntou por que Jesus dizia que convinha ao Filho Humano ser levantado? Quem era esse Filho Humano?

Jesus respondeu que a luz ainda estaria com eles por um pouco de tempo e era para andarem enquanto tivessem luz, para que as sombras não os dominassem, pois quem andava nas sombras não sabia aonde ia. E enquanto tivessem luz, deviam acreditar na luz, para serem filhos dela.

Depois de dizer essas coisas, Jesus retirou-se e se escondeu.

Muitos não acreditaram (Isaías)

João 12 (37-41)

Mesmo com todos os sinais feitos diante deles, não acreditaram em Jesus. E era para cumprir-se a palavra do profeta Isaías, que, referindo-se a Deus como Senhor, perguntou *quem acreditou na mensagem deles* e *a quem fora revelado o braço do Senhor.*

Não podiam acreditar, e por isso Isaías também disse que *cegaram seus olhos e endureceram seu coração, para que não vissem com os olhos nem compreendessem no coração, e não se converteram, mas iria curá-los.*

Muitos acreditaram

João 12 (42-43)

Apesar de tudo, até muitos dos chefes acreditaram nele, mas não confessavam isso por causa dos fariseus, com medo de serem expulsos da sinagoga. Pois amavam mais a glória dos homens que a glória de Deus.

43. ÚLTIMA CEIA – TRANSUBSTANCIAÇÃO – E AVISO A PEDRO (CANTO DO GALO)

ÚLTIMA CEIA

Preparo

Mateus 26 (17-19), Marcos 14 (12-16), Lucas 22 (7-13), João 13 (1)

Começou a festa dos pães ázimos, e no primeiro dia, quando se celebrava a Páscoa com oferendas e o sacrifício de cordeiro, os discípulos se aproximaram de Jesus e perguntaram onde fariam os preparativos para ele comer a Páscoa.

Enviou dois de seus discípulos, Pedro e João, pedindo que preparassem a Páscoa para todos comerem. Então eles perguntaram onde deviam prepará-la.

Jesus disse que deviam ir à cidade e, ao entrarem nela, vendo um homem com um jarro de água ao encontro deles, deviam segui-lo até a casa em que ele entrasse. E onde quer que ele entrasse, deviam dizer ao pai de família de lá que o Mestre mandara dizer que seu tempo estava próximo e que celebraria a Páscoa na casa dele, levando seus discípulos.

E deviam perguntar em qual aposento comeriam. Ele lhes mostraria uma grande sala de jantar mobilada, e lá eles fariam os preparativos.

Saindo, os discípulos foram à cidade e encontraram tudo como Jesus havia dito, e prepararam a ceia de Páscoa como foram instruídos. Antes mesmo da festa, Jesus sabia que era chegada a hora de passar deste mundo para o Pai, e tendo amado os seus neste mundo, amou-os até o fim.

Um vai trair

Mateus 26 (20-25), Marcos 14 (17-21), Lucas 22 (21-23), João 13 (2, 11, 18-19 e 21-30)

Quando veio a tarde, Jesus foi com os doze, sentou-se à mesa e, enquanto eles comiam, inquietou-se em espírito e disse que, na verdade, um deles – que comia com ele – haveria de traí-lo. Então os discípulos olharam uns para os outros, imaginando de quem ele falava.

Eles se entristeceram muito, perguntando entre si qual deles haveria de fazer isso e, chamando-o de Mestre, começaram a lhe perguntar, um a um, se por acaso era ele.

Um de seus discípulos, que era amado por Jesus, estava reclinado em seu peito, e Simão Pedro fez sinal para perguntar de quem falava. E ele, inclinando-se ele sobre o peito de Jesus e chamando-o de Mestre, perguntou qual deles seria.

Jesus respondeu que a mão de quem o traía estava com ele à mesa – era um dos doze: o que punha a mão no prato junto com ele era quem o trairia. E disse que, na verdade, o Filho Humano iria embora – como estava escrito e determinado sobre ele –, mas lamentava por quem o traía: seria melhor para essa pessoa não ter nascido. Judas, que o trairia, chamando Jesus de Rabi, perguntou se acaso seria ele. E Jesus respondeu que era como ele dizia.

Disse não falar de todos eles. Sabia bem dos que havia escolhido, mas era para cumprir-se o que a Escritura dizia, que *quem comia o pão com ele levantou contra si seu calcanhar*. E ia dizer desde já, antes de acontecer, para quando aquilo se desse acreditassem em quem ele era.

Jesus bem sabia quem haveria de traí-lo, e por isso disse que nem todos estavam limpos. E, acabada a ceia, com o diabo pondo no coração de Judas Iscariotes, filho de Simão, que iria traí-lo, Jesus não quis deixar dúvida entre os que perguntaram se seria ele o traidor. Então respondeu que seria aquele a quem ele daria o pão depois de molhá-lo. E molhando o pão, o deu a Judas Iscariotes, filho de Simão.

E depois do pão, Satanás entrou nele, e Jesus disse a Judas para fazer depressa o que ele tinha a fazer. E nenhum dos sentados à mesa entendeu o que Jesus quis dizer com aquilo, pois era Judas quem cuidava da bolsa, e alguns pensaram que o Mestre o mandara comprar o que eles precisavam para a festa. Ou fosse para dar algo aos pobres.

Já era noite, e depois de pegar o pão, Judas saiu logo.

Transubstanciação

Mateus 26 (26-29), Marcos 14 (22-25), Lucas 22 (14-20 e 28-30)

Enquanto ainda estava à mesa com os doze apóstolos, e todos comiam, Jesus disse desejar muito comer com eles a Páscoa antes de morrer. E explicou que não a comeria outra vez até se cumprir no reino de Deus.

Então pegou o pão e, abençoando-o, dando graças, partiu-o e deu-o aos discípulos, dizendo para pegarem e comê-lo pois aquilo era seu corpo dado a eles. E deviam fazer o mesmo em sua memória.

Pegando o cálice, e dando graças, o entregou dizendo para pegá-lo, repartir entre eles, e todos beberem. Pois aquilo era seu sangue, o sangue do novo testamento, derramado por eles e muitos outros, para a remissão de seus erros. E todos beberam.

Jesus disse que a partir daquele instante ele não beberia mais do fruto da videira até o dia em que o bebesse com eles, em um novo tempo, no reino de Deus – seu Pai.

E sendo eles os que permaneceram com Jesus em suas tentações, ele lhes reservava o reino, como seu Pai lhe destinara. E era para comerem e beberem à sua mesa em seu reino, e sentarem sobre tronos, julgando as doze tribos de Israel.

Última ceia

Lavagem dos pés aos discípulos

João 13 (3-10)

Jesus, sabendo que o Pai tinha colocado todas as coisas em suas mãos e que havia saído de Deus e voltaria a ele, levantou-se da ceia, tirou as roupas, pegou uma toalha e enrolou-se nela. Depois colocou água numa bacia e começou a lavar os pés dos discípulos, e a enxugá-los com a toalha amarrada nele.

Então aproximou-se de Simão Pedro, que, chamando-o de Mestre, disse que ele não deveria lavar os seus pés. Jesus respondeu que o que fazia ele ainda não sabia, mas entenderia depois.

Pedro disse que nunca deixaria Jesus lavar os seus pés, e o Mestre respondeu que, se não o deixasse lavar, não teria mais parte com ele. Então Simão Pedro, chamando-o de Mestre, pediu que ele lavasse não só seus pés, mas também as suas mãos e a cabeça. Jesus respondeu que quem estava purificado só precisava ser lavado nos pés, pois o resto estava limpo. E eles estavam limpos. Mas não todos.

PEDRO E O GALO: AVISO

Mateus 26 (30-35), Marcos 14 (26-31), Lucas 22 (31-34), João 13 (36-38)

Depois de cantarem o hino, eles foram até o Monte das Oliveiras. Lá, Jesus lhes disse que naquela noite todos ficariam escandalizados com ele. E isso porque estava escrito que *feririam o pastor, e as ovelhas do rebanho se dispersariam*. Mas, depois de ressuscitar, ele iria à frente deles para a Galileia.

Então Pedro afirmou que, mesmo se todos o renegassem, ele nunca o renegaria. E Jesus respondeu que, na verdade, naquela mesma noite, antes de o galo cantar (uma ou duas vezes), Pedro o negaria três vezes. E Pedro declarou, ainda com mais veemência, que mesmo se fosse preciso morrer com ele, não o negaria de modo algum. E todos os discípulos disseram o mesmo.

Jesus, chamando-o de Simão, ainda disse que Satanás lhes pedira para peneirá-los como trigo. Mas Jesus rogara por ele, para que sua fé não desaparecesse, e ele, quando se convertesse, fortalecesse os irmãos.

Pedro, chamando-o de Mestre, reafirmou que estava pronto para ir com ele até a prisão e a morte. Mas Jesus, chamando-o de Pedro, disse que naquela madrugada o galo não cantaria antes que ele negasse conhecê-lo por três vezes.

(Simão Pedro, chamando-o de Mestre, perguntou aonde ele ia. Jesus disse que aonde ele ia não poderia mais segui-lo, mas depois o seguiria. Pedro perguntou por que não poderia segui-lo naquela hora, se daria a sua vida por Jesus. E Jesus questionou se Pedro daria mesmo a vida por ele, dizendo que, na verdade, o galo não cantaria enquanto não o tivesse negado por três vezes).

44. Prisão de Jesus – aviso aos apóstolos

DISCURSO QUE ANTECEDE AS ORAÇÕES

Lucas 22 (35-38), João 14 (1-4)

Jesus perguntou aos discípulos se, por acaso, ao enviá-los para pregar sem bolsas, sacolas ou sandálias, alguma coisa faltou a eles. Eles responderam que nada. Então lhes disse que dali em diante, quem tivesse bolsa, ou sacola, que a pegasse.

E se não tivesse espada, que vendesse seu manto para comprá-la. Porque o importante era cumprir-se nele o que estava escrito, que fora *incluído entre os malfeitores*. Porque tudo o que estava escrito sobre ele seria cumprido.

Os discípulos, chamando-o de Mestre, disseram ter com eles duas espadas, e Jesus disse que isso bastava.

Jesus disse que não deviam se deixar apertar nos corações, mas acreditar em Deus e nele também. Na casa de seu Pai havia muitas moradas, e se não fosse assim, teria lhes dito. E iria preparar um lugar para eles.

Disse que, quando fosse embora, prepararia um lugar para eles e voltaria para levá-los até lá, para que, onde ele estivesse, eles estivessem também. Pois, aonde ele ia, eles conheciam o caminho.

A Tomé, Filipe e outro Judas (ida ao Pai)

João 14 (5-12 e 15-31)

Tomé, chamando Jesus de Mestre, perguntou como poderiam conhecer o caminho se não sabiam para onde ele ia. Jesus respondeu ser ele o caminho, a verdade e a vida: ninguém ia ao Pai sem ser por ele. Se eles o conhecessem, também conheceriam seu Pai. E desde aquele momento já o conheciam e o tinham visto.

Filipe, também chamando-o de Mestre, pediu que lhes mostrasse o Pai, e isso lhes bastaria. Jesus disse que já estava há muito tempo com eles, e perguntou a Filipe se ainda não o conhecia. Se quem o via, via seu Pai, como ele pedia para lhes mostrar o Pai? Não acreditava que ele estava no Pai e o Pai nele?

Disse que suas palavras não eram ditas por si mesmo, e que o Pai que estava nele era quem fazia as obras. Pediu que acreditasse que ele estava no Pai, e o Pai nele. E que ao menos acreditasse pelas obras em si.

Também disse que, na verdade, quem acreditava nele faria as obras que ele fazia, e elas seriam maiores que aquelas, porque ele ia para seu Pai. E disse que, se o amassem, guardariam seus mandamentos. Ele imploraria ao Pai, e ele lhes daria outro Defensor para que ficasse para sempre entre eles: o *Espírito da Verdade* que o mundo não podia receber porque não o via ou conhecia. Mas eles o conheciam, pois permanecia entre eles e estaria neles. E Jesus não os deixaria órfãos e voltaria para eles.

Mais um pouco e o mundo não o veria mais, mas eles o veriam, porque ele vivia, e eles viveriam. Naquele dia entenderiam que ele estava em seu Pai, os discípulos em Jesus, e Jesus nos discípulos. Quem guardava os seus mandamentos era quem o amava. E quem o amava seria amado por seu Pai, e Jesus o amaria, e se manifestaria a ele.

Judas (não o Iscariotes), chamando-o de Mestre, perguntou de onde ele vinha para manifestar-se a eles, e não ao mundo. Jesus lhe disse que se alguém o amava, guardaria sua palavra, e seu Pai o amaria, e iriam até ele, fazendo morada com ele. E quem não o amasse não guardaria suas palavras. Afinal, a palavra que ouviram não eram suas, mas do Pai que o enviara. Era isso o que vinha dizendo a eles, entre eles.

Mas o Defensor, o Espírito Santo, que o Pai enviaria em seu nome, iria ensinar-lhes todas as coisas, e eles lembrariam de tudo dito por Jesus. Deixava com eles a paz, a sua paz. E não era como a do mundo. Não deviam afligir seus corações, nem temer. Ouviram o que lhes disse: ele ia e depois voltava para eles. Se o amassem, certamente teriam se alegrado, pois dissera que ia ao Pai – e seu Pai era maior que ele.

E dizia isso agora, antes de acontecer, para quando acontecesse eles acreditassem. E não falaria mais muito com eles, pois o chefe daquele mundo já se aproximava, e não tinha nada nele. Mas era para que o mundo soubesse que ele amava o Pai, e que fazia como o Pai lhe ordenara.

Então disse para se levantarem e saírem de lá.

Parábola: a videira e o lavrador

João 15 (1-11)

Jesus disse ser a verdadeira videira, e seu Pai o lavrador. Todo galho que não desse fruto seria cortado, e o que desse fruto seria podado para que desse mais fruto. Os discípulos já estavam limpos com a palavra que Jesus lhes vinha dando.

Eles estavam em Jesus, e Jesus neles. Como o galho não podia dar fruto de si mesmo, se não estivesse na videira, também era assim com eles se não estivessem em Jesus.

Jesus era a videira, e eles os galhos. Quem estava em Jesus, e Jesus nele, daria muitos frutos, porque sem ele nada poderiam fazer. Quem não estivesse nele, seria arrancado como o galho, e secaria, seria recolhido com outros, jogado no fogo e arderia.

Se eles estiverem em Jesus, e as palavras de Jesus estivessem neles, pediriam tudo o que quisessem e lhes seria dado. E nisso seu Pai era glorificado – para que dessem fruto em abundância, e assim eles seriam seus discípulos. Como o Pai o amou, Jesus também os amou, e deviam permanecer no amor de Jesus.

Se guardassem os seus mandamentos, permaneceriam em seu amor, assim como Jesus guardava os mandamentos de seu Pai e permanecia em seu amor. Vinha dizendo isso a eles para que sua alegria permanecesse neles e houvesse completa alegria.

Novo mandamento (amar uns aos outros)

João 15 (12-17)

Jesus disse que seu mandamento era amarem uns aos outros, do modo como ele os amara. Ninguém tinha amor maior que aquele, o de dar a vida por seus amigos. Eles seriam seus amigos se fizessem o que lhes dizia para fazer.

Já não os chamaria de seus criados, pois criados não sabiam o que seu patrão fazia, mas vinha chamando-os de amigos, pois dividia com eles tudo o que ouvira de seu Pai.

Não foram eles que o escolheram, mas sim foram escolhidos: Jesus os escolhera e dera-lhes nomes para que o seguissem e dessem fruto, e o fruto deles permanecesse. E assim tudo o que pedissem ao Pai em seu nome lhes seria concedido. E isso ele ordenava: amarem uns aos outros.

Ódio sem causa

João 15 (18-27)

Se o mundo os odiava, deviam saber que, antes de odiá-los, odiou primeiro a Jesus. Se eles fossem do mundo, o mundo amaria o que era seu, mas como não eram do mundo – fora Jesus quem os escolhera do mundo –, o mundo os odiava por isso.

Deviam lembrar-se da palavra dita por ele: o criado não era maior que seu patrão. Se perseguiram Jesus, também os perseguiriam, e se tivessem guardado a palavra dele, também guardariam a deles.

Mas fariam tudo isso a eles por causa do nome de Jesus, porque não conheciam quem o enviara. Se Jesus não tivesse vindo, nem falado a eles, não teriam errado, mas agora não tinham desculpa pelo seu pecado. E quem o odiava também odiava seu Pai.

Se Jesus não fizesse aquelas obras entre eles, como ninguém mais fez, não teriam pecado. Mas agora eles as viram, e odiaram Jesus e seu Pai.

Era para que se cumprisse a palavra escrita em sua lei, de que *o odiaram sem causa*.

Mas, quando viesse o Defensor, enviado por Jesus da parte do Pai, o Espírito da Verdade, originário do Pai, ele testemunharia sobre Jesus. E Jesus testemunharia sobre eles, pois estiveram com ele desde o começo.

Perseguição aos discípulos

João 16 (1-11)

Jesus repetia aquelas coisas para depois não se assustarem. Iriam expulsá-los das sinagogas, e chegaria mesmo a hora em que quem os matasse acharia prestar um serviço a Deus. E fariam isso por não conhecerem o Pai nem Jesus.

E vinha lhes falando para que, quando chegasse aquela hora, lembrassem do que havia dito. E não dissera aquilo desde o começo pois estava com eles. Agora ia para quem o enviara, e nenhum deles perguntava aonde ia?

Sobretudo por lhes dizer essas coisas, o coração deles se encheu de tristeza. Mas Jesus dizia a verdade, que era bom ele ir. Pois se não fosse, o Defensor não iria a eles. E quando Jesus fosse, o enviaria a eles.

E quando ele viesse, convenceria o mundo do erro, da justiça e do julgamento. Do erro, por não acreditarem nele. Da justiça, porque Jesus ia a seu Pai, e não o veriam mais, E do julgamento, porque o *chefe* deste mundo já estava julgado.

Espírito da Verdade

João 16 (12-16)

Jesus teria muito mais a lhes dizer, mas, naquele momento, eles não suportariam ouvir. Quando ele viesse, o Espírito da Verdade os guiaria em toda a verdade. Porque não falaria por si mesmo, mas diria tudo o que teria ouvido e anunciaria a eles o que se daria.

Ele o glorificaria porque receberia do que era de Jesus, que o anunciaria. Tudo que era do Pai era dele, e por isso lhes disse que receberia do que era de Jesus, que iria anunciá-lo.

Dali a pouco já não o veriam, e dali a mais um pouco o veriam, porque iria para o Pai.

Tristeza que se converte em alegria (parábola: mulher que dá à luz)

João 16 (17-24)

Alguns dos discípulos perguntaram-se, uns aos outros, o que Jesus dizia: mais um pouco e não o veriam, e mais outro pouco e o veriam. E sobre ir para o Pai? Perguntavam-se: o que seria um pouco? E não entendiam o que ele dizia.

Então, Jesus, percebendo que eles queriam esclarecer aquilo, perguntou se era sobre não o ver dentro em pouco e voltar a vê-lo pouco depois. Disse que, na verdade, eles chorariam e se lamentariam, o mundo se alegraria, e eles estariam tristes. Mas a tristeza deles se tornaria alegria.

Disse que a mulher, quando estava para dar à luz, sentia tristeza porque sua hora era chegada, mas, depois de dar à luz a criança, já não se lembrava da aflição, pelo prazer de ter nascido seu filho.

E assim, na verdade, naquela hora eles também estavam tristes, mas Jesus os veria de novo, e o coração deles se alegraria, e a alegria deles ninguém tiraria. E nesse dia não perguntariam nada a ele. Na verdade, tudo o que pedissem em nome de Jesus a seu Pai ele lhes daria.

Sem parábolas (vitória)

João 16 (25-33)

Jesus disse que até aquele momento eles não tinham pedido nada em seu nome. Disse para pedirem e receberiam, para que a alegria deles fosse completa.

Já havia dito isso por parábolas. Mas era chegado o momento em que não lhes falaria mais por parábolas, mas abertamente, sobre o Pai. E então lá eles pediriam em seu nome, e ele não precisaria implorar ao Pai por eles. Afinal, o mesmo Pai os amava, vendo que amaram Jesus e acreditaram que ele viera de Deus. Jesus, que saíra do Pai e veio ao mundo, de novo deixaria o mundo e voltaria ao Pai.

Os discípulos comentaram que naquele momento ele falava abertamente, sem fazer nenhum tipo de parábola. E eles agora reconheciam que Jesus sabia de tudo e não precisava que alguém lhe perguntasse. Por isso, acreditavam que ele viera de Deus.

E Jesus perguntou se agora eles acreditavam. Pois chegara a hora, e já estava próxima, em que eles se dispersariam, cada um por si, e o deixariam só. Mas ele não estaria só, porque o Pai estava com ele. Havia lhes dito aquilo para que tivessem paz nele: no mundo teriam aflições, mas era para se animarem, pois ele vencera o mundo.

Vida eterna

João 17 (1-5)

Depois de falar essas coisas, Jesus levantou os olhos para o céu e, dirigindo-se ao Pai, disse ser chegada a hora. Pediu para glorificar o seu Filho, para ele também o glorificar. E que assim como lhe dera poder sobre toda a carne, desse vida eterna a todos que lhe foram dados.

A vida eterna era aquela: que o reconhecessem, apenas a ele, como único Deus verdadeiro, e a Jesus Cristo, enviado por ele. Jesus o glorificara na Terra e realizara a obra que lhe foi incumbida de realizar.

E, chamando-o de Pai, pediu que ele agora o glorificasse, junto a ele mesmo, com a glória que tinha com ele antes que o mundo existisse.

Discípulos

João 17 (6-19)

Referindo-se a Deus, Jesus disse que se manifestara em seu nome aos homens do mundo que recebera dele. Eram dele e lhe foram dados, guardando a sua palavra. Agora eles já sabiam que tudo o que Jesus recebera provinha dele.

Jesus deu a eles as palavras que o Pai lhe dera. E eles as receberam, tendo reconhecido verdadeiramente que saíra dele, e acreditaram que Jesus fora enviado por ele. E implorava pelos discípulos, e não pelo mundo, mas por aqueles que recebera, por serem de Deus. E todas as suas coisas eram de Deus, e as de Deus eram suas. E nisso, Jesus era glorificado.

Jesus disse que já não estava mais no mundo, mas eles estavam no mundo, e ele ia para o Pai. Chamando-o de Pai santo, pediu que guardasse em seu nome aqueles que lhe deu, para que fossem um só, assim como eles dois.

Enquanto estava com eles no mundo, Jesus guardava-os em seu nome. Vinha guardando aqueles que recebera, e nenhum deles se perdeu, a não ser o filho da perdição para a Escritura se cumprir.

Mas agora ele voltava ao Pai, e dizia aquilo ainda no mundo, para que tivessem sua completa alegria em si mesmos. Deu a eles a palavra de Deus, e o mundo os odiou, porque não eram do mundo, assim como Jesus não era do mundo. E não pedia que os tirasse do mundo, mas que os livrasse do mal.

Não eram do mundo como Jesus não o era. E pediu que os santificasse na sua verdade: a palavra dele era a verdade. Assim como enviara Jesus ao mundo, também Jesus os enviaria ao mundo. E por eles santificaria a si mesmo, para que eles também fossem santificados na verdade.

Por todos que creem (amor)

João 17 (20-26)

Disse não implorar somente por eles, mas por aqueles que haveriam de acreditar nele pela sua palavra. Para que todos fossem um só, como ele, o Pai, era em Jesus, e Jesus nele. Para que eles também fossem neles um só, e para que o mundo acreditasse que ele o enviara.

Jesus deu-lhes a glória que ele lhe dera para que fossem um só, como eles eram um: Jesus neles, e Deus em Jesus, para eles serem perfeitos em unidade e para o mundo reconhecer que ele enviara Jesus e que os amava como a Jesus.

Chamando-o de Pai, disse sobre aqueles que lhe foram dados querer que, onde Jesus estivesse, eles também estivessem com ele para que vissem a glória dele dada pelo Pai. Porque o Pai o amara antes da criação do mundo.

E chamando-o de Pai justo, disse que o mundo não o reconhecera, mas Jesus o conhecera, e eles reconheceram que o Pai o enviara. E Jesus lhes fez conhecer o seu nome, e faria conhecer mais para que o amor com que o Pai o amava estivesse neles, e Jesus também.

45. Orações de despedida e chegada dos sacerdotes

PRIMEIRA ORAÇÃO

Mateus 26 (36-39), Marcos 14 (32-36), Lucas 22 (39-42), João 18 (1-2)

Depois de dizer essas coisas, Jesus foi até o Monte das Oliveiras, como costumava fazer, e seus discípulos o seguiram. Ele atravessou o ribeiro de Cedrom, onde havia um pomar, e entrou ali com eles. Judas, que o traía, também conhecia aquele lugar, porque Jesus se reunira muitas vezes ali com os apóstolos.

Chegando a esse lugar, chamado Getsêmani, ele disse aos discípulos para se sentarem enquanto ia ali um pouco à frente para rezar. E levou com ele Pedro e os dois filhos de Zebedeu, Tiago e João. Lá ele começou a entristecer, ter pavor e se angustiar muito. Disse a eles que sua alma estava repleta de tristeza até a morte, profundamente, e que era para ficarem lá e vigiarem com ele. Deviam *orar para não cair em tentação.*

Indo um pouco mais diante, separou-se deles à distância de um lance de pedra e curvou-se com rosto na terra. Então ficou de joelhos, orou e, dirigindo-se ao Pai, pediu que, se possível, aquela hora passasse e ele afastasse aquele cálice. E disse a seu Pai *abbá*: tudo a ele era possível. Mas que as coisas não se dessem como Jesus queria, e sim como ele quisesse.

SEGUNDA ORAÇÃO

Mateus 26 (40-42), Marcos 14 (37-39), Lucas 22 (43-46)

Jesus voltou para perto dos discípulos e viu que estavam dormindo. Então perguntou a Pedro (chamando-o de Simão) por que dormira e não vigiara com ele sequer uma hora. Disse para vigiar e orar para não cair em tentação, pois o espírito, na verdade, estava pronto, mas a carne era fraca.

E indo ao mesmo lugar pela segunda vez, ele orou a seu Pai e dirigiu-se a ele com as mesmas palavras, dizendo que, se aquele cálice não pudesse passar sem que Jesus o bebesse, que fosse feita a vontade de Deus. E apareceu um anjo do céu que o fortalecia.

E em profunda agonia, Jesus orava mais intensamente. O seu suor se tornara grandes gotas de sangue que corriam até ao chão. E levantando-se da oração, foi até seus discípulos e encontrou-os dormindo de tristeza (pois seus olhos estavam pesados e não sabiam o que responder). Então perguntou novamente por que dormiam e disse para se levantarem e orarem para não cair em tentação.

TERCEIRA ORAÇÃO

Mateus 26 (43-46), Marcos 14 (40-42)

E saindo de novo, foi orar pela terceira vez, usando as mesmas palavras. E pela terceira vez ele voltou, aproximando-se dos discípulos e dizendo que já podiam descansar, dormir e repousar. Bastava: chegara a hora em que o Filho Humano seria entregue nas mãos dos pecadores. Deviam levantar e partir, pois aquele que o traía já chegara e estava perto.

CHEGADA DE JUDAS COM OS SACERDOTES

Mateus 26 (47-50), Marcos 14 (43-46), Lucas 22 (47-48), João 18 (3-9 e 12), José (de A) 2 (4)

Jesus ainda falava quando se ouviu umas pessoas, e Judas, um dos doze, vinha à frente, trazendo aquela grande multidão com espadas e pedaços de pau enviada pelos chefes dos sacerdotes, escrivães e anciãos do povo (Judas recebera dos chefes dos sacerdotes e fariseus aquela tropa com seus oficiais, indo até lá com lamparinas, tochas e armas).

O discípulo que o traía havia combinado com eles o sinal: quem ele beijasse era Jesus, era para o prenderem e levá-lo em segurança.

(Aquele que eu beijar vocês devem prender.)

Assim, logo que chegou, Judas aproximou-se de Jesus, chamou-o por duas vezes de Rabi, disse que o saudava e o beijou. E Jesus, sabendo todas as coisas que haveriam de se dar com ele, adiantou-se, chamou-o de amigo e perguntou a que vinha e se com um beijo traía o Filho Humano. E perguntou aos outros quem procuravam.

Eles responderam procurar Jesus Nazareno. Jesus disse ser ele (vendo Judas, que o traía e estava com eles). Quando lhes disse que era ele, as pessoas recuaram e caíram por terra. Então Jesus voltou a perguntar quem eles procuravam, e disseram Jesus Nazareno.

Jesus respondeu que já havia dito ser ele e que se o procuravam deviam deixar os outros – era para se cumprir a palavra que dizia *não perdeu nenhum dos que lhe foram dados.*

Então os outros se aproximaram, seguraram Jesus e o prenderam: a tropa, os oradores, os criados dos judeus seguraram Jesus e o amarraram.

USO DA ESPADA POR UM DOS DISCÍPULOS

Mateus 26 (51-54), Marcos 14 (47), Lucas 22 (49-51), João 18 (10 11)

Os que estavam com Jesus, chamando-o de Mestre e vendo o que ia acontecer, perguntaram se deviam feri-los com a espada. E logo um deles, Simão Pedro, que estava com a espada, desembainhou-a, puxou-a e estendeu sua mão, ferindo o criado do sumo sacerdote.

(Ele acabou por cortar uma das orelhas dele, a direita. O nome do criado era Malco. Jesus respondeu dizendo para deixá-lo, pois aquilo bastava. E tocando a orelha do criado, curou-a.)

Jesus disse a Pedro para guardar a espada na bainha, porque todos os que usassem a espada por ela morreriam. E perguntou se não achava que, naquele momento, não poderia orar a seu Pai e receber dele mais de doze legiões de anjos. Mas como então se cumpririam as Escrituras que diziam que seria assim? Ele não beberia o cálice dado por seu Pai?

DISCURSO À MULTIDÃO

Mateus 26 (55-56), Marcos 14 (48-50), Lucas 22 (52-53)

Jesus se dirigiu à multidão, aos chefes dos sacerdotes e principais do templo, e aos anciãos, que estavam lá por serem contra ele, e perguntou por que saíram com espadas e pedaços de pau para prendê-lo como se fosse assaltante, quando todos os dias ele se sentava ao lado deles ensinando no templo. Não podiam tê-lo agarrado e prendido?

Mas tudo aquilo, explicou, se dava em cumprimento às escrituras dos profetas. Aquela era a hora deles e o poder das sombras. Foi quando todos os discípulos fugiram, abandonando Jesus.

JOVEM QUE FOGE NU

Marcos 14 (51-52), Tomé (d) 37 (1-3)

Um jovem, seguidor de Jesus, tinha apenas um lençol enrolado em seu corpo nu, e eles o seguraram. Mas o jovem largou o lençol e fugiu nu.

> (Os discípulos perguntaram quando lhes seria revelado e quando o veriam. Jesus respondeu que, quando eles se desnudassem, não se envergonhassem e deixassem suas roupas sob seus pés, e as pisassem como criancinhas, então veriam o filho do Deus Vivo e não temeriam.)

46. Jesus é levado às autoridades

CASA DO SUMO SACERDOTE

Mateus 26 (57 e 59-68), Marcos 14 (53 e 55-65), Lucas 22 (63-71), João 18 (13-14 e 19-24), Tomé (d) 71, José (de A) 1 (4)

Os que prenderam Jesus o levaram primeiro a Anás, por ser o sogro de Caifás, o sumo sacerdote daquele ano. Caifás era quem aconselhara os judeus dizendo ser melhor um homem morrer pelo povo.

O sumo sacerdote interrogou Jesus sobre seus discípulos e sua doutrina. Jesus disse que falara abertamente ao mundo, ensinando na sinagoga e no templo onde os judeus sempre se reuniam, e não disse nada às escondidas. Por que perguntava a ele? Podia perguntar aos que ouviram o que lhes ensinava, sabiam tudo do que dissera.

Então um dos guardas que estava ali deu uma bofetada em Jesus perguntando se era assim que ele respondia ao sumo sacerdote. Jesus pediu que lhe explicasse se havia dito algo de mal. E se fosse algo de bem, por que o feria?

Em seguida Anás mandou-o amarrado à casa do sumo sacerdote Caifás, onde estavam os escrivães, os anciãos e os chefes dos sacerdotes, todos reunidos. Logo que amanheceu, os chefes dos sacerdotes, os anciãos, e todo o conselho procuraram arranjar um falso testemunho contra Jesus, para condená-lo à morte. E não conseguiam, apesar das muitas testemunhas falsas que se apresentaram, tentando comprovar algo (porque os testemunhos e relatos não eram coerentes).

Por fim, chegaram duas testemunhas falsas, e segundo uma delas, Jesus declarou que poderia derrubar o templo de Deus e reedificá-lo em três dias – ele derrubaria aquele templo construído por mãos humanas e em três dias edificaria outro, feito por mãos não humanas.

> (Jesus disse que destruiria aquela casa e ninguém poderia reconstruí-la.)

Jesus e Caifás

(Sara, filha de Caifás, disse que o próprio Jesus falara diante de todos contra o templo: que podia destruí-lo e em três dias reerguê-lo.)

E nem assim o seu testemunho era coerente. O sumo sacerdote levantou-se no tribunal e perguntou a Jesus se não ia responder nada aos que o acusavam. Jesus ficou em silêncio, sem responder. O sumo sacerdote insistiu, implorando pelo Deus Vivo que lhes dissesse se ele era o Cristo, Filho do Deus Bendito.

Jesus argumentou que se lhes dissesse não acreditariam. E que, se lhes perguntasse, não responderiam, nem o soltariam. E disse serem aquelas palavras dele – ele mesmo dizia. Mas sim, ele o era, e dali a pouco veriam o Filho Humano sentado à direita do poder de Deus e vindo sobre as nuvens do céu.

E todos perguntaram se, sendo assim, ele era o Filho de Deus. Jesus respondeu que eles mesmos diziam que sim. Então o sumo sacerdote rasgou suas vestes e disse ser aquilo um absurdo e perguntou para que ainda precisavam de testemunhas. Eles mesmos o ouviram da boca de Jesus.

Disse que o que acabavam de ouvir era um contrassenso e perguntou aos outros o que lhes parecia. Eles responderam que Jesus era culpado de morte.

Então eles cuspiram-lhe e cobriram-lhe o rosto, e deram-lhe tapas e socos, chamando-o de Cristo e pedindo que profetizasse sobre quem bateu nele. E pediram que fizesse outras previsões, enquanto os guardas davam-lhe bofetadas.

Todos os que o mantinham preso caçoavam dele e o feriam. Vendaram seus olhos, feriram o rosto e pediam que profetizasse sobre quem o havia ferido. E disseram muitas outras coisas contra ele, insultando-o.

PEDRO E O GALO: CONFIRMAÇÃO

Mateus 26 (58 e 69-75), Marcos 14 (54 e 66-72), Lucas 22 (54-62), João 18 (15-18 e 25-27)

Depois de prenderem Jesus e o levarem, deixando-o na casa do sumo sacerdote, Simão Pedro e outro discípulo o seguiram de longe. E esse outro discípulo era conhecido do sumo sacerdote, podendo entrar na sala dele e acompanhar Jesus.

Pedro estava junto à porta, do lado de fora, e o discípulo conhecido do sumo sacerdote pediu à porteira que o levasse para dentro. No pátio, Pedro sentou-se entre os criados para esquentar-se junto ao fogo (recém-aceso no meio do pátio) e esperar pelo que ia acontecer.

(Os subalternos e criados haviam preparado as brasas e estavam ali se esquentando por causa do frio. Pedro se juntou a eles e ficou se esquentando também.)

Enquanto estava ali sentado, aproximou-se dele uma criada do sumo sacerdote (a porteira, vendo-o sentado próximo ao fogo), e reparando bem, disse que ele também estava com Jesus, o galileu. E perguntou se não era um dos discípulos.

Mas Pedro negou aquilo diante de todos, dizendo não o conhecer ou saber sobre o que ela dizia. Então ele foi até a varanda, e o galo cantou.

E indo ao átrio, outro criado (ou a mesma porteira), vendo-o de novo, disse aos que estavam ali que ele era um dos tais e estava com Jesus Nazareno – Simão Pedro estava outra vez ali, esquentando-se. Então perguntaram se ele não era um dos discípulos.

Pedro negou outra vez, jurando àquela pessoa não ser ele e não conhecer aquele homem. Dali a pouco, quase uma hora depois, outro chamou atenção e os que estavam ali se aproximaram de Pedro, comentando que certamente era um deles, pois era galileu, e a fala dele mostrava isso.

(Também dos criados do sumo sacerdote, parente daquele que teve a orelha cortada por Pedro, perguntou se não o vira no pomar com Jesus.)

Então Pedro começou a praguejar e a jurar não conhecer aquele homem de quem falavam e não entender o que diziam. E imediatamente, enquanto ainda falava, o galo cantou pela segunda vez. O Mestre, virando-se olhou para Pedro.

Então ele se lembrou das palavras de Jesus, dizendo que naquele dia, *antes de o galo cantar duas vezes, ele o negaria três vezes.* E saindo de lá, indo para fora, Pedro chorou amargamente.

47. ENTREGA AOS ROMANOS

PILATOS

Mateus 27 (1-2 e 11-14), Marcos 15 (1-5), Lucas 23 (1-5), João 18 (28-38), Relatório (P) 1, José (de A) 2 (4) e 3 (1), Nicodemos 3 (1-2)

Logo ao amanhecer, levantando-se todos, os chefes dos sacerdotes, os anciãos do povo, os escrivães e todos do tribunal uniram-se em um conselho contra Jesus para matá-lo.

> (Mas Nicodemos e José, vendo o comportamento dos corruptos, separaram-se do grupo, não querendo morrer no conselho dos descrentes.)

E levaram-no amarrado da casa de Caifás para a audiência. Era pela manhã cedo e não entraram na audiência para não se contaminarem e depois poderem comer a Páscoa. E assim o entregaram ao governador Pôncio Pilatos.

> (Entregaram-no ao governador Pilatos, pois despontava a sexta-feira.)

Pilatos foi lá fora e perguntou qual acusação eles tinham contra aquele homem. E responderam que, se ele não fosse malfeitor, não o entregariam.

Então começaram a acusá-lo de estar pervertendo a nação, proibindo dar tributo a César e dizendo ser ele mesmo o Cristo, o rei.

Pilatos ordenou que o levassem de volta e o julgassem pela lei deles, mas os judeus explicaram que entre eles não era lícito matar alguém (para que se cumprisse a palavra dita por Jesus, significando o tipo de morte que teria).

Então Pilatos voltou a entrar na audiência e chamou Jesus. Depois de apresentados, o governador o interrogou, perguntando se ele era o rei dos judeus. Jesus respondeu que era ele quem dizia isso (perguntou se ele mesmo o dizia ou os outros o disseram sobre ele).

Pilatos perguntou se por acaso era judeu. Disse que seu povo e os chefes dos sacerdotes o entregaram, e afinal, o que ele fez? Jesus respondeu que o seu reino não era deste mundo, pois se assim o fosse, os seus criados lutariam para que não fosse entregue aos judeus. Mas agora o seu reino já não era de lá.

Pilatos perguntou se então ele era o rei. Jesus respondeu que era ele quem o dizia. E que nascera e viera ao mundo para isso, para testemunhar a verdade. Disse que todos os que eram da verdade ouviam a sua voz. E Pilatos perguntou o que era a verdade?

> (Pilatos perguntou o que era a verdade, e Jesus respondeu que era a verdade do Céu.)

Depois de dizer isso, Pilatos voltou a falar com os judeus e disse-lhes não encontrar nenhum crime em Jesus (e disse aos chefes dos sacerdotes e à multidão não ver qualquer culpa nele).

> (Mas disseram que, se não fosse um malfeitor, não o teriam entregado a ele.)

Eles insistiram cada vez mais, dizendo que ele causava agitação no povo ensinando por toda a Judeia, saindo da Galileia e indo a Jerusalém.

E mesmo sendo acusado de muitas coisas pelos anciãos e chefes dos sacerdotes, Jesus silenciava. Então Pilatos o interrogou novamente, perguntando se não ouvia o quanto o acusavam e se tinha algo a responder. Jesus não disse uma palavra, fazendo com que o governador se impressionasse muito.

Notícia entre os romanos

Relatório (P) 1

> Com todo aquele povo reunido, entregaram-lhe um homem de nome Jesus que recebia muitas e estranhas acusações. Mas não podia ser condenado de algo. Falavam de uma heresia, porque Jesus dizia que o sábado deles não representava um dia em que só era permitido descansar.

HERODES

Lucas 23 (6-16), Pedro 2 e 6 a 9

Pilatos, ouvindo falar da Galileia, perguntou se aquele homem era de lá. E sabendo que a jurisdição era de Herodes, remeteu-o a ele, que naqueles dias também estava em Jerusalém. Herodes alegrou-se muito ao ver Jesus, porque queria mesmo conhecê-lo, depois de ouvir muitas coisas a seu respeito, e esperava ainda presenciar algum sinal.

Então o interrogou sobre muitas coisas, e Jesus nada lhe respondia. Também estavam os chefes dos sacerdotes e os escrivães, fazendo graves acusações. Herodes e seus soldados, caçoando de Jesus, vestiram-no com uma roupa brilhante e enviaram-no de volta a Pilatos (e nesse mesmo dia, Pilatos e Herodes ficaram amigos, sendo que antes tratavam-se um ao outro com inimizade).

Pilatos chamou os chefes dos sacerdotes, os juízes e o povo dizendo que aquele homem fora apresentado como impostor diante do povo, mas que, examinando-o na presença de todos, não encontrou nele qualquer culpa das que o acusavam. Nem Herodes, a quem fora remetido, viu nele algo merecedor de morte. Assim, iria castigá-lo e depois soltá-lo.

> (O rei Herodes ordenou que Jesus fosse levado, dizendo para fazerem com ele tudo o que foi dito.
>
> Eles agarraram Jesus, o empurraram e diziam para arrastarem--no, pois tinham autoridade sobre o Filho de Deus. Vestiram-no de vermelho e o colocaram na cadeira de julgamento, dizendo ao rei de Israel que fosse justo ao julgar. Um deles trouxe uma coroa de espinhos e pôs na cabeça de Jesus. Outros lhe cuspiam na cara, outros o esbofeteavam e outros batiam-lhe com uma cana. E alguns o chicoteavam, dizendo que assim honrariam o Filho de Deus.)

JUDAS ARREPENDIDO

Mateus 27 (3-10)

Então Judas, que traíra Jesus, vendo ele ser condenado, arrependeu-se e levou de volta as 30 moedas de prata aos chefes dos sacerdotes e aos anciãos, dizendo que pecara, traindo sangue inocente. Mas disseram que aquilo pouco importava, e era assunto deles. Judas então jogou as moedas de prata no templo e saiu para se enforcar.

Os chefes dos sacerdotes, pegando as moedas de prata, disseram que não era lícito colocá-las na arca de ofertas, porque tinham preço de sangue. E depois de deliberarem em conselho, usaram-nas para comprar a olaria de um ceramista onde sepultariam os estrangeiros.

Por isso, por muito tempo aquele lugar foi chamado de Campo de Sangue. E assim se realizou o que previra o profeta Jeremias, que *pegaram as 30 moedas de prata, preço com que o avaliaram* alguns filhos de Israel, e compraram a olaria, *como Deus ordenara.*

BARRABÁS

Mateus 27 (15-26), Marcos 15 (6-15), Lucas 23 (17-24), João 18 (39-40), Pedro 1, Nicodemos 2 (1), 4 (1) e 9 (4)

Havia o costume de, durante a festa, o governador soltar um preso escolhido pelo povo: qualquer um que pedissem. Era necessário, assim, que na festa ele soltasse alguém. Então ele citou esse costume deles, de soltar alguém em razão da Páscoa, para perguntar se queriam soltar o rei dos judeus.

Entre os presos, havia um homem bastante conhecido de nome Barrabás, que participara junto com outros de um motim e matara uma pessoa (era uma revolta na cidade, em que ele praticou homicídio e acabou sendo preso).

A multidão, dando gritos, começou a pedir que se cumprisse aquele costume, e assim, quando estavam reunidos, Pilatos perguntou qual eles queriam que fosse solto: Barrabás ou Jesus, o rei dos judeus, chamado de Cristo (pois ele sabia que os chefes dos sacerdotes haviam entregado Jesus por inveja).

Pilatos estava sentado no tribunal, e sua mulher mandou um recado pedindo que não entrasse em questão com aquele justo, pois ela sofrera muito por causa dele em um sonho.

> (Pediu que não tivesse nada com aquele homem justo, pois sofrera muito, de noite, por causa dele.)

Mas os chefes dos sacerdotes e os anciãos convenceram a multidão a escolher Barrabás, deixando que Jesus fosse morto. Então todos voltaram a gritar, dizendo não ser Jesus, e sim Barrabás. Barrabás era um bandido.

E toda a multidão passou a gritar para que não lhes fosse oferecido aquele, e que soltasse Barrabás. De novo Pilatos perguntou qual dos dois queriam que soltassem, e eles responderam Barrabás. Então o governador perguntou o que queriam que fizesse com Jesus, chamado de Cristo, o rei dos judeus. E todos voltaram a gritar que ele devia ser crucificado.

Pilatos, querendo soltar a Jesus, ainda perguntou outra vez, mas eles imploravam pelo contrário, dizendo para crucificar Jesus. O governador perguntou que mal ele havia feito, e eles gritavam ainda mais, pedindo que fosse crucificado.

Então ele perguntou pela terceira vez que mal ele teria feito, dizendo não encontrar nele qualquer culpa de morte. Disse que então o castigaria e soltaria, mas eles protestavam com grandes gritos, pedindo que fosse crucificado. E os seus gritos, e os dos chefes dos sacerdotes, redobravam. Então Pilatos considerou fazer o que eles pediam.

E, vendo que não adiantava, pois o tumulto aumentaria, pegou uma água e lavou as mãos diante da multidão, dizendo-se inocente do sangue daquele justo e pedindo que considerassem tal fato.

> (...entre os judeus, nenhum lavou as mãos. Nem Herodes, nem algum de seus juízes. E como eles não queriam lavar as mãos, Pilatos se levantou.)

E o povo todo, respondendo, autorizou que aquele sangue caísse sobre eles e os filhos deles. Então, querendo satisfazer a multidão, Pilatos soltou Barrabás e mandou primeiro chicoteá-lo, entregando Jesus para ser crucificado.

> (Os judeus disseram que era para aquele sangue cair sobre eles e seus filhos.
>
> Novamente os judeus gritavam, dizendo para aquele sangue cair sobre eles e sobre seus filhos.)

Notícia entre os romanos

Relatório (P) 6

Então Herodes, Arquelau, Filipe, Anás e Caifás, junto com o povo todo, trouxeram Jesus até Pilatos para ser interrogado. E porque alguns ameaçaram rebelar-se, ordenou a crucificação de Jesus.

48. Preparativos para a crucificação

TRAJES – GOZAÇÕES E MAUS-TRATOS

Mateus 27 (27-30), Marcos 15 (16-19), Lucas 23 (25)

O governador mandou soltar o que estava preso por revolta e assassinato, atendendo ao que o povo pedia. E entregou Jesus aos soldados, também conforme a vontade do povo.

Eles o levaram até a sala de audiência, e a corte toda foi convocada para reunir-se à sua volta. Pilatos aproximou-se de Jesus e chicoteou-o.

Então eles o despiram e o cobriram com uma capa vermelha. Teceram uma coroa de espinhos e colocaram em sua cabeça, e na mão direita um cajado. Alguns se ajoelhavam à frente e caçoavam dele, saudando-o como o rei dos judeus e dando-lhe bofetadas.

Cuspindo, tiravam dele o cajado e bateram com ele em sua cabeça, ferindo-o e cuspindo mais. E então ajoelharam como se o adorassem.

NOVAMENTE PILATOS

João 19 (4-15), Nicodemos 3 (1) e 9 (1)

Pilatos mais uma vez foi ao pátio e falou de Jesus à multidão, para que soubessem que não via qualquer crime nele.

> (Tinha o sol como testemunha de que não via nenhuma culpa naquele homem.)

Então trouxeram Jesus com a coroa de espinhos e a roupa vermelha para apresentá-lo a Pilatos. Ao vê-lo, os chefes dos sacerdotes e seus criados voltaram a gritar para que fosse crucificado. Pilatos disse para eles mesmos o pegarem e crucificarem, porque não via nenhum crime nele.

Os judeus responderam que tinham uma lei, e segundo ela, Jesus deveria morrer, porque se fez passar por Filho de Deus. Pilatos, ao ouvir essas palavras, ficou ainda mais amedrontado.

Então ele entrou de novo na sala de audiência e perguntou a Jesus de onde ele era. Mas Jesus não respondeu. Pilatos perguntou por que não falava com ele. Não sabia que ele tinha poder para crucificá-lo e para soltá-lo?

Jesus respondeu que Pilatos não teria nenhum poder contra ele, se não lhe fosse dado de cima. E disse que quem o entregou a ele tinha um pecado maior.

A partir de então Pilatos queria soltá-lo, mas os judeus gritavam dizendo que se ele o soltasse não seria amigo de César, pois qualquer um que se fazia rei era contra César.

> (Ele não seria amigo de César se soltasse aquele homem, porque se disse rei e filho de Deus.)

Levando isso em consideração, Pilatos levou Jesus para fora e sentou-se no tribunal, no lugar chamado Litóstrotos, que em hebraico se dizia *Gabatá*.

Faziam-se os preparativos da Páscoa e já eram quase seis horas, quando ele disse aos judeus que o rei deles estava ali. Mas eles gritaram para levá-lo de lá e crucificá-lo. Então Pilatos perguntou se crucificariam o próprio rei. Os chefes dos sacerdotes responderam que eles não tinham outro rei senão César.

CAMINHO ATÉ O LOCAL

Mateus 27 (31-34), Marcos 15 (20-23), Lucas 23 (26-32), João 19 (16-17)

E com isso, ele entregou Jesus para ser crucificado. Depois de muito o caçoarem, tiraram dele a capa vermelha, puseram de novo a sua própria roupa e o levaram para fora, decididos a crucificá-lo. Então pegaram Jesus e o levaram em direção ao lugar combinado, carregando nas costas a sua cruz.

Quando saíam, viram um cireneu de nome Simão, pai de Alexandre e Rufo, que vinha do campo e passava por lá. Então puseram a cruz nas costas dele e o abrigaram a carregar, caminhando atrás de Jesus.

Quando chegaram ao lugar de nome Gólgota, chamado de Lugar da Caveira, deram vinagre misturado com bile para Jesus beber. Ele provou e não quis.

Uma grande multidão de homens e mulheres o seguia, batendo com as mãos no peito e lamentando. E Jesus, voltando-se para ela, disse às filhas de Jerusalém que não chorassem por ele, mas por elas mesmas e por seus filhos. Porque viriam dias em que diriam ser *felizes as estéreis, e os ventres que não geraram, e os peitos que não amamentaram.*

Disse que então pediriam às montanhas que caíssem sobre eles e aos montes para cobri-los. Porque se faziam aquilo à lenha verde, o que fariam à seca?

E com Jesus eram conduzidos outros dois homens, ladrões, para serem mortos junto com ele.

REPARTIÇÃO DAS VESTES

Mateus 27 (35-36), Marcos 15 (24-25), Lucas 23 (34), João 19 (23-24), Pedro 12, Nicodemos 10 (1)

> (E pondo as roupas na frente dele, dividiram-se e sortearam entre si.)

Quando os soldados o colocaram na cruz, Jesus disse ao Pai para perdoá-los, pois não sabiam o que faziam.

> (Pediu ao Pai que os perdoasse, pois não sabiam o que faziam.)

Então dividiram suas roupas e tiraram na sorte o que cada um levaria (fizeram quatro partes, e cada soldado levaria uma). Também tinha a túnica, mas ela era tecida por inteiro, de alto a baixo, e não tinha costura. Então disseram entre si que não deviam rasgá-la, mas também tirar na sorte, para ver com quem ficaria.

E era para se cumprir a Escritura, no que o profeta deixou escrito: *repartiram entre eles as suas roupas e tiraram na sorte a sua túnica.* E assim os soldados fizeram isso. Todos esperavam ali sentados, e quando deu três horas, eles o crucificaram.

INSCRIÇÃO

Mateus 27 (37), Marcos 15 (26), Lucas 23 (38), João 19 (19-22), Pedro (11)

Sobre a cabeça dele, na parte de cima da cruz, Pilatos escreveu a acusação: *este é Jesus Nazareno, o rei dos judeus*. A frase estava escrita em letras gregas, romanas e hebraicas.

E muitos dos judeus leram a inscrição, porque o lugar onde crucificavam Jesus era próximo à cidade. E os chefes dos sacerdotes dos judeus disseram a Pilatos para não escrever *o rei dos judeus*, mas o que *se declarou o rei dos judeus*.

Mas Pilatos respondeu que aquilo já estava escrito.

> (E quando endireitaram a cruz, escreveram nela que aquele era o rei de Israel.)

LADRÕES

Mateus 27 (38 e 44), Marcos 15 (27-28), Lucas 23 (33 e 39-43), João 19 (18), Pedro 10 e 13, José (de A) 3 (4)

> (Trouxeram dois ladrões e crucificaram Jesus no meio deles. E ele ficou em silêncio, como se não sentisse dor.)

Foi no lugar chamado Caveira que Jesus foi crucificado com os dois ladrões, um à direita e outro à esquerda (ficaram um de cada lado e Jesus no meio), cumprindo-se a escritura que dizia que ele seria *incluído entre os malfeitores*.

> (Um dos ladrões reclamou ao outro, dizendo que eles dois sofriam por males praticados, mas Jesus, nascido o Salvador da humanidade, que mal fizera?)

Um dos ladrões pendurados quis ofender Jesus, dizendo que, se ele era o Cristo, devia salvar a si mesmo e a eles dois. Mas o outro o repreendeu, perguntando se nem recebendo condenação idêntica ele temia a Deus. Disse que os dois receberam a justiça, e iriam pagar pelo que fizeram, mas Jesus não fizera mal algum.

E chamando Jesus de Mestre, pediu que lembrasse dele quando entrasse em seu reino. Jesus respondeu que, na verdade, naquele mesmo dia eles entrariam juntos no Paraíso.

(Disse a ele *Amém*, e que naquele mesmo dia estariam juntos no paraíso.)

OFENSAS

Mateus 27 (39-44), Marcos 15 (29-32), Lucas 23 (35-37), José (de A) 3 (2)

Os que passavam por ali, pessoas do povo que estavam olhando, tentavam ofendê-lo balançando suas cabeças e dizendo que ele, que destruiria o templo e o reergueria em três dias, devia salvar a si mesmo. E se era mesmo Filho de Deus, por que não descia da cruz?

Também os chefes dos sacerdotes junto com os escrivães, os anciãos e os fariseus diziam uns aos outros, caçoando dele, que a outros ele salvara, mas a si mesmo não podia. Se era Cristo, o escolhido de Deus, rei de Israel, que descesse naquela hora da cruz para que o vissem e acreditassem nele – pois confiava que Deus o amava, dizendo-se Filho dele.

Um dos ladrões crucificados também o acusava daquelas coisas e o insultava, assim como os soldados, que se aproximaram oferecendo vinagre, e disseram que, se ele era o rei dos judeus, devia salvar a si mesmo.

(Se ele era o Cristo, devia descer da cruz para que acreditassem nele.)

49. Apoteose e glorificação

MULHERES E DISCÍPULO

Mateus 27 (55-56), Marcos 15 (40-41), João 19 (25-27)

Estavam ali, olhando de longe, algumas mulheres das que o seguiam e serviam quando ele estava na Galileia. Entre elas, Maria Madalena e Maria – mãe de Tiago, o menor, e de José –, Salomé e a mãe dos filhos de Zebedeu. E também muitas outras que tinham ido com ele a Jerusalém.

Junto à cruz de Jesus estavam sua mãe, a irmã de sua mãe – Maria, mulher de Clopas – e Maria Madalena. E Jesus, vendo ali sua mãe – e que o discípulo a quem ele amava estava presente –, chamou-a de Mulher e disse que ali estava o seu filho. E depois disse ao discípulo que ali estava a mãe dele. E desde aquela hora o discípulo a recebeu em sua casa.

PALAVRAS DE JESUS

Mateus 27 (46-49), Marcos 15 (34-36), João 19 (28-29), Pedro 16

Perto da nona hora Jesus deu um grito dizendo *Êli, Êli, lema sabakhthani?* (*meu Deus, por que me desamparou?*). E alguns que estavam ali, ouvindo, diziam que ele estava chamando por Elias. Outros diziam que era para deixar e ver se Elias viria libertá-lo.

Em seguida, um deles correu, pegou uma esponja, embebeu-a em vinagre e a pôs numa vara, dando a Jesus de beber.

> (Um deles sugeriu que lhe dessem bile com vinagre para beber. Fizeram a mistura e deram a ele.)

(Depois, sabendo que todas aquelas coisas estavam terminadas – e era para se cumprir a Escritura –, Jesus disse que tinha sede. Havia ali um vaso cheio de vinagre e encheram uma esponja com ele, pondo-a numa vara e levando-lhe à boca.)

Crucificação

EXPIRAÇÃO

Mateus 27 (50), Marcos 15 (37), Lucas 23 (46), João 19 (30), Pedro 17 a 19

Quando Jesus tomou o vinagre, disse estar tudo concluído. E, inclinando a cabeça, soltou de novo um grande grito e disse ao Pai que se punha em suas mãos. E ao dizer isso, entregou o espírito.

(Cumpriram-se todas aquelas coisas e tornaram completo o erro sobre suas cabeças. Muitos andavam à volta com suas lamparinas, achando que era noite, e tropeçavam. E Jesus gritou, dizendo que fora abandonado pelo poder. E depois disso, foi levado para cima.)

SOMBRAS

Mateus 27 (45 e 51-53), Marcos 15 (33 e 38), Lucas 23 (44-45), Pedro 15, 20 e 22, José (de A) 3 (4)

(Era meio-dia, e toda a Judeia foi tomada por uma escuridão. Todos se assustaram, apenas aliviados porque o sol não tinha se posto e ele ainda estava vivo. Pois dizem as escrituras que *o sol não deve se pôr sobre um executado.*)

Da sexta à nona hora houve sombras sobre toda a Terra (eram quase seis horas quando elas começaram e se estenderam sobre toda a Terra durante três horas, com o sol ficando escuro).

(Então o sol brilhou e viu-se que eram nove horas. No mesmo instante, *o véu do templo de Jerusalém rasgou-se em dois.*)

O véu do templo rasgou-se ao meio, dividindo-se de alto a baixo em dois. A terra tremeu, as pedras racharam, os túmulos se abriram e muitos corpos de santos que dormiam foram ressuscitados. E depois disso, saindo dos túmulos, eles entraram na cidade santa e muitos os viram.

(E toda a Terra foi encoberta pela escuridão. Deu-se um grande terremoto, e o templo desabou, assim como o seu vértice e toda a frente, sua sustentação e o telhado.)

Notícia entre os romanos

Pilatos 7 a 11, José (de A) 3 (4), Nicodemos 12 (1)

Durante a crucificação, uma escuridão cobriu toda a terra, o sol desapareceu e o céu ficou escuro, embora fosse dia. Viam-se estrelas, mesmo que foscas, como era de conhecimento do imperador, porque no mundo todo se acenderam lamparinas às seis horas e até a noite.

A lua parecia ensanguentada e não brilhou durante toda a noite, embora estivesse cheia. *As estrelas e Órion se lamentavam por causa dos judeus* e de sua *transgressão.*

(Até o sábado, primeiro dia da semana.)

Na manhã de sábado (primeiro dia), por volta das três da madrugada, o sol surgiu brilhando como nunca. E todo o céu se iluminou. E à maneira dos relâmpagos no inverno, apareceram no ar alguns homens iluminados vestindo uma bela roupa e uma glória indizível, junto a uma *multidão incontável de anjos* que louvavam a Deus proclamando a *glória das alturas* e a *paz na Terra às pessoas de boa vontade.*

E chamavam a subir do Hades os escravizados no inferno. E com as vozes deles, as montanhas e os morros foram todos balançados, e as rochas sofreram rachaduras e formaram grandes abismos na terra, mostrando as zonas de despenhadeiro.

Naquele terror, apareceram mortos levantados, como os próprios judeus observaram e disseram ter visto Abraão, Isaac, Jacó e os doze patriarcas mortos há mais de 2500 anos, e visto claramente Noé em carne e osso.

(Mas os filhos do reino, os filhos de Abraão, Isaac, Jacó e Moisés seriam atirados na escuridão externa, onde haveria choro e ranger de dentes.)

E toda a multidão andava e cantava em voz alta um hino a Deus, dizendo ser aquele que levantou dos mortos, e que Deus ressuscitou todos os mortos e acabou com Hades.

Pilatos também disse ao imperador que naquela noite a luz continuou. Muitos judeus morreram, submergiram e foram engolidos pelos abismos, e seus corpos desapareceram. Os judeus que eram contra Jesus sofreram, e só uma sinagoga ficou de pé em Jerusalém, e todas as que se opuseram a Jesus submergiram.

E Pilatos ficou em choque com o terror e dominado pelos tremores.

COMOÇÃO

Mateus 27 (54), Marcos 15 (39), Lucas 23 (47-49)

O centurião que estava em frente, e os que com ele tomavam conta de Jesus, vendo que ele expirara assim gritando, e vendo o terremoto e as coisas que aconteciam, tiveram um grande medo e diziam ser aquele verdadeiramente o Filho de Deus. O centurião deu glória ao Criador e disse que aquele homem, na verdade, era justo.

E toda a multidão que se juntara ao espetáculo, vendo o acontecido, voltava batendo no peito. E todos os seus conhecidos, e as mulheres que o haviam acompanhado desde a Galileia, ficaram de longe vendo aquelas coisas.

RETIRADA DO CORPO

João 19 (31-37), Pedro 14 e 21

> (E então arrancaram os pregos das mãos dele e o puseram no chão. Toda a terra tremeu e houve um grande medo.
>
> Furiosos com ele, resolveram quebrar suas pernas, *para que morresse torturado*.)

Os judeus, para que não ficassem os corpos na cruz (pois era o dia da Preparação – da Páscoa – para o grande o sábado solene), pediram a Pilatos que quebrassem as pernas deles e os retirassem.

Então foram os soldados e quebraram, na verdade, as pernas do primeiro e do outro que foram crucificados como ele. Mas aproximando-se de Jesus, e vendo que estava morto, não quebraram suas pernas. E um dos soldados furou com a lança um de seus lados, e logo saíram dele sangue e água.

E quem o viu deu testemunho e disse a verdade, para todos também acreditarem. Porque tudo aconteceu para se cumprir a Escritura, dizendo que *nenhum de seus ossos seria quebrado*. E também estava escrito que *veriam aquele que traspassaram*.

SEPULTAMENTO

Mateus 27 (57-61), Marcos 15 (42-47), Lucas 23 (50-56), João 19 (38-42), Pedro 3-5 e 23-24

Era tarde, ainda no dia da Preparação (a véspera), e amanhecia o sábado. Chegou um homem rico chamado José, que era da Arimateia, uma cidade dos judeus.

José, um senador honrado, homem justo e bom, que não tinha consentido no conselho e nos atos dos outros (ele era também discípulo de Jesus, mas às escondidas, por medo dos judeus, e esperava o reino de Deus), ousadamente falou com Pilatos pedindo o corpo de Jesus, e Pilatos ordenou que lhe dessem.

> (José, amigo de Pilatos e de Jesus, estava ali e percebeu que iriam crucificá-lo. Foi falar com Pilatos e pediu o corpo de Jesus para que pudesse sepultá-lo. Então Pilatos enviou alguém a Herodes para pedir o corpo. Herodes, chamando Pilatos de irmão, respondeu que se ele não tivesse pedido, eles iriam sepultá-lo, porque o sábado já estava despontando. Afinal, estava escrito na Lei que o sol não podia se pôr sobre um executado. E ele entregou-o ao povo um dia antes da festa dos Pães Ázimos.)

Pilatos se surpreendeu por ele já estar morto, e chamando o centurião, perguntou se já havia algum tempo que Jesus tinha morrido. E tendo se certificado pelo centurião, deu o corpo a José.

E com ele também foi Nicodemos (que anteriormente se dirigira de noite a Jesus), levando quase cem arráteis de um composto de mirra e aloés.

> (Os judeus se alegraram e deram o corpo dele a José para que o sepultasse, pois havia presenciado as tantas coisas boas feitas por Jesus. E recebendo o corpo, José o envolveu em um lençol de linho, levando-o para o seu próprio túmulo, chamado Jardim de José.)

José tirou-o da cruz, e eles pegaram o corpo de Jesus, envolvendo-o em lençóis com as especiarias, como os judeus costumavam fazer, na preparação para o túmulo. Era um lençol fino e limpo o que ele havia comprado, e então o colocaram em seu novo túmulo, que José havia aberto em uma rocha, onde ninguém ainda havia sido posto (era um pomar que fazia parte daquele mesmo lugar onde Jesus fora crucificado, e o novo túmulo ficava nele).

E porque era a Preparação dos judeus, e porque aquele túmulo era perto, puseram ali o corpo de Jesus.

Rolando uma grande pedra para a porta desse túmulo, José saiu de lá. As mulheres que vieram com Jesus da Galileia também o seguiram e haviam visto o túmulo e como o corpo fora colocado.

Estavam ali Maria Madalena e a outra Maria, mãe de José, sentadas em frente ao túmulo, observando onde o haviam colocado. E na volta, elas prepararam especiarias e bálsamos para no sábado descansarem, como era o mandamento.

PRECAUÇÃO DOS SACERDOTES

Mateus 27 (61-66), Pedro 25 a 33

> Então os judeus, os anciãos e os sacerdotes, percebendo o mal que haviam feito a si mesmos, começaram a lamentar-se pelos erros e a dizer que o julgamento e o fim de Jerusalém estavam próximos.
>
> Pedro se entristecia junto com seus companheiros. E com a consciência atravessada, eles se escondiam, pois eram procurados pelos outros como *criminosos que queriam incendiar o templo.*
>
> Em meio a isso, eles jejuaram e ficaram sentados, de luto, chorando noite e dia, até sábado. Já os escrivães, os fariseus e os anciãos, reunidos, souberam que o povo todo murmurava e batia no peito dizendo que, se na morte de Jesus aconteceram todos aqueles sinais, via-se o quanto ele era justo.

Naquele dia, seguinte ao da Preparação, os chefes dos sacerdotes se reuniram com os fariseus na casa de Pilatos e, chamando-o de Senhor, disseram ter lembrado que Jesus (que eles chamaram de enganador), quando ainda estava vivo, disse que depois de três dias ele ressuscitaria.

> (E os anciãos, com medo, foram até Pilatos, precisando dele e pedindo...)

Então pediram que ele mandasse guardas que vigiassem o túmulo, para ficar tudo em segurança até o terceiro dia. Isso para não acontecer de seus discípulos irem à noite e roubarem o corpo, dizendo ao povo que ele havia ressuscitado dos mortos, e assim o último erro seria ainda pior do que o primeiro.

(...que desse soldados para vigiarem o túmulo de Jesus por três dias. Assim, os discípulos não roubariam seu corpo fazendo o povo entender que ele havia ressuscitado, pois nesse caso fariam mal a eles.)

Pilatos lhes disse que teriam a guarda, e era para irem e vigiarem como queriam. Assim, mantiveram o túmulo sob a vigia de dois homens, fechando a pedra.

(Pilatos lhes cedeu o centurião Petrônio e alguns soldados para tomar conta do túmulo. Os anciãos e os escrivães foram com eles. E com o centurião e os soldados, os que estavam ali rolaram uma grande pedra e a puseram na entrada do túmulo. E o ungiram com sete selos, e depois de montar a tenda, passaram a vigiar.)

50. EPISÓDIOS DA PÓS-CRUCIFICAÇÃO

MADALENA, DOIS DISCÍPULOS E O TÚMULO VAZIO

João 20 (1-10)

No primeiro dia da semana, ainda no escuro, de madrugada, Maria Madalena foi até o túmulo e viu que a pedra havia sido retirada da porta. Então ela correu para onde estavam Simão Pedro e o outro discípulo que Jesus amava e contou-lhes o que viu: haviam tirado o Mestre do túmulo, e não se sabia onde estava.

Pedro e o outro discípulo foram até o túmulo juntos, correndo, mas o outro discípulo correu mais do que Pedro e chegou primeiro. Abaixando-se, ele viu os lençóis no chão, mas preferiu não entrar.

Simão Pedro, que vinha atrás, chegou e já entrou no túmulo, vendo no chão os lençóis, e que o lenço que haviam deixado na cabeça de Jesus não estava com os lençóis, mas enrolado num lugar à parte.

Então também entrou o outro discípulo (que chegara primeiro ao túmulo), viu e acreditou. Porque ainda não sabiam que a Escritura dizia que era preciso ele *ressuscitar dos mortos*. Então os discípulos voltaram para casa.

ANÚNCIO DO(S) ANJO(S) ÀS DUAS MULHERES

Mateus 28 (1-7), Marcos 16 (1-7), Lucas 24 (1-8), João 20 (11-13), Pedro 34 a 45 e 50 a 57

> (Quando veio a madrugada de sábado, uma multidão de Jerusalém e dos arredores chegou para ver o túmulo fechado.)

Isso porque, antes de terminar o sábado, Maria Madalena e Maria, mãe de Tiago, e também Salomé haviam comprado aromas para ungir o corpo de Jesus. E quando ainda no fim do sábado, muito de madrugada, despontando o primeiro dia da semana, Maria Madalena e a outra Maria decidiram ver o túmulo de manhã cedo, ao nascer do sol, levaram com elas outras mulheres e algumas especiarias que tinham preparado. E no caminho confabulavam sobre quem revolveria a pedra da porta do túmulo.

> (Na madrugada do domingo, Maria Madalena, discípula de Jesus, com medo dos judeus – que estavam com raiva –, ainda não fizera no túmulo dele as coisas que as mulheres costumavam fazer pelos mortos amados. Mas, pegando as amigas, foi para o túmulo onde ele estava.
>
> Temendo que os judeus as vissem, elas disseram que, apesar de não conseguirem chorar e se lamentar no dia em que ele foi crucificado, deviam agora fazer essas coisas no túmulo dele. Mas quem rolaria a pedra colocada na entrada, para elas entrarem e sentarem junto dele, fazendo as coisas que eram devidas?
>
> Afinal, a pedra era enorme. E receavam que alguém as visse. Se não conseguissem, deixariam junto à estrada as coisas que levavam para homenageá-lo e então chorariam, lamentariam e depois voltariam às suas casas.)

Quando olharam, viram a pedra já revolvida. E ela era muito grande. Isso porque Maria chorava do lado de fora, junto ao túmulo, e ainda chorando pôde ver dentro dele dois anjos vestidos de branco, sentados onde estava o corpo de Jesus, um à cabeceira e outro aos pés.

E chamando-a de Mulher, eles perguntaram por que chorava, e ela disse que era porque haviam levado o seu Mestre e não sabia onde o tinham deixado.

Isso porque houve um grande terremoto quando um anjo de Deus, vindo do céu, chegara e removera a pedra da porta, sentando-se sobre ela.

> (Na noite de sábado para domingo, com os soldados fazendo a vigia de dois em dois, ouviu-se do céu uma grande voz. Viram os céus abertos e dois homens brilhantes descendo de lá e se aproximando do túmulo.
>
> A pedra que haviam posto na porta rolara por si mesma e ficara ao lado. O túmulo se abriu, e os dois jovens entraram. Os soldados perceberam e acordaram o centurião e os anciãos, que também vigiavam. Estavam explicando o ocorrido quando viram três homens saindo do túmulo, dois deles apoiando o terceiro, e a cruz os seguindo.

A cabeça dos dois ia até o céu, mas a cabeça do terceiro, que era conduzido, o ultrapassava. Então ouviram uma voz perguntando do céu se ele anunciara aos que dormiam. E da cruz veio uma resposta, dizendo que sim.

Eles decidiram sair e contar isso tudo a Pilatos. Quando ainda deliberavam, os céus de novo se mostraram abertos, e alguém desceu e entrou no túmulo. Os que acompanhavam o centurião, vendo isso, se apressaram e foram de noite até Pilatos, afastando-se do túmulo vigiado. Muito angustiados, contaram a ele tudo o que viram, dizendo que Jesus era verdadeiramente filho de Deus.)

Maria Madalena e Maria, entrando no túmulo, viram um jovem sentado à direita, vestido de uma roupa comprida e branca e ficaram assustadas. O seu aspecto era o de um relâmpago, e suas roupas eram brancas como a neve. Os guardas, com medo dele, ficaram apavorados e não se mexiam, como se estivessem mortos.

Mas o anjo disse às mulheres para não temerem, pois sabia que elas procuravam Jesus Nazareno, que fora crucificado. Disse que ele não estava mais lá, pois já ressuscitara, como havia dito. Então convidou-as a ver o lugar onde o Mestre estava, mostrando onde o puseram. E elas entrando, não acharam o corpo do Mestre Jesus.

Elas estavam muito perplexas com isso quando dois homens de vestes resplandecentes pararam junto a elas. Muito amedrontadas, elas abaixaram o rosto, e eles lhes perguntaram por que procuravam o vivo entre os mortos.

Disseram que ele não estava lá, pois ressuscitara. E pediram que lembrassem do que falou quando ainda estava na Galileia: era preciso o Filho Humano ser entregue nas mãos de homens pecadores, e ser crucificado, para ressuscitar no terceiro dia. E elas lembraram daquelas suas palavras.

Os anjos pediram que elas fossem imediatamente contar aos discípulos e a Pedro que Jesus já havia ressuscitado dos mortos e que ele iria à frente deles para a Galileia, onde o veriam, como havia sido explicado por ele. E era o que o anjo tinha a dizer.

(Quando chegaram, viram o túmulo aberto. Aproximando-se, perceberam lá dentro um jovem belo, sentado no meio do túmulo e vestindo uma capa brilhante. Ele lhes perguntou por que estavam lá e por quem procuravam. Seria o crucificado? Disse que ele ressuscitara e partira. Caso não acreditassem, podiam olhar o lugar onde haviam deixado o corpo dele e ver que já não estava, pois ressuscitara e voltara para o lugar de onde fora enviado. Então, as mulheres, com medo, fugiram.)

ENCONTRO DE JESUS COM AS MULHERES

Mateus 28 (8-10), Marcos 16 (8-9), João 20 (14-17)

Então Maria Madalena voltou-se para trás e viu Jesus em pé, mas não sabia que era ele. Chamando-a de Mulher, Jesus perguntou por que chorava e por quem procurava. Ela, pensando ser o jardineiro, chamou-o de Senhor e pediu que, se o houvesse tirado, era para dizer onde estava o corpo que ela o levaria.

Jesus chamou-a de Maria, e ela, voltando-se, disse-lhe *Rabbouní* (que quer dizer Mestre). Jesus pediu que ela não o detivesse, pois ainda não havia subido para seu Pai, mas fosse até seus irmãos e contasse que ele subiria para o Pai dele e deles – o Deus dele e deles.

E saindo apressadamente do túmulo (fugindo de lá por estarem tomadas de temor e assombro, mas com grande alegria), elas correram para anunciar aquilo aos discípulos (sem antes dizer nada a ninguém, porque temiam).

E quando iam dar as boas-novas aos discípulos, no caminho, Jesus apareceu e cumprimentou-as (pois ressuscitara na manhã do primeiro dia da semana e aparecera primeiramente a Maria Madalena, da qual tinha expulsado sete demônios). Elas, indo a ele, abraçaram seus pés e o adoraram. Então Jesus disse para elas não temerem e fossem encontrar seus irmãos, que iriam à Galileia e lá o veriam.

ESTRATÉGIA DOS SACERDOTES

Mateus 28 (11-15), Pedro 46 a 49

Quando elas saíram do túmulo, alguns dos guardas notaram e foram à cidade anunciar aos chefes dos sacerdotes todo o ocorrido. Os chefes se reuniram com os anciãos e, aconselhando-se uns aos outros, deram muito dinheiro aos soldados, explicando o que eles deveriam dizer: que à noite os discípulos dele foram lá e, enquanto os guardas dormiam, roubaram o corpo.

E se aquilo chegasse ao ouvido do governador, eles o convenceriam e garantiriam a segurança dos guardas. E eles, recebendo o dinheiro, seguiram aquelas instruções. E até nos tempos futuros, essa versão seria divulgada entre os judeus.

> (Depois de ouvir, Pilatos respondeu estar puro sobre o sangue do Filho de Deus, pois foram eles que assim quiseram. Em seguida, todos se aproximaram e pediram que ele mandasse o centurião e os soldados não dizerem a ninguém o que viram. Achavam melhor cometer esse grande erro diante de Deus do que caírem nas mãos do povo dos judeus e serem apedrejados. Pilatos ordenou que o centurião e os soldados nada dissessem.)

ENCONTRO DE MADALENA COM OS DISCÍPULOS

Marcos 16 (10-11), Lucas 24 (9-12), João 20 (18)

Depois de voltar do túmulo, e de ter encontrado Jesus, Maria Madalena foi anunciar todas aquelas coisas aos onze e aos que conviveram com ele. Encontrou-os tristes e chorando, e então contou que vira o Mestre e tudo o que ele dissera. As que contaram aquelas coisas aos apóstolos eram Maria Madalena, Joana, Maria, a mãe de Tiago, e as outras que estavam com elas.

E eles, ouvindo dizer que Jesus estava vivo, e que tinha sido visto por ela, não acreditaram, pois suas palavras soaram como um delírio. Pedro, porém, levantando-se, correu para o túmulo e, abaixando-se, viu só os lençóis ali postos. E retirou-se, admirando-se com aquele caso.

51. ENCONTROS DE JESUS COM SEUS DISCÍPULOS

CONVERSA PELO CAMINHO

Marcos 16 (12-13), Lucas 24 (13-35), Pedro 58 e 59, Tomé (d) 52 (1-2)

> No último dia da festa dos Pães Ázimos, muitos voltaram às suas casas, e a festa acabou. Mas eles, os doze discípulos de Jesus, choraram e ficaram de luto. E cada um, cumprido o luto, voltou à sua casa.

Naquele mesmo dia, dois dos discípulos seguiram para uma aldeia chamada Emaús, que ficava a uns oito quilômetros de Jerusalém. E iam conversando sobre tudo o que havia ocorrido.

Em meio à conversa, enquanto caminhavam e faziam perguntas entre si, Jesus se aproximou e andou com eles. Mas era como se os olhos deles estivessem fechados para não o reconhecerem.

Então Jesus perguntou sobre o que eles conversavam durante o caminho e por que estavam tristes. Um deles, chamado Cleopas, perguntou se ele era o único andarilho em Jerusalém a não saber das coisas ocorridas aqueles dias na região.

Perguntando quais, eles disseram que diziam respeito a Jesus Nazareno, que fora um profeta poderoso em obras e palavras diante de Deus e de todo o povo. E falaram de como os chefes dos sacerdotes e outras autoridades o levaram à condenação de morte e o crucificaram.

Contou que esperavam que ele fosse o Salvador de Israel, mas já se passavam três dias desde que aquelas coisas aconteceram. Por outro lado, era verdade que algumas mulheres do grupo falaram maravilhas: disseram ter ido de madrugada ao túmulo e não acharam o seu corpo.

Voltando, contaram também sobre uma visão de anjos dizendo que ele estava vivo. E alguns dos discípulos foram até o túmulo e o encontraram como fora descrito pelas mulheres, mas não viram Jesus.

Então Jesus chamou os que caminhavam de tolos e tardios em acreditar naquilo tudo que os profetas diziam. Perguntou se por acaso não convinha que o Cristo suportasse aquelas coisas e entrasse em sua glória. E começando por Moisés, e passando todos os profetas, explicou a eles tudo o que se falava sobre o Cristo nas Escrituras.

> (Os discípulos disseram que 24 profetas falaram em Israel, e todos por meio dele. Ele respondeu que eles afastaram o vivo à frente deles e falaram dos mortos.)

Chegando à aldeia aonde eles iam, Jesus deu a entender que seguiria em frente. Os dois tentaram convencê-lo a ficar, pois já era tarde e o dia estava terminando. Então Jesus entrou para ficar com eles.

Quando estavam à mesa, Jesus pegou o pão, abençoou-o, partiu e deu a eles. Então os olhos deles se abriram e reconheceram Jesus, mas ele desapareceu em seguida. Um deles perguntou ao outro se acaso também sentia o seu coração arder quando, no caminho, Jesus falava e explicava sobre as Escrituras.

Na mesma hora eles se levantaram e voltaram para Jerusalém, encontrando os onze reunidos, e outros que estavam com eles. Então ouviram dizer que o Mestre havia verdadeiramente ressuscitado, e já aparecera a Simão. E eles contaram como o encontraram e tudo o que acontecera no caminho, e como o reconheceram quando partiu o pão.

E depois Jesus se manifestou de outra maneira a dois deles, que caminhavam para o campo. E estes anunciaram Jesus a outros, mas nem assim acreditaram.

ENCONTRO COM OS ONZE

Mateus 28 (16-20), Marcos 16 (14-18 e 20), Lucas 24 (36-50 e 52-53), João 20 (19-23 e 30-31), Nicodemos 14 (1)

Então os onze discípulos partiram para a Galileia, até o monte que Jesus havia indicado a eles. E quando veio a tarde daquele dia, o primeiro da semana, os discípulos voltaram à casa para se reunir e fecharam as portas, com medo dos judeus.

Estavam sentados à mesa, falando daquelas coisas, quando finalmente Jesus apareceu aos onze, pondo-se no meio e apresentando-se. Desejou *que a paz estivesse com eles* e criticou a falta de fé e a dureza de seus corações, por não acreditarem nos que já o haviam visto ressuscitado.

E quando o viram o adoraram, mas alguns duvidaram. Espantados e amedrontados, pensavam estar vendo um espírito. Então Jesus perguntou por que estavam aflitos e por que saíam aqueles pensamentos de seus corações. Mostrando as suas mãos e os pés, disse que era ele mesmo.

Falou para apalparem e verem, pois, um espírito não teria carne nem ossos, como viam que ele tinha. E disse aquilo mostrando as mãos, os pés, e também o lado, fazendo os discípulos se alegrarem ao ver o Mestre.

E desejou de novo *que a Paz estivesse com eles*, dizendo que, assim como o Pai o enviara, ele também os enviaria. Dizendo isso, soprou sobre eles e disse para receberem o Espírito Santo. A quem perdoassem os pecados eles seriam perdoados, e a quem retivessem, seriam retidos.

E com eles ainda maravilhados, e não acreditando, de tanta alegria, Jesus perguntou se tinham alguma coisa para comer. Então deram-lhe um pedaço de peixe assado e um favo de mel. Ele pegou-os e comeu na frente de todos.

Em seguida, repetiu as palavras que dissera quando ainda estava com eles: era necessário cumprir-se tudo o que estava escrito sobre ele na lei de Moisés, nos profetas e nos Salmos.

Assim, abriu-lhes o entendimento para compreenderem as Escrituras, dizendo estar escrito ser preciso que o Cristo morresse, e no terceiro dia ressuscitasse dos mortos.

E aproximando-se, Jesus disse para eles percorrerem o mundo, pregando o Evangelho a todos os seres. Quem acreditasse e fosse batizado seria salvo, e quem não o fizesse seria condenado.

Contou que lhe fora dado todo poder no Céu e na Terra, e assim eles deviam pregar e conseguir adeptos de todas as nações e batizá-los em nome do Pai, do Filho e do Espírito Santo, ensinando-os a conservar todas as coisas que Jesus havia passado a eles.

E os que acreditassem seguiriam os seguintes sinais: expulsariam os demônios em seu nome e falariam novas línguas. Pegariam nas cobras, e se bebessem algo de mortífero, aquilo não lhes causaria dano algum. E pondo as mãos sobre os doentes, os curariam.

> (Aqueles sinais acompanhariam os que acreditavam: em seu nome expulsariam demônios, falariam em novas línguas, levantariam cobras, e, se bebessem algo mortífero, aquilo não lhes faria mal. Poriam as mãos sobre os doentes e eles seriam curados.)

Em seu nome eles pregariam o arrependimento e a absolvição dos pecados a todos os povos, começando por Jerusalém. E seriam testemunhas dessas coisas. Jesus enviava a eles a promessa de seu Pai, mas deviam ficar na cidade de Jerusalém até serem revestidos de poder do alto. Então levou-os embora, até Betânia, onde, levantando as mãos, abençoou-os.

Eles, adorando-o, voltaram a Jerusalém em meio a uma imensa alegria. E estavam sempre no templo, louvando e bendizendo Deus. Amém.

Dali em diante, Jesus estaria com os discípulos todos os dias, até o fim dos tempos. E eles, ao partirem, pregariam por todos os lugares, tendo Deus a seu favor e confirmando a palavra com os sinais que se seguiram. Amém.

Jesus também operou na presença de seus discípulos muitos outros sinais que não foram narrados no livro. Mas foram escritos para que acreditassem que Jesus era Cristo, o Filho de Deus, e para que, acreditando, tivessem vida em seu nome.

DESCONFIANÇA DE TOMÉ

João 20 (24-29)

Tomé, um dos doze, também chamado de Dídimo, não estava com eles quando Jesus apareceu. Os outros discípulos disseram que viram o Mestre, e ele respondeu que, se não visse as marcas dos pregos nas mãos dele e não pusesse o dedo onde estavam aqueles pregos, nem a mão no lugar ferido, jamais acreditaria.

Oito dias depois os discípulos estavam novamente reunidos na casa, e dessa vez Tomé também estava. Mesmo com as portas fechadas, Jesus apareceu e colocou-se no meio, desejando *que a Paz estivesse com eles.* E depois disse a Tomé para pôr seu dedo ali e ver as mãos de Jesus, encostar a mão e colocá-la no lugar ferido. E pediu que não fosse cético, mas acreditasse.

Tomé deu graças a seu Mestre e a Deus, e então Jesus perguntou se ele só acreditou depois de vê-lo. Disse ser felizes os que acreditavam mesmo sem ver.

TERCEIRO ENCONTRO COM OS DISCÍPULOS

João 21 (1-14), Pedro 60

Depois disso, Jesus se manifestou de novo aos discípulos à beira do mar de Tiberíades.

(...Simão Pedro e André, seu irmão, pegaram suas redes e foram para o mar. E com eles estava Levi, filho de Alfeu, a quem Jesus...)

Estavam juntos Simão Pedro, Tomé (chamado Dídimo) e Natanael, que era de Caná da Galileia, filhos de Zebedeu, e outros dois dos discípulos. Simão Pedro avisou-os de que ia pescar, e eles disseram também ir. Eles logo subiram no barco e saíram, mas naquela noite não pescaram nada.

Já de manhã, Jesus apareceu na praia, e os discípulos não o reconheceram. Chamando-os de Filhos, Jesus perguntou se tinham algo para comer. Eles disseram que não, e Jesus os orientou a jogarem a rede no lado direito do barco. Lá haveria pesca. Eles jogaram e mal conseguiam tirá-la da água, tamanha a quantidade de peixes.

Então o discípulo amado por Jesus disse a Pedro que aquele homem era o Mestre deles, e quando Simão Pedro ouviu isso, enrolou-se com a túnica (porque estava nu) e lançou-se ao mar.

Pescaria

Os outros discípulos foram com o barco (porque estavam apenas a cem metros da terra) levando a rede cheia de peixes, e logo ao descerem, viram ali brasas com um peixe colocado em cima e pão.

Jesus pediu que lhes levasse os peixes apanhados, e Simão Pedro subiu no barco, puxando para terra a rede cheia com 153 grandes peixes (e mesmo sendo tantos, ela não se rompeu).

Jesus chamou-os para comer, e nenhum dos discípulos ousava perguntar quem era ele, sabendo que era o Mestre. Então Jesus chegou, pegou o pão e deu a eles, e do mesmo modo deu o peixe. Já era a terceira vez que ele se manifestava aos discípulos depois de ter ressuscitado dos mortos.

52. TESTEMUNHOS FINAIS

PALAVRAS A PEDRO

João 21 (15-19)

Depois de terem jantado, Jesus chamou Pedro de *Simão, filho de Jonas,* e perguntou se ele o amava mais do que os outros. Pedro, chamando-o de *Mestre,* respondeu que sim, e que Jesus o sabia. E Jesus lhe disse para *pastorear suas ovelhas.*

Numa segunda vez, também chamando-o de *Simão, filho de Jonas,* Jesus perguntou se ele o amava. E novamente Pedro chamou-o de *Mestre,* e disse que sim, e que ele sabia que o amava. E Jesus disse de novo para ele *pastorear suas ovelhas.*

E pela terceira vez chamou-o de *Simão, filho de Jonas,* perguntando se o amava. Pedro entristeceu-se porque era terceira vez que lhe perguntava se o amava, e chamou-o mais uma vez de *Mestre,* para dizer que Jesus sabia de tudo. E sabia que ele o amava. De novo, Jesus lhe disse para *pastorear suas ovelhas.*

E disse que, na verdade, quando Pedro era mais moço, cuidava de si mesmo e andava por onde queria. Mas quando fosse mais velho, estenderia suas mãos e outro o guiaria, e o levaria aonde ele não queria. Jesus disse isso para ilustrar o tipo de morte com que Pedro glorificaria a Deus. E depois dessas palavras, disse para segui-lo.

PALAVRAS SOBRE JOÃO

João 21 (20-25)

E Pedro, olhando para trás, viu que era seguido por aquele discípulo que Jesus amava e que na ceia também se reclinara sobre seu peito para perguntar ao Mestre quem o trairia. Vendo-o, Pedro chamou Jesus de Mestre e perguntou o que seria dele.

Jesus perguntou se caso ele ficasse até a sua volta, que diferença isso faria a Pedro? Pedro deveria apenas segui-lo.

E assim se espalhou entre os irmãos a ideia de que aquele discípulo não morreria. Mas Jesus não disse isso, e sim que, se quisesse ficar até a sua volta, o que importava a Pedro?

E esse era o discípulo que presenciara aquele episódio e o narrou, e todos saberiam que seu testemunho era verdadeiro.

Haveria ainda muitas outras coisas feitas por Jesus que, se fossem narradas uma a uma, seriam escritos tantos livros que nem caberiam no mundo. Amém.

CONVERSAS FILOSÓFICAS (RELATO DE MADALENA)
Maria (M) Ev. p. 7 -9, Maria (M) frag. 1

Sobre a matéria ser destruída, o Salvador disse que *todas as naturezas, as formas e criaturas existem em si e consigo. E não serão desintegradas em suas raízes. Pois a natureza da matéria só era desfeita nas raízes de sua natureza.* E quem tivesse ouvidos deveria ouvir.

Pedro pediu que, tendo explicado isso tudo a eles, lhes dissesse mais sobre o que era o pecado do mundo. E o Salvador disse que o pecado não existia. Mas eram eles que o cometiam ao fazer algo de natureza semelhante à da traição, chamado *pecado*. Por isso, o Bem viera para o meio deles, para as coisas de cada natureza, para restituí-la à raiz.

Prosseguindo, disse que por isso eles adoeciam e morriam, pois amavam aquilo que os enganaria. Quem tivesse entendimento deveria entender. A *matéria* dera origem a uma *paixão sem imagem*, que evoluiu de algo contrário à natureza. Com isso, houve uma inquietação em todo o corpo. E por isso ele dizia para se animarem. E se não se animassem, o fizessem na presença das *diferentes formas da natureza*. E quem tinha ouvidos deveria ouvir.

Quando o bem-aventurado parou de falar, cumprimentou a todos e desejou *paz* a eles. Ofereceu sua *paz*. E pediu que tivessem cuidado para que ninguém os desviasse do caminho, dizendo para olhar aqui ou ali, pois o *Filho Humano* estava dentro deles. Era para segui-lo. Os que procurassem o encontrariam. E disse para irem e pregarem o Evangelho (a boa notícia) do reino.

Não era para ditarem regras além das estabelecidas por ele. E não deviam ditar uma lei como o legislador para não serem constrangidos por ela. E depois de dizer essas coisas, ele partiu.

SUBIDA AO CÉU

Marcos 16 (19), Lucas 24 (51)

Depois de Jesus ter falado com eles, abençoou-os, distanciou-se e foi elevado ao Céu, onde foi bem-recebido e sentou-se à direita de Deus.

TEXTOS COMPLEMENTARES

ESCLARECIMENTOS INICIAIS

Entre as diversas ramificações do Cristianismo, religião que até pouco tempo arrebanhava o maior número de adeptos no mundo, a grande maioria defende a ideia de que nos quatro Evangelhos Bíblicos está revelada toda a verdade e o sentido completo de nossas existências, e que tudo seria questão de interpretá-los corretamente.

Este estudo não se atreve minimamente a entrar no campo das interpretações e a querer decifrar o verdadeiro sentido moral por trás de cada palavra que levaria ao aprimoramento seguro de quem pudesse entendê-la, até porque existe um grande número de especialistas estudados e aprofundados nesse ramo do conhecimento, a que se abrem um sem-número de possíveis significados. E sabe-se que uma pequena diferença de entendimento sobre o verdadeiro sentido de qualquer passagem poderia gerar mal-estar e até repúdio em quem se dedica a um ou outro ramo da cristandade e viesse, por algum acaso, a ter contato com as interpretações pessoais aqui elaboradas.

Assume-se, portanto, que aqui não se pretende defender ou questionar nenhum desses ramos, e que as observações apresentadas são apenas de relativização histórica e curiosidade linguística como as que foram feitas nos estudos anteriores, evitando-se o risco de explicar ou aprofundar qualquer questão filosófica e/ou religiosa.

Este estudo começou pela tentativa de agrupar apenas os Evangelhos Bíblicos (fundamento do Novo Testamento), e desde então foram notadas algumas questões de redundância, principalmente no *Evangelho de João*. Em muitos casos, a mesma frase (inteira ou parte dela) aparecia repetidas vezes como reforço à ideia transmitida, uma característica própria do estilo literário de que se fez uso (mais inventado do que adotado, como será abordado logo à frente, no item "Consideração..."). Nesta adaptação, em muitos casos, preferiu-se deixar o reforço de frase colocado entre parênteses, indicando estar ali de propósito.

Na parte de "Pregações", que precede os principais episódios que levaram à crucificação, há muitos trechos entrelaçados, e assim, no esforço de se organizar uma ordem geral mais temática do que cronológica, acabou-se voltando a temas já abordados em outros momentos, bem como aproximou-se arbitrariamente algumas passagens que nos originais pertenciam a diferentes contextos. Exemplo disso é o tema da Vigília que aparece tanto no Sermão da Montanha (em "Ensinamentos por alegorias", **cap. 14**) quanto nas Pregações (em "Fim dos tempos", **cap. 40**). Enfim, a organização e a ordenação mostram-se mesmo arbitrárias em um grande número de casos, mas não são aleatórias.

Sobre a inclusão dos Evangelhos apócrifos, não se teve como objetivo provocar qualquer tipo de ofensa à religião ou questionamento à chamada "história oficial", na qual todos eles se basearam e buscaram dar suas contribuições (mesmo que descabidas, na visão dos mais ortodoxos). Esses acréscimos atendem, simplesmente, à curiosidade dos que não os conheciam em seus conteúdos, ou sequer sabiam de suas existências.

Em geral, foram aproveitados na íntegra apenas os textos atribuídos a apóstolos (à exceção do chamado *Evangelho Místico de Marcos*, meramente citado em uma de suas passagens) e aqueles mais curtos, considerados de teor gnóstico (Maria e Filipe, traduzidos diretamente do grego pelo pesquisador Frederico Lourenço). Também o *Relatório de Pilatos*, por ser um texto curto, pôde ser aproveitado na íntegra, enquanto na *Narrativa de José de Arimateia* e no *Evangelho de Nicodemos* foram citados apenas em trechos previamente destacados pelo pesquisador, ao fazer comparações e assinalar paralelismos com outras partes da Bíblia (quase todas pertencentes ao Novo Testamento).

Em alguns casos (principalmente nos "Ditos" de Jesus relacionados por Tomé), reconhece-se que o paralelismo foi de certa forma forçado para que o conteúdo coubesse em determinados trechos, fazendo-se uso de liberdade poética.

CONSIDERAÇÃO SOBRE O CONTEXTO LITERÁRIO

O significado da palavra Evangelho (as "boas-novas", ou "boas notícias", em sua origem grega) hoje não se separa da trajetória de Jesus. Uma tradução atual para essa palavra poderia ser "Vida e ensinamento de Jesus Cristo, filho de Deus" (ou "Vida e dizeres", ou "Vida, atos e pregações"). Frederico Lourenço chamou os Evangelhos (em uma passagem sobre Mateus, sem intenção de dar-lhes um nome – [1] p. 54) de "relatos sobre a vida e dizeres de Jesus".

No livro de Cavallari (pp. 11-15), o professor João Angelo defende a ideia de que os quatro livros canônicos compõem um gênero literário próprio, na forma e conteúdo (mesmo que aparentado a outros, vindos de tradições anteriores). Os relatos de Lucas, Mateus, Marcos e João pertenceriam ao gênero "Evangelho", que compreenderia apenas os quatro livros (aqui não se considerando os apócrifos, nem a extensão a outros seres humanos considerados iluminados, como Buda).

Essas obras têm como características serem:
- instigantes (à curiosidade);
- comoventes (aos afetos);
- edificantes (à consciência).

Foram escritos em grego no século I, em território já helenizado e em processo de romanização. O mais curioso: nesse gênero todas as obras desenvolvem uma narrativa muito próxima, em que o protagonista é o mesmo: Jesus. E a unicidade se completa pela condição desse protagonista: a de filho único de Deus.

Os quatro foram escritos em prosa e narram a vida de Jesus (mas não ela toda, e só dois - Lucas e Mateus - falam da infância). Todos dão ênfase à "Paixão" (sofrimento, morte e ressurreição) e defendem que as histórias do Velho Testamento convergem para ele, que seria o filho de Deus.

Entre gregos e romanos, o gênero mais próximo a este seria o da biografia, um subgênero da História ou Historiografia, em que se narram as ações importantes da vida de alguém, sejam virtuosas (incentivando o leitor a imitá-las) ou viciosas (dissuadindo-o). Mas isso não resume o sentido de "Evangelho", que quer dizer a "boa notícia" e trata de um personagem humano que seria incomparável a qualquer outro por ser o filho direto do Deus de Abraão, conceito sobre o qual todo o Antigo Testamento se dedica a explicar. Assim, à Cosmogonia bíblica antiga se somariam as quatro narrativas em prosa como algo totalmente inédito e dando continuidade a elas.

Gêneros narrativos são possibilidades discursivas de diferentes estratégias, e no século I ainda não havia nenhum que desse conta de narrar a vida, a paixão e a morte de Cristo, sendo preciso inventá-lo. A correlação entre o conteúdo (a matéria, informação) e a forma de transmitir (o gênero) era tanta que as duas foram denominadas pelo termo grego "evangélion", tratando-se da mesma coisa: o que é dito e a maneira de dizê-lo.

Para o professor João Angelo (p. 15), a leitura dos Evangelhos nos conecta à "dimensão mais aguda do sofrimento, da traição, mas também da compaixão que, passo a passo (e não desde sempre), Jesus vai sabendo que há de padecer", colocando-nos em contato com "a humanidade do Deus-homem" mostrada pelos Evangelhos.

EVANGELHO DE JOÃO

Entre o Evangelho de João e os demais existe uma diferença que pode ser chamada de *poética*. A aproximação com a história de Jesus se dá pela gênese do Universo e por meio de versos que tocam assuntos sutis:

> *No começo havia a Palavra (...)*
>
> *Nela estava a vida (...)*
>
> *A palavra era a luz verdadeira, que ilumina todo ser humano que vem ao mundo (...)*

Além disso, é o único dos Evangelhos bíblicos que não está diretamente filiado aos demais: tem origem própria, embora encontrem-se nele passagens, e até frases, bem próximas das que aparecem nos outros três (o que se explica pela tradição oral que certamente existiu antes da composição escrita de cada um dos Evangelhos).

Entre as diferenças mais importantes – e logo se notará um caráter mais isento de persuasões e apelos a crendices como forma de convencimento –, no *Evangelho de João* não aparecem:

- a palavra *evangélion;*
- parábolas;
- exorcismos;
- tentações no deserto;
- transfiguração;
- Sermão da Montanha
- Pai-Nosso;
- nome da mãe de Jesus;
- desaprovação aos ricos;
- condenação ao divórcio;
- recomendação de amar os inimigos;
- pedidos aos discípulos para que não divulguem ser ele o Messias

(cf. Lourenço, p. 313).

Por outro lado, as palavras "amar" e "amor" estão bem mais presentes, e Jesus declara não julgar ninguém. É também o único em que Jesus chora, mostrando-se mais humano. Mas pelo uso de uma palavra de origem semítica, *Messias,* logo no primeiro capítulo se estabelece que Jesus é o

Cristo, o filho de Deus que, unido ao Pai ("eu e o Pai somos um" - 10 [30]), seria o rei de Israel.

Com seu vocabulário distinto em relação aos outros, o *Evangelho de João* é atribuído a um dos apóstolos (aquele "que Jesus amava", em 20 [2]), que seria testemunha ocular e teria participado diretamente dos fatos narrados. Mas não seria necessariamente o filho de Zebedeu, um dos primeiros discípulos, o pescador da Galileia que talvez não tivesse prática intelectual ou sequer domínio da escrita para escrever um dos Evangelhos - a não ser que alguém o fizesse por ele.

O João Evangelista poderia ser, pela mesma descrição (aquele "que Jesus amava"), outro personagem, que estaria à mesa na Última Ceia e teria encostado a cabeça no peito de Jesus. Também como aquele "que Jesus amava" ele teria corrido mais do que Pedro para verificar se o túmulo estava vazio, e era sobre quem Jesus teria feito mistério sobre como chegaria à morte, além de ter ficado incumbido de cuidar de Maria quando Jesus foi crucificado. Antes disso, aliás, teria entrado junto com Jesus (já amarrado) na casa do sumo sacerdote por talvez pertencer à elite intelectual como Nicodemos e José de Arimateia.

Hoje há muitas teorias, e a mais aceita é a de que o texto resulta de produção coletiva, elaborada numa espécie de escola comunitária, de época não muito posterior (provavelmente o fim do século I). No Evangelho, as palavras de Jesus se parecem mais com uma elaboração teológica do que com algo realmente dito - o que vale igualmente para outros textos, como o suposto *Evangelho de Maria,* também baseado em "longos e extraordinários monólogos" (Lourenço, p. 314).

OS SINÓTICOS

A maior parte dos cristãos considera os Evangelhos de Mateus, Marcos e Lucas os mais "fidedignos" em relação a Jesus, possivelmente por "confirmarem" entre si uma grande parte das histórias, diferentemente do *Evangelho de João.*

O grau de semelhança e de diferença entre os três Evangelhos chamados de "sinóticos" (palavra grega que, entre outras traduções possíveis, quer dizer "de mesma visão") fica bem ilustrado pela seguinte estatística:

Em Mateus há:
- 20% de exclusivo;
- 45% em comum com os outros dois;
- 10% em comum só com Marcos;
- 25% em comum só com Lucas.

Em Marcos há:
- 3% de exclusivo;
- 76% em comum com os outros dois;
- 18% em comum só com Mateus;
- 3% em comum só com Lucas.

Em Lucas há:
- 35% de exclusivo;
- 41% em comum com os outros dois;
- 23% em comum só com Mateus;
- 1% em comum só com Marcos.

Os três Evangelhos são semelhantes na estrutura, na ordenação e também no vocabulário, repetindo-se palavras, expressões e até mesmo frases. Neles, Jesus é apresentado como um "profeta apocalíptico" (Lourenço, p. 22), que pede aos seguidores (e testemunhas de suas ações) para não divulgar a todos que ele era o Ungido, o Filho de Deus. Também, diferentemente do *Evangelho de João*, não se fala neles de um discípulo que Jesus amou.

A autoria de cada um dos três acompanhou a tradição escrita que os preservou, mas não há evidência de terem sido personagens contemporâneos aos fatos (como no caso de João, que se supõe ter sido um dos apóstolos).

Em resumo, como informações mais importantes, acredita-se que:
- Mateus não era o apóstolo coletor de impostos (também conhecido por Levi, o filho de Alfeu), e seu Evangelho foi escrito em época posterior, depois dos de Marcos e de Lucas;
- Marcos pode ter sido um discípulo de Pedro, próximo a ele;
- Lucas pode também ter escrito os *Atos dos Apóstolos* e sido companheiro de viagem de Paulo.

Estudos mais modernos (dos séculos XX e XXI) questionam as autorias individuais desses Evangelhos, que seriam produções coletivas, vindas de antigas comunidades cristãs em Éfeso, Antioquia, Alexandria, Roma etc. (cf. Lourenço, p. 23).

O principal consenso é sobre a anterioridade do Evangelho atribuído a Marcos, que se contrapõe apenas a uma teoria (menos aceita) de que os três foram copiados entre si, a partir de uma fonte anterior. Há casos em que os Evangelhos de Mateus e de Lucas lembram uma colcha de retalhos, de costuras e pontos aumentados, tendo como ponto de partida o *Evangelho de Marcos.*

Nessa colcha de retalhos, principalmente na parte final, notam-se "contradições" (que deixam de ser contradições quando se admite que tudo são figurações) entre os próprios sinóticos. Começando pela parte inicial, temos o exemplo de que o nascimento de Jesus pode ter ocorrido em uma gruta (Tiago), em uma casa (Mateus) ou numa estrebaria (Lucas), e em seguida a família pode ter recebido a visita de magos (Mateus) ou de pastores (Lucas). Já na parte final desta adaptação foi preciso improvisar bastante, porque, afinal, no episódio da ressurreição de Jesus poderia haver:

- o encontro com um jovem sentado dentro do túmulo vazio (Marcos), ou com dois homens (Lucas), ou com um anjo (Mateus) ou com dois anjos (João);
- três mulheres se dirigindo ao túmulo (Marcos e Lucas) ou duas (Mateus), ou uma só (João).

Frederico Lourenço (p. 36-37) aponta que não seria possível estarem todos à porta do túmulo ou dentro ao mesmo tempo, e que única constante entre as quatro narrativas é a participação de Maria Madalena como testemunha da ressurreição (e era a quem recairia a responsabilidade de afirmar que a ressurreição de fato houve).

Voltando à questão das autorias, há grande consenso de que os textos são anônimos. Supõe-se que em 98 d.C. (início de governo do imperador Trajano) os quatro já estivessem escritos. As maiores evidências são de que os três sinóticos foram escritos depois do ano 70, quando houve a destruição de Jerusalém (e, apenas como curiosidade, há um estudo comparativo citando o episódio da crucificação como tendo ocorrido no final do reinado do imperador Tibério, morto em 37 d. C., quando Jesus já teria mais de 45 anos, ele que teria nascido em 12 a.C. por ocasião da passagem do cometa Halley – cf. Lourenço, pp. 24-26).

A ordem de escrita desses Evangelhos seria: primeiro o de Marcos, seguido dos de Lucas e de Mateus, com os que vieram depois podendo fazer uso do material anterior. Isso se deduz pelo fato que o de Lucas é mais elaborado que o de Marcos, e o de Mateus é mais elaborado que o de Lucas. Pela lógica, o último a escrever teve acesso aos dois primeiros e mais condições de aprimoramento.

Sobre a anterioridade do de Marcos quase não há contestação. Mateus reescreveu muitas passagens de Marcos, melhorando não só o conteúdo como a forma literária, levando a um estilo mais lapidado. Há também o aprimoramento de Mateus sobre Lucas em relação ao conteúdo (ele é mais completo), não se podendo dizer o mesmo em relação à forma, que em Lucas é igualmente primorosa.

É em razão dessa cronologia proposta por muitos teóricos que escolhemos abordá-los pela ordem em que foram escritos, começando pelo de Marcos, que foi "aproveitado" na elaboração dos de Lucas e Mateus.

Marcos

Pela teoria mais aceita, o *Evangelho de Marcos* foi escrito em Roma, o que explicaria alguns conhecimentos da realidade romana e o latinismo do texto grego (herdados por Mateus e Lucas) em que aparecem palavras como *modius, legio, speculator, quadrans* e *centurio* (cf. Lourenço, [1] p. 160). O texto não cita o nome do sumo sacerdote e sequer se refere aos samaritanos (desafetos dos judeus que Jesus repetidas vezes elogia por sua "humanidade", pedindo compreensão), demonstrando pouco conhecimento sobre a Judeia e a Galileia.

Segundo a *História eclesiástica* (escritos do séc. IV apoiados em fontes mais antigas), Marcos pertencia ao círculo dos primeiros cristãos e pode ter escrito as *Cartas de Pedro*, pois era companheiro, tradutor e intérprete do apóstolo. Assim, ele teria registrado com exatidão tudo o que lhe fora narrado por Pedro sobre Jesus.

Como particularidades, não menciona:

- o nascimento de Jesus;
- a virgindade de Maria.

Lucas

Lucas seria um seguidor e amigo de Paulo. Possivelmente era médico (há indicações disso em seu Evangelho), não circuncidado (não judeu) e natural da cidade de Antioquia (o que é aceito pela maioria dos teóricos). Há uma hipótese bastante aceita de que seja o mesmo autor dos *Atos dos Apóstolos*, e se isso for verdade, quase 30% do Novo Testamento seria de sua autoria. Aqui, importa dizer que seu *Evangelho* é o mais extenso dos quatro canônicos.

Entre os quatro, é o que demonstra maior amor a Israel, às suas tradições (o único a se referir às circuncisões de Jesus e do primo João) e instituições, chegando a relacionar algumas regras do templo de Jerusalém.

Para alguns, trata-se do *Evangelho* mais belo e erudito, notando-se no estilo uma tradição antiga de memória e valorização do passado: Zacarias e Isabel relembram a trajetória de Abraão e Sara. A descrição do nascimento de Jesus dá ênfase à maravilha atemporal, eterna e espiritual. Nas palavras de Frederico Lourenço (p. 220), trata-se de um "escritor delicado e sensível, cuja obra marcou de forma indelével não só o cristianismo, mas à espiritualidade e a cultura universais".

Para narrar a vida de Jesus, Lucas inspirou-se em Marcos, mas há detalhes em que o modelo não foi seguido. Em Lucas, Jesus:

- não caminha sobre a água;
- não é flagelado antes da crucificação, nem recebe a coroa de espinhos;
- sua morte não é entendida como um sacrifício para salvar a Humanidade.

Ao mesmo tempo, há eventos exclusivos deste *Evangelho* (cf. Lourenço, p. 219):

- nascimento e circuncisão de João Batista;
- anunciação do anjo Gabriel a Maria (em Mateus, o anjo aparece em sonho a José);
- visita de Maria a Isabel (também presente em Tiago);
- nascimento de Jesus na manjedoura, em Belém;
- adoração dos pastores;
- circuncisão de Jesus;
- apresentação de Jesus no templo (semelhante à de Maria em Tiago);
- parábolas do bom samaritano, do filho pródigo, do homem rico e de Lázaro;
- episódios (1) de Marta atarefada com os trabalhos de casa e irritada com a irmã Maria, (2) da pecadora que lava os pés de Jesus com as lágrimas e os enxuga com os cabelos;
- uma frase de Jesus na última ceia, de que "deviam fazer o mesmo em sua memória" (transubstanciação);
- Jesus sendo julgado por Herodes;
- a frase, já na cruz, em que "Jesus disse ao Pai para perdoá-los, pois não sabiam o que faziam";
- a aparição de Jesus no pós-sacrifício em "Conversa pelo caminho" (cap. 51);
- a Ascenção (em "Subida ao Céu", cap. 52).

Mateus

Também há passagens que só aparecem no *Evangelho de Mateus*:

- a adoração dos magos;
- a fuga para o Egito;
- o massacre dos inocentes (a mando de Herodes);
- o Sermão da Montanha;
- algumas expressões mais famosas como "pérolas aos porcos", "trigo e joio", "ovelhas e cabras", "perdoar 70 x 7 vezes";
- Pedro tentando caminhar sobre as águas;
- enforcamento de Judas;
- Pilatos lavando as mãos;
- virgens impedidas de estar com o noivo.

Segundo Frederico Lourenço, a citação em detalhes da lei de Moisés (em 5 [17-19]) e a mensagem de Jesus proibindo que a boa-nova fosse levada aos pagãos (em 10 [5-6], só revogada em 28 [19]) reforçam a hipótese de um Evangelho escrito especificamente para os judeus. Mas ao mesmo tempo mostra-se uma relação hostil às autoridades, com Jesus fazendo críticas violentas a fariseus, saduceus, escrivães e sumos sacerdotes (havendo uma descrição radicalmente negativa dessas figuras).

Atualmente esse Evangelho é considerado um texto anônimo, e a atribuição dada a "Mateus" é bem antiga. É praticamente impossível que seja o apóstolo coletor de impostos (hipótese apoiada em uma afirmação do séc. II – depois contestada e descartada – de que fora escrito em hebraico ou aramaico, quando nada no texto indicava algo nesse sentido, de que pudesse vir de uma língua semítica). O evangelista Mateus não pode ter sido um dos doze, e tudo indica ser alguém (discípulo ou não) que não conheceu Jesus e era de época posterior aos relatos sobre ele. Outros Evangelhos foram atribuídos a apóstolos – p. e. os de Pedro e de Tomé – quando certamente também foram escritos em épocas posteriores, por autores de comunidades cristãs que quiseram creditá-los aos apóstolos. Mas ao contrário desses dois, o *Evangelho de Mateus* nunca foi considerado dispensável, e sim fundamental, o preferido de muitos de dentro da Igreja e de fora dela.

Pela sua abrangência temática e intencionalidade muito bem definida, alguns teóricos consideram que o *Evangelho de Mateus* foi produzido por um grande "artista literário", rico em coerência e nas "sutilezas de sua arquitetura" (cf. Lourenço, op. cit., p. 54).

APÓCRIFOS

Embora a palavra "apócrifo" ao pé da letra signifique "escondido", "secreto" – e apareça nos Evangelhos de Marcos (4 [22]) e de Lucas (8 [17]), adotada nesta adaptação no sentido de "encoberto", no trecho "Luminária a descoberto [...]" do **cap. 29** –, acostumou-se a entendê-la como referindo-se a algo "fora da lei", "falso" e até "herético". Isso porque durante um longo tempo (e até hoje, em determinados meios) os textos não canônicos (isto é, não aceitos pelas regras da Igreja) eram tidos como falsificações produzidas em desrespeito à ortodoxia.

O pesquisador Frederico Lourenço ([2] pp. 11-15) mostra o quão descabido é esse sentido de "falsificação", uma vez que o Novo Testamento compreende cartas paulinas que certamente não foram escritas por Paulo, e que Pedro, o pescador da Galileia, certamente não escreveu as duas epístolas atribuídas a ele, e apenas o seu Evangelho foi considerado apócrifo.

Há diferentes tipos de Evangelhos apócrifos, e o primeiro deles compõe-se de textos produzidos para atender à curiosidade de cristãos sobre a história de Maria e a infância e adolescência de Jesus, atribuídos aos apóstolos Tiago e Tomé. Pela sua ingenuidade (quase inofensiva), durante muito tempo esses Evangelhos foram copiados e recopiados sem ser renegados pela ortodoxia.

O Evangelho de Tiago, em específico, foi muito apreciado pelos gregos quando eles foram dominados por Constantinopla e depois renegado nos domínios romanos por citar os irmãos de Jesus como filhos só de José (de um casamento anterior – eles aparecem bem pouco nos Evangelhos canônicos e, pela interpretação predominante, seriam "primos" de Jesus).

A partir dessas narrativas aparentemente ingênuas, de pura devoção e elogio à Fé (começadas pela de Tiago, que foi seguido de outros), surgiram aquelas especialmente dedicadas à Paixão de Cristo, que, junto à apologia da Fé, já mostravam maior intenção de defesa do cristianismo contra as críticas de pagãos e de judeus.

Embora nos Evangelhos canônicos (principalmente em João, quando se refere à massa dos que pediam a crucificação como "os judeus") já apareça uma crítica forte e incisiva à cultura judaica (de fariseus, saduceus e doutores da lei), nos apócrifos ela chega a ser mais acentuada na defesa da nova doutrina (na prática, uma vertente do judaísmo) contra os adversários. Mais do que nos textos bíblicos, os judeus aparecem como responsáveis pela crucificação (e Pilatos, do mesmo modo, sai praticamente inocentado da decisão).

A tradição judaica passou a ser atacada de diversas maneiras, e segundo Frederico Lourenço, críticos mais radicais chegaram a procurar mensagens subliminares em metáforas como "árvores más" (as sinagogas, que dariam frutos maus) e nas referências a leprosos e possessos.

Os Evangelhos apócrifos também se preocupavam com críticas pagãs, como a de que a origem humilde não corroboraria a ideia de um filho de Deus. Em resposta, no *Evangelho de Tiago*, Maria nasce em uma família rica e faz as fiações não por sustento (como alegavam aos pagãos), mas em louvor ao templo. Também a ideia da virgindade (comprovada por Salomé, no pós-parto) vinha em resposta ao questionamento pagão de que Maria talvez não fosse virtuosa (aventava-se até mesmo a ideia de que Jesus tivesse pai romano, e que talvez por isso, em uma passagem de João, os fariseus teriam dito não serem filhos de prostituição).

Um terceiro tipo de apócrifo são os Evangelhos de teor gnóstico, que chegaram de fato a ser suprimidos, aparecendo apenas os seus indícios (em meio às acusações condenatórias de alguns padres), até serem casualmente encontrados no Egito em meados do século XX, como parte de um conjunto de códices. Um dos mais importantes são os "Ditos de Jesus" segundo Tomé, aqui adaptados na íntegra, seguindo a tradução do grego feita por Frederico Lourenço (mas para o pesquisador, nenhum dos apócrifos, nem mesmo os "Ditos", chegam perto, em importância, dos Evangelhos do Novo Testamento).

A condição de heréticos dada a alguns desses Evangelhos tem total relação com a narrativa da Igreja romana de muitas épocas, preocupada com que a unicidade da doutrina estivesse fragmentada (e deteriorada) pela ação de grupos divergentes logo nos primeiros três séculos. Com isso, à época de Constantino foi possível legitimar à ortodoxia a eliminação de fontes (e mesmo de vozes) heterodoxas. Mas na vida real, logo na geração seguinte à dos apóstolos, havia vozes alternativas em muitas comunidades cristãs. Pelas fontes não se pode supor haver uma "pureza" inicial (defendida pelos ortodoxos), e já nas cartas de Paulo aparece uma clara polêmica entre cristianismos "certos" e "errados" (que só deixou de existir quando o cristianismo se tornou a religião oficial do império romano, no fim do século IV).

Para muitos, o que alguns grupos cristãos tomavam como "heresia" podia estar próximo ao cristianismo original de muitas comunidades, e o que depois se tornou "ortodoxia" talvez estivesse distante. Frederico Lourenço acredita que os Evangelhos apócrifos (hoje mais tolerados, mas considerados de segunda linha) ainda venham a ser valorizados em uma Igreja menos dogmática, mais livre e com espírito de inclusão.

Os textos incluídos nesta adaptação a princípio não contradizem a doutrina ortodoxa (a não ser a parte final, posteriormente deslocada para apêndice). Pelo que se entende, os textos tidos como heréticos referem-se a palavras de Jesus ditas em particular aos apóstolos e a Maria Madalena (sendo essa a razão do deslocamento).

Desse tipo de apócrifo foram aqui "transcritos" (adaptados) o *Evangelho de Maria* (versão copta, bastante incompleta), os fragmentos em grego desse mesmo Evangelho, os fragmentos em grego do de Filipe (na abertura) e, parcialmente (apenas um dos trechos, sobre Lázaro) o *Evangelho Místico de Marcos.*

Além dos biográficos, foram selecionados aqui os principais relatos sobre a Paixão de Cristo. Na íntegra foram "transcritos" (adaptados) o *Evangelho de Pedro* e o *Relato de Pilatos,* e parcialmente o *Evangelho de Nicodemos* e a narrativa de José de Arimateia. Os de Nicodemos e de José também fazem referência a episódios anteriores, e junto com eles foi incluída a passagem do fragmento do *Evangelho Místico de Marcos* sobre a história em que Lázaro voltou à vida (na verdade, em citação a outro Evangelho apócrifo, colocando em dúvida suas palavras, que poderiam ser uma "falsificação").

Em resumo, foram incluídos nesta adaptação, na íntegra, os Evangelhos (traduzidos por Frederico Lourenço diretamente do grego, à exceção dos de Filipe e de Maria, vindos da versão copta – ver nota em "Informações") de:

- Tiago;
- Tomé (Evangelho sobre a infância e fragmentos em grego, ou "ditos");
- Pedro;
- Filipe (fragmento em grego e trecho da versão copta);
- Maria (Madalena – fragmentos em grego e versão copta);
- Pilatos (Relatório).

Foram incluídas parcialmente na adaptação os textos (os três traduzidos do grego) de:

- Nicodemos (Evangelho);
- José (de Arimateia – narrativa);
- Marcos (Evangelho Místico).

As outras traduções de Frederico Lourenço, não aproveitadas nesta adaptação (todas elas do latim, exceto as *Grandes questões de Maria* e os fragmentos de *dos Egípcios*, feitas do grego), são:

- Pseudo-Mateus (Evangelho);
- Natividade de Maria (narrativa);
- Infância de José, o carpinteiro (narrativa);
- Descida de Cristo aos infernos (narrativa);
- Grandes questões de Maria (narrativa);
- Dos Egípcios (fragmentos do Evangelho);
- Lúcio Lêntulo (epístola).

Sobre a presença dos Evangelhos apócrifos em pinturas europeias produzidas da Idade Média aos mestres do século XVII, Frederico Lourenço ([2] pp. 501-505) cita:

- *Gruta de Belém* (Georgione e outros);
- *Natividade Mística* (Botticelli – boi e burro);
- Descida aos infernos (Bronzino);
- Grandiosidade arquitetônica à volta, no Egito;
- *Sagrada Família* (Poussin);
- Maria ainda menina (Tintoretto).

APÊNDICE 1

As partes que se seguem foram deslocadas do final do **cap. 52** para este apêndice em consideração ao fato de não haver neste estudo intenção de dar tanto destaque aos Evangelhos apócrifos (tanto que foram colocados em letras menores) a ponto de no final convergir-se toda a narrativa para um deles, que é talvez dos mais polêmicos.

A decisão se deu ao término dessa espécie de "consolidação" do que é dito nos quatro Evangelhos oficiais e em alguns dos apócrifos (trabalho que reconhecidamente apresenta falhas em muitos aspectos) pelo incômodo em culminar toda a narrativa com trechos do *Evangelho de Maria* e de seus fragmentos, que ao longo de séculos foram considerados heréticos (e certamente ainda o são, pelos mais ortodoxos). Em razão disso, preferiu-se transferir os tais trechos para estas páginas finais, chamando menos atenção e no sentido de deixar claro que os incluir não teve qualquer intuito provocativo, mas de atender à curiosidade intelectual de alguns.

Aflição dos discípulos – palavras de Madalena

Maria (M) Ev. p. 9-10, Maria (M) frag. 1

Mas eles ficaram tristes e choraram fortemente, perguntando-se como iriam até os pagãos pregar o Evangelho (a boa notícia) do Filho Humano, pois, se não o pouparam, como poupariam a eles?

Então Maria levantou-se, cumprimentou a todos, beijou-os e disse aos irmãos para não chorarem, nem entristecer ou duvidar, pois a graça de Jesus estaria toda com eles e os protegeria. Deviam era agradecer pela grandeza dele, que os uniu e fez humanos.

Quando Maria disse essas coisas, *reorientou a mente deles para o Bem*, e passaram a perguntar sobre as palavras de Cristo Salvador.

Ensinamentos (filosóficos) transmitidos a Maria

Maria (M) Ev. p. 10 e 15-16, Maria (M) frag. 1

Pedro, chamando Maria de irmã, disse saber que ela fora muito amada por Jesus, mais do que qualquer outra mulher. E pediu que dissesse as palavras de Cristo lembradas por ela, para que os outros escutassem. Maria disse que *o que estava oculto a eles*, e que ela soubesse, *iria revelar*.

E começou dizendo que reconheceu Jesus em uma visão, e contou isso a ele. Ele respondeu que ela era feliz, pois não hesitara ao vê-lo. E *onde estava a mente estava o tesouro*. Então ela perguntou se quem tinha uma visão o fazia pela alma ou pelo espírito, e Jesus respondeu que nem pela alma nem pelo espírito, mas a *mente*, que estava entre os dois, era o que tinha a *visão*...

... E o Desejo disse que vira a alma descendo e agora a via subindo. Então perguntou por que mentia, já que pertencia a ele. A alma respondeu que o vira, mas ele não a viu. Para ele, ela era apenas uma roupa e não a conhecera. Ao dizer isso, partiu muito alegre. E novamente chegou ao terceiro poder, de nome Ignorância, que perguntou à alma aonde ela ia. Disse que ela estava presa na maldade e não era para julgar. A alma perguntou por que a julgava se ela mesma não julgara. Estava presa mesmo sem tê-la prendido. Não fora reconhecida, embora reconhecesse que tudo se desintegrava, tanto as coisas terrenas quanto as celestes. Quando a alma vencia o terceiro poder, subia e via o quarto.

As sete formas

Maria (M) Ev. p. 16-17, Maria (M) frag. 2

Havia sete formas: a Escuridão (1), o Desejo (2), a Ignorância (3); a Inveja da Morte (4), o Reino da Carne (5), a Tolice da Carne (6) e a Sabedoria Irada (7), sendo esses os sete poderes da Ira. Perguntaram à alma de onde ela – matadora de homens – vinha e para onde ela – conquistadora do espaço – ia. Ela respondeu que o que a prendia estava morto, e o que a rodeava fora vencido. E que seu desejo era findo, e a ignorância morrera. Em um mundo fora libertada de outro, e em um tipo, de um tipo celeste. E da prisão do esquecimento, que era impermanente. Dali em diante chegaria ao repouso do tempo (descansaria do fluir das estações do momento) da eternidade em silêncio.

E então Maria se calou, como se até ali fosse Jesus quem falava.

Desconfianças de André e Pedro, e resposta de Levi

Maria (M) Ev. p. 17-19, Maria (M) frag. 2-3

André perguntou aos irmãos o que lhe pareciam aquelas coisas ditas por ela, dizendo não acreditar que viessem do Salvador: pareciam coisas diferentes das que ele pensava. Seriam ensinamentos de outras ideias, e não dos assuntos abordados.

Pedro disse o mesmo, e perguntou se Cristo falaria secretamente a uma mulher, e não às claras, abertamente, para que todos ouvissem. Ele a considerava mais digna do que eles? Deviam voltar-se e ouvi-la? Teria dado preferência a ela?

Então Maria começou a chorar e, chamando Pedro de irmão, perguntou o que estava pensando: que ela inventaria aquilo em seu coração, ou que estaria mentindo sobre Jesus? E Levi dirigiu-se a Pedro, acusando-o de estar sempre irritado, e que agora discutia com a mulher como os adversários.

Se Jesus a fizera digna, quem era ele para desprezá-la? Certamente o Salvador a conhecera e amara de modo incontestável, mais do que a eles. Em vez disso, eles deviam primeiro se envergonhar e curvar-se ao ser humano perfeito (adotando-o em si, como ele mandara). Deviam era fazer aquilo de que foram incumbidos e cumprir a missão deles, anunciando o Evangelho sem instituir nada, nem legislar além do que fora dito pelo Cristo.

E depois de dizer essas coisas, Levi saiu para anunciar o Evangelho (a boa notícia), e os outros também saíram para proclamá-lo e pregar.

APÊNDICE 2

À exceção de todos os outros trechos traduzidos diretamente do grego pelo pesquisador Frederico Lourenço e aqui adaptados à história, o trecho que se segue, do apóstolo Filipe, foi deixado entre aspas, preferindo-se mantê-lo exatamente igual a como foi traduzido do códice copta (e não do grego, estando à parte, em um comentário), correspondendo à p. 53 (cf. Lourenço, p. 646).

Ao menos indiretamente, ele se comunica com o trecho "Conversas filosóficas (...)", do **cap. 52**.

"Luz e trevas, vida e morte, direitos e esquerdos são irmãos e não podem se separar. Por isso, os bons não são bons; os maus não são maus; a vida não é vida; e a morte não é morte. Cada uma se dissolverá na sua natureza original; mas aquilo que é superior ao mundo não pode ser dissolvido, pois é eterno."

OBSERVAÇÕES PESSOAIS SOBRE ALGUMAS PASSAGENS

CAPS. 5 E 6

Optou-se aqui por separar as três narrativas sobre o nascimento de Jesus. Na de Tiago (de "Ida a Belém" a "Dúvida de Salomé", no **cap. 5**), destacam-se o delírio de José, o nascimento em uma gruta, a presença da parteira e a comprovação da virgindade. Já nas narrativas de Mateus e de Lucas (em "Chegada de Jesus", no **cap. 6**), embora mais próximas, também não há consenso quanto ao local (uma casa, segundo Mateus, e uma estalagem, segundo Lucas) e destacam-se as visitações de Magos (em Mateus) e/ou Pastores (em Lucas). A citação à manjedoura, no nascimento, aparece apenas em Lucas, mas também em Tiago (em "As mães protegem seus bebês", no **cap. 6**) como local onde Maria quis esconder Jesus de Herodes.

Uma das obras importantes de Leonardo da Vinci, a *Virgem dos Rochedos* (em que estão João Batista, Isabel, Jesus e Maria em um ambiente rochoso) é uma provável menção ao episódio narrado por Tiago (também em "As mães protegem seus bebês", **cap. 6**) em que Isabel foge com o filho para as montanhas.

CAP. 6

Em "Segunda semana (...)", episódio narrado por Lucas, não passa desapercebida a oferta de duas pombas pequenas feita por José e Maria em obediência à lei de Deus. É triste saber que mais de mil anos depois da guerra de Troia ainda se praticava o sacrifício animal naquela e em outras regiões (e certamente em condições ainda piores nas civilizações sem registro escrito).

CAP. 10

Em "João descrito por Jesus/O novo Elias", pela narrativa de Marcos o trecho é originalmente seguido à transfiguração (bem à frente, em relação à ordem trabalhada nesta adaptação). A doutrina espírita entende que João seria a "reencarnação" do profeta Elias e sugere inúmeros outros casos de um mesmo espírito que volta ao mundo, o que fez parte de muitas culturas, em especial a sânscrita e as xamânicas. Em várias passagens dos Evangelhos haveria indicações desse fenômeno, que faria parte de uma cultura de época depois renegada pelo catolicismo.

CAP. 11

Em "Constituição de apóstolos/Filipe e Natanael", pela narrativa de João, diferentemente das feitas nos Evangelhos Sinóticos, o encontro acontece antes de Jesus conhecer Tiago e João (filhos de Zebedeu).

Em "Os Doze" o trecho em Marcos só aparece depois de alguns episódios e curas, e em João só depois de pregações mais duras (como "Arrependam-se", no **cap. 39**).

CAP. 12

Em "O reino dos Céus", Jesus declara que seriam *felizes os mendigos* (em Tomé [d] 54) *porque deles era o reino dos Céus.* No mesmo sentido de "mendigos" Lucas, usou o termo "pobres" e Mateus o "pobres de espírito". Outra possível tradução próxima ao sentido original poderia ser a de "desprovidos" ou "desapegados". Assim, aqui não se questiona o sentido da frase, mas a palavra usada na tradução da ideia, pois ao dizer "mendigos" cai-se em uma generalização, havendo os bons e aqueles capazes de cometer violência contra pessoas e animais, e que não são tão vítimas assim (a violência não está diretamente ligada à pobreza ou à riqueza). Ou até se poderia dizer que os marginalizados atuais vivem em condições diferentes das dos antigos. Independentemente dos termos usados (nessa e em outras passagens de caracterização dos tipos humanos associados à ética), de fundamental se passa a ideia de que, em uma esfera futura, os atuais oprimidos deixariam de sê-lo e usufruiriam de total liberdade, os tristes seriam alegres etc.

Em "Leis (Mandamentos)/Não cometer (...)" Mateus 5 (27-28 e 31-32), a ideia se repete em uma disputa com as autoridades, quando é abordado o tema do divórcio.

Em "Como orar" e em "Como orar/Pai Nosso", as palavras de Lucas foram ditas em outro contexto, mas têm exatamente o mesmo sentido, e por isso foram deslocadas para o Sermão da Montanha.

Em "Um só Deus", as palavras de Mateus são semelhantes às de Lucas na explicação sobre a parábola "Empregado despedido (...)", no **cap. 28.**

Em "Não julgar", o segundo trecho de Mateus (15 [12-14]) aparece, na verdade, após a explicação de uma das parábolas, a da "Contaminação pela fala", no **cap. 32** (quando se diz que o que contamina é o que sai da boca).

CAP. 13

Em "Conciliação", há um trecho em Lucas (12 [58-59]) que é praticamente igual ao de Mateus (5 [25-26]) em "Leis (Mandamentos)/Não matar (conciliar)", no **cap. 12.** Os contextos são diferentes, e por isso foi preferível deixá-los em separado (em que pese a sensação de uma coisa já lida), mantendo-se o de Lucas nesta parte pela semelhança temática com o segundo de Mateus (18 [15-20]), que também trata de conciliação.

Em "Renúncia/A alma é mais importante", o primeiro trecho de Mateus (10 [37-40]) acontece cronologicamente depois, quando do envio dos apóstolos. Já o trecho de João veio se juntar a esta sequência apenas por semelhança. Em Tomé (d), o trecho que diz "quem não odiasse seu pai e sua mãe não poderia ser seu discípulo" (101 [1]) lembra algumas linhas psicanalíticas de dois milênios depois, em que é preciso "matar" o pai e a mãe dentro de si.

Em "Não pecar (evitar confusões)", os dois trechos de Mateus vieram de contextos diferentes. O 5 (29-30) faz parte do Sermão da Montanha em comentário sobre adultério, e o 18 (7-9) em um discurso posterior sobre o necessário respeito às crianças. O trecho de Marcos, que fala em bicho e fogo, aparece, na verdade, seguido à discussão sobre a não hierarquia entre os apóstolos.

Em "Humildade/O humilhado será exaltado", o trecho de Mateus se conecta ao de "Um só Pai", enquanto o de Lucas se passa em uma ceia com os fariseus e alguns chefes. Em "Humildade/Servir a ser servido", o segundo trecho de Mateus (23 [11]) também se conecta ao de "Um só Pai" e o de Marcos também se dá após discussão entre os apóstolos. Já o de Lucas, aparece, na verdade, durante a "Última Ceia", e o de João após Jesus lavar os pés dos apóstolos, também na "Última Ceia".

Em "Humildade/Os últimos serão os primeiros (...)", o primeiro trecho de Mateus (19 [30]) fala sobre a importância da renúncia, enquanto o segundo (20 [16]) se passa após a parábola do patrão que paga o mesmo valor por diferentes trabalhos. Já no segundo trecho de Marcos (10 [31]), o comentário ocorre após o pedido de renúncia aos apóstolos, enquanto em Lucas, o mesmo comentário se liga aos exemplos de que "Poucos serão salvos" (**cap. 32**).

CAP. 14

Em "Vigília/Parábola: patrão e criado, pai de família e ladrão", o trecho de Tomé foi incluído por semelhança. Em "Vigília/Explicação (com nova parábola)", trecho narrado por Lucas, fala-se de um empregado de má índole que não agiu "conforme o esperado" e assim seria "castigado com muitas chicotadas", enquanto outro, que agiu sem saber, "fez coisas dignas de chicotadas", mas "seria castigado com poucas delas". Bem... os tempos mudaram, embora no Brasil a escravidão fosse oficial até menos de 140 anos atrás (cerca de cinco gerações), e embora muitos outros tipos de brutalidade continuem a existir. Mas a tal "surra de chicote" (como diz a música) já não é assunto trivial.

Em "Poucos serão salvos/Parábola: pai de família" faz-se referência, pela primeira vez, à expressão "choro e ranger de dentes", fazendo lembrar a paisagem desértica em que se passa grande parte dessas histórias, e onde uma pessoa que deixa de ser abrigada se vê entregue ao frio da noite, que era acentuado.

Em "Não destruir, mas salvar", trecho narrado por Lucas, o comentário ocorre quando Jesus, a caminho de Jerusalém, é informado sobre uma hospedagem que lhes fora negada.

CAP. 15

Em "Rico aconselhado a dar tudo aos pobres", fez-se a adaptação possível na referência ao interlocutor de Jesus, já que Mateus o nomeia como jovem, Marcos como homem e Lucas como príncipe.

Em "À mesa com pecadores (...)", do mesmo modo, o coletor de impostos é chamado por Mateus de Mateus (filho de Alfeu) e por Marcos de Levi, enquanto Lucas na primeira passagem (5 [27-32]) o chama de Levi e na segunda (19 [1-10]) de Zaqueu.

Em "Conversas com Nicodemos (...)", o primeiro trecho de Tomé (70 [1-2]) foi incluído por aproximação.

Em "Conversa com samaritana", o episódio da "água viva", narrado por João, aparece aqui sem ser entrecortado pela parábola (deslocada para "Quem semeia e quem colhe [...]", no **cap. 26**), e a frase "ela pediria e ele lhe daria *água viva*" lembra em alguns aspectos um episódio do *Mahabharata* em que o eremita Uttanka pede água a Krishna (no **cap. 64** da adaptação).

CAP. 16

Em "Elogios às crianças", a primeira das narrativas de Mateus (11 [15-16]) ocorre quando da entrada de Jesus em Jerusalém, pouco antes do sacrifício ("*Hosana*"). Já na segunda de Mateus (18 [6]) aparece a frase "era melhor amarrar uma pedra em seu pescoço e deixar-se afundar no mar", que hoje poderia ser criticada como exemplo de crueldade e violência. Sobre o dito de Tomé, foi incluído apenas por semelhança temática.

Em "Pedido de apóstolo para sentar-se ao lado", a primeira narrativa de Mateus (9 [27-28]) está na origem do episódio narrado por Lucas (22 [21-23]) no contexto da "Última Ceia/Um vai trair" (**cap. 43**), sendo que aqui o trecho principal da narrativa coincidente com a de Mateus (Lucas 22 [24-27]) foi deslocado para "Humildade/Servir e ser servido" (**cap. 13**). Já na segunda narrativa de Mateus (20 [20-24]), é interessante que o pedido tenha sido feito pela mãe de Tiago e João, filhos de Zebedeu. Outra observação neste capítulo é sobre a frase "...quando, na vida renovada, o Filho Humano fosse sentar no trono de sua glória...", uma imagem que hoje não condiz tanto com a expectativa, ou símbolo de algo valoroso para a maioria das pessoas (à exceção de juízes e políticos, talvez, que gostem de sentar na cadeira da presidência, à moda dos fariseus e saduceus).

Em "Mulher que lava os pés de Jesus (...)", pode-se notar que de fato é uma mesma história contada em diferentes contextos. No caso de Mateus, o óleo é derramado sobre a cabeça como preparo para o sepultamento. O mesmo se dá em Marcos, precedendo à traição de Judas. Em Lucas, entre as duas partes da primeira narrativa (7 [40-43]), é contada a parábola sobre o perdão de dívida e o novo perdão de pecados (em "Dívida perdoada", **cap. 28**). Já a segunda narrativa (10 [38-42]) foi colocada aqui por semelhança à de João, em que a mulher é Maria, irmã de Marta e de Lázaro.

CAP. 17

Em "Zelo pelo templo (...)", a narrativa se dá em meio à entrada em Jerusalém, com Jesus montado no jumentinho ("*Hosana*").

Em "Pedido e negação a dar um sinal (...)", há os casos distintos em que Jesus associa o sinal à leitura do templo atmosférico (Mateus 16 [1-4]; Lucas 12 [54-56] e aquele em que é feita a citação a Jonas - Lucas 11 [29-32]).

Em "Envio dos apóstolos/A colheita" (Marcos 6 [6-7]), eles são enviados de dois em dois, enquanto Lucas (9 [1-2] e 6) fala em outros 70, também enviados de dois em dois.

Em "Envio dos apóstolos/Parábola: passarinhos", é dito que os discípulos "valeriam mais do que muitos passarinhos", o que não é uma frase isenta, pois considera o ser humano mais "valioso" do que outros animais e seres.

CAP. 18

Em "O que diziam", o primeiro trecho de Marcos (6 [14-16]) foi incluído por semelhança, e o primeiro de Lucas (9 [7-9]) deu-se em seguida ao envio dos apóstolos.

CAP. 19

Em "Peixes", no Evangelho de Lucas (narrador deste trecho), o milagre acontece antes da constituição dos apóstolos. E o mesmo episódio é narrado por João (em "Terceiro encontro com os discípulos", no **cap. 51**) após a ressureição.

Em "Multiplicação de alimentos (...)", para Mateus o primeiro episódio ocorre quando Jesus soube do sacrifício de João, enquanto para Marcos ele se dá na volta dos apóstolos, seguida ao sacrifício de João.

Em "Primeira multiplicação", repare-se que nos quatro evangelhos bíblicos (Mateus, Marcos, Lucas e João) as quantidades de pães (5), peixes (2), homens (5 mil) e cestos (12) são exatamente iguais. Entre outras diferenças culturais (algumas já citadas) com o mundo de hoje (diga-se: a maioria da cultura ocidental, mas não toda ela) está a passagem "além deles [dos homens] havia as mulheres e as crianças", dando-se primeiramente apenas a quantidade de "machos" (potenciais chefes de família e agregadores de eventuais dependentes) para só no fim dizer que além deles havia as mulheres e as crianças.

Em "Segunda multiplicação", narrada apenas por Mateus e Marcos, também coincide nos dois a ordem numérica: 7 pães e alguns peixes para 4 mil homens, restando 7 cestos. Vê-se que, apesar de serem mais pães, e menos pessoas, e da distribuição ter resultado em menos sobras, tem-se a impressão de que o milagre foi ligeiramente "menor". Teria perdido força em relação ao primeiro? Imagina-se que não, e que entre os estudiosos haveria uma explicação sobre isso.

Em "Comentário sobre a multiplicação (...)/Ensinamento: mais importante é o pão que permanece (...)", duas das passagens de João (6 [30-35 e 48-51]) se referem a Jesus como o pão da vida (em contraposição ao maná do deserto, o pão do céu), dando pistas sobre a representação dos milagres.

CAP. 20

Em "Andando sobre o mar", tanto em Mateus quanto em Marcos e em João, esse novo milagre é narrado após o da primeira multiplicação de alimento (para 5 mil homens), mostrando haver relação entre eles. Em relação à frase "achando que fosse um fantasma", pode-se lembrar que a princípio, segundo a ciência atual, tais seres não necessariamente existem, caracterizando-se mais como um conceito cultural (importante apenas como ilustração do que era temido no imaginário deles, não diferente do que acontece na *Odisseia* – também uma narrativa que tem como ponto de partida a linguagem grega).

CAP. 21

Em "Espírito imundo (que vê em Jesus o santo de Deus)", as narrativas de Marcos (1 [23-28] e 3 [11-12]) se passam em lugares diferentes, a primeira em Cafarnaum e a seguinte em diversas localidades,

Em "Curas variadas", Lucas, em 7 (21), refere-se à fala de João aos discípulos.

CAP. 22

Em "Criado do centurião", o episódio narrado por Mateus ocorre antes de Jesus estar com a sogra de Simão, enquanto em Lucas ele se dá logo depois do Sermão na Montanha.

Em "Filho do nobre", uma narrativa de João, o episódio ocorre em Cafarnaum e é apresentado como um segundo milagre, seguido ao da água transformada em vinho.

Em "Paralítico na cama", as narrativas de Mateus e Lucas dão ênfase ao perdão dos pecados (que estariam associados à doença), permitindo à vítima assim curar-se, pegar sua cama e andar, mesma recomendação pós-cura que aparece em João, mas em um diferente contexto, o da fonte dos milagres, e tendo como ênfase o fato de ser a primeira cura feita em um sábado.

Em "Outro espírito imundo (...)", há uma diferença numérica, pois Mateus fala em dois homens possuídos, enquanto Marcos e Lucas falam em apenas um. Deu-se aqui preferência ao de Marcos, Evangelho anterior aos de Mateus e de Lucas (e também por maioria, já que Lucas repete esse dado). Sobre a frase "todos aqueles porcos se jogaram ao mar de um despenhadeiro e (...) se afogaram no grande lago", reflete-se aqui uma diferença cultural (já apontada por Saramago) de indiferença, à época, por outras espécies que não fossem a humana. Sobre os termos "mar"

(Mateus e Marcos) e "lago" (Lucas), entende-se que o mesmo acidente geográfico era citado de diferentes formas.

CAP. 23

Em "Mulher (com parábola dos cachorrinhos)", a recomendação de Jesus para não dar o pão dos filhos aos cachorrinhos (porque ela devia "primeiro saciar os filhos") foi prontamente respondida pela estrangeira, dizendo que "os cachorrinhos também comiam as migalhas". Trata-se de uma metáfora complexa (talvez até de comparação de pessoas com animais de estimação), mas de qualquer forma ela saiu em defesas dos bichos, sendo reconhecida por Jesus que, mesmo de longe, fez com que a filha dela se recuperasse.

Em "Menina reanimada", curiosamente nas três narrativas (Mateus, Marcos e Lucas, evidenciando a origem comum desses Evangelhos), esse caso é intercalado pela cura da "Mulher que toca na roupa" (**cap. 25**).

CAP. 25

Em "Mulher que fora curvada (...)", fala-se que ela vinha "portando um espírito de doença", e embora se reconheça que as doenças podem ter causas emocionais/espirituais, hoje não se usaria essa expressão.

Em "Mais dois cegos", o primeiro caso, um pouco semelhante ao anterior ("Cego de nascença", cura pelo uso da saliva), é contado por Mateus e Lucas. O segundo, em que a cura foi feita apenas com as palavras, por Marcos.

CAP. 26

Em "Justificativa", os primeiros trechos de Mateus (13 [10-17]) e de Marcos (4 [10-12]), assim como o de Lucas, são trechos que antecedem a parte seguinte, de "Parábolas ligadas à agricultura (...)". Já o de Tomé (d), sobre ser tirado "até o pouco que tivessem", é um dos dois temas explorados no **cap. 29**.

Em "O joio e o trigo", o trecho de Mateus aparece em sequência ao das "Parábolas ligadas à agricultura (...)".

Em "A vinha arrendada", nota-se uma espécie de parábola "anticapitalista", assim como em outras (p. e. "Patrão que combina [...]", no **cap. 28**, "Dois filhos, um gasta tudo [...]", no **cap. 31**, e "Homem que acumula [...]", no **cap. 32**), enquanto algumas valorizam a prudência e o esforço individual (p. e. "Constância na fé [...], no **cap. 12**, "Virgens com azeite [...], no **cap. 28**, e "Patrão que empresta moedas [...]", no **cap. 29**).

CAP. 27

Em "O reino celestial/Como tesouro, pérola, rede", um dos ditos de Tomé (109 [1-3]) foi incluído por aproximação.

CAP. 28

Em "Patrão que combina e paga o mesmo por trabalhos diferentes" é dito que "os primeiros acharam que iam receber mais, mas igualmente receberam um dinheiro cada", moral que causa um pouco de desconforto (a não ser para os críticos da "meritocracia"), porque seria justo (inclusive dentro da justiça trabalhista) os que trabalharam mais receberem mais.

CAP. 29

Em "Patrão que empresta moedas (...)", as narrativas de Mateus e Lucas foram colocadas lado a lado por tratarem do mesmo ensinamento, apenas com diferença numérica (a primeira fala em cinco, dois e um dinheiro, enquanto a segunda fala em dez, cinco e uma mina). Já a frase "quanto aos inimigos que não queriam ser reinados por eles, mandou que os trouxessem e os matasse à frente dele" (Lucas) apresenta um tipo de moral que já se tornou datado (pelo menos nas democracias ocidentais, em sua maioria).

Em "Luminária a descoberto (...)", o trecho de Marcos originalmente aparece seguido à parábola do semeador (**cap. 26**).

CAP. 31

Em "Parábola: 99 ovelhas e 1 desgarrada", o trecho de Mateus aparece em seguida aos "Elogios às crianças" (**cap. 16**).

Em "Dois filhos: um gasta tudo, volta, e o pai (...)", há uma nova questão moral que traz dúvidas sobre haver ou não direitos e justiça quando se privilegia um irmão em detrimento de outro, por mais que se defenda o direito à vontade do pai ou da mãe. No caso, alegou-se ao que se sentiu prejudicado o fato de que "o irmão dele estava morto e reviveu: tinha se perdido e foi achado", mas não foi considerada a dedicação e a honestidade dele em relação aos negócios do pai.

CAP. 32

Em "Dois filhos: um só diz, o outro faz", o contexto do trecho em Mateus é uma disputa de Jesus com as autoridades político-religiosas sobre o batismo de João.

Em "Rei que procura convidados para a festa do filho", o trecho de Lucas foi incluído por semelhança.

Em "Homem rico e mendigo (...), a frase "depois de molhar a ponta de seu dedo na água, refrescar sua língua" lembra muito uma passagem do *Mahabharata*, que na adaptação feita para este estudo corresponde à de uma "História contada por Vyasa (...)", no **cap. 54.**

Em "Contaminação pela fala/Explicação", a frase "comer sem lavar as mãos não contaminava essa pessoa" é também controversa hoje em termos científicos. Mas, novamente, a declaração pode ser considerada uma metáfora.

CAP. 33

Em "Lavar as mãos (...)", no mesmo sentido da nota anterior, a crítica aos discípulos de Jesus por não lavarem as mãos antes de comer o pão hoje encontraria apoio nas regras de higiene. E aqui não parece haver sentido figurado.

Em "Divórcio (Moisés)", a consideração de que um homem ao se casar pela segunda vez estaria cometendo adultério e que "se a mulher deixasse a seu marido e casasse com outro, também" (em Mateus 19 [9] e Marcos 10 [11-12], repete-se o que fora dito em "Leis [Mandamentos]/Não cometer adultério [...])".

Em "Impostos (A César o que era de dele)/Para não tumultuar", o trecho de Mateus foi incluído por semelhança. Já a instrução de Jesus para Pedro pescar um peixe – dizendo que na barriga dele encontraria a moeda com que pagaria o imposto por eles dois – lembra muito, pela fantasia, uma fábula indiana (de origem no Mahabharata, mas desenvolvida como peça de teatro no século V, pelo poeta Kalidasa, com o nome *Xacuntalá reconhecida*), em que o anel encontrado dentro da barriga de um peixe muda todo o desenrolar da história.

Em "Caso de mulher que casou sete vezes", o dito de Tomé foi incluído por aproximação.

CAP. 34

Em "Cura de mão (...)", o primeiro trecho de Lucas (6 [6-10]), assim como os de Mateus e de Marcos, é seguido do exemplo em Davi. Já o segundo (14 [5-6]) foi incluído por semelhança. Quando à pergunta se "um homem não valia mais do que uma ovelha", dentro da crença de que fomos criados por Deus, homens e animais, não seríamos todos igualmente divinos? Mas entende-se, claro, que se trata de uma equação complexa. Se um bombeiro só pudesse salvar um ser humano ou um animal (ovelha, cachorro ou gato), certamente não haveria dúvida.

Em "Moisés", a inclusão do dito de Tomé se deu por temática semelhante.

CAP. 35

Em "Amar Deus e o próximo", nas narrativas de Mateus e de Marcos a resposta vem de Jesus, enquanto na de Lucas (aqui incluída por semelhança, mas o mandamento é o mesmo) ela vem do sacerdote, que ao tentar Jesus acabou por ser elogiado.

Em "Jejum", os dois trechos de Mateus foram aproximados por semelhança, o primeiro em conversa com discípulos de João e o segundo dirigindo-se à multidão.

CAP. 36

Em "Identidade do Messias", a primeira narrativa de João (7 [40-43]) refere-se a comentários de pessoas na multidão, e a segunda (7 [52-53]) à resposta a Nicodemos dada por sacerdotes e fariseus.

Em "Identidade do Messias/Acusação de proveniência demoníaca", tanto em Mateus quanto em Marcos e em Lucas, o trecho está intercalado pela parábola sobre homem valente (ou forte) e o ladrão, sendo que em Mateus e em Lucas também está associado ao dito "Quem não é contra nós é por nós" (em "Defesa de desconhecido (...)", no **cap. 16**). Já em João, no primeiro trecho (8 [41-49]), ocorre uma inversão da acusação, com Jesus acusando os que o acusavam de serem filhos do diabo.

Em "Identidade do Messias/Afirmação da origem divina", na segunda parte (8 [50-58]) da narrativa de João, Jesus se diz anterior a Abraão, aumentando a polêmica e as acusações contra ele.

CAP. 37

Em "Tentativas de agressão", o primeiro trecho de Lucas (6 [11]) se dá após a fala sobre o "Santo de casa" (no **cap. 18**) e depois da cura do leproso, enquanto o segundo (11 [53-54]) ocorre depois do discurso para doutores da lei (em "Arrependam-se", no **cap. 39**).

Em "Planos de prender e matar Jesus", o primeiro dos três trechos de Mateus (12 [14-21]) se dá após cura de leproso, e o segundo (21 [45-46]) após parábola sobre "A vinha arrendada", no **cap. 26**. Já em Marcos, o primeiro trecho (3 [6]) também se dá após cura de leproso, enquanto o segundo (11 [18]) ocorre após Jesus mostrar zelo pelo templo, expulsando os comerciantes.

Em "Festa em Jerusalém", o primeiro trecho de João (5 [16-18]) se dá depois da cura do paralítico, enquanto os dois seguintes (7 [1, 6-13]) referem-se à permanência de Jesus por um tempo na Galileia, enquanto os "irmãos" (discípulos) seguiam à frente para Jerusalém, e o penúltimo (11 [45-57]) após Jesus ressuscitar Lázaro.

CAP. 38

Em “A verdade os libertará”, narrativa de João, aumenta a polêmica entre Jesus e os judeus, que se diziam livres e descendentes de Abraão. Mesmo assim, segundo Jesus, eles seriam escravos do erro (pecado).

Em “Sou a luz do mundo”, os dois trechos de Tomé foram incluídos por semelhança.

CAP. 39

Em “Arrependam-se”, o trecho de Mateus se dá entre a ida dos apóstolos e a disputa sobre o sábado (“Davi e os pães”, no **cap. 34**). O trecho de João foi incluído por aproximação.

Em “Arrependam-se/Aos escrivães e fariseus (...)”, os trechos de Mateus, Marcos e o segundo trecho de Lucas (20 [45-47]) são bastante semelhantes na crítica aos que impunham “fardos pesados” aos outros, mas tinham interesse nos “bens das casas das viúvas” e em estar sempre nos “primeiros lugares”.

Em “Arrependam-se/Aos escrivães e fariseus (...)”, o segundo trecho de Lucas (11 [47-52]) se dá após disputa sobre “Lavar as mãos (...)”, no **cap. 33**.

Em “Dia do julgamento”, o segundo trecho de Mateus (10 [34-36]) ocorre no envio dos apóstolos e foi incluído aqui por semelhança com o de Lucas (“vinha sim para trazer divisão”), assim como o de Marcos. Já o último dos trechos de Mateus (25 [31-46]) refere-se à separação de ovelhas à direita e bodes à esquerda (uma simbologia que acaba por caracterizar certos animais como “do bem” e outros como “do mal”, mas que está presente em inúmeras culturas) para afirmar-se que apenas os caridosos chegariam ao reino celestial.

CAP. 40

Em “Escolhidos”, o primeiro trecho de Mateus (10 [22]) se dá no envio dos apóstolos e foi incluído por semelhança com o de Marcos.

Em “Vinda do Messias”, a frase (de Mateus) “enviaria anjos com o forte som de uma trombeta” faz referência ao instrumento musical de uma determinada cultura humana, que se expandiria à esfera celestial. E, claro, tudo são metáforas.

Em “Vigília (...)”, ocorre um segundo caso (o primeiro está no início da nota sobre o **cap. 13**) de trechos que poderiam estar juntos, mas aqui aparecem em sequências separadas. O trecho (que aqui provém de outro capítulo, o 21 [34-38]) mostra uma variação da parábola que aparece em “Vigília/Parábola: patrão e criado (...)” e em “Vigília/Explicação (...)” no

cap. 14 (provenientes de Lucas 12 [35-40 e 41-48] – e não por acaso os nomes colocados aqui também são coincidentes).

CAP. 41

Em "Avisos do sacrifício", um dos trechos de Mateus (23 [37-39]) foi incluído por semelhança a um dos de Lucas (13 ([31-35]), ambos terminando com a frase "*bendito era o que vinha em nome de Deus*" (também em ambos, Jesus compara-se à galinha que quis reunir seus pintos sob as asas). Em Marcos, o primeiro trecho (8 [31-33]) se dá após polêmica sobre a identidade (em "O que diziam", no **cap. 18**), e o último (10 [32-34]) antecede o "Pedido de apóstolo para sentar-se ao lado" (**cap. 16**), assim como o primeiro de Lucas (9 [21-22]).

Em "Avisos do sacrifício/Tempo de glorificar-se", o último trecho de João (13 [31-35]) ocorre dentro dos episódios da Última Ceia no **cap. 43** (entre "Última ceia/Um vai trair" e "Pedro e o galo: aviso").

CAP. 42

Em "Figueira amaldiçoada", o segundo trecho de Marcos (11 [19-23]) e o de Lucas servem ao mesmo propósito de explicar que o poder da fé era capaz de lançar ao mar tanto uma montanha (em Marcos) quanto uma amoreira viva, a ser transplantada (em Lucas). Já a frase "Os discípulos ouviram aquilo e notaram que a figueira secara imediatamente" lembra, curiosamente, alguns dos episódios narrados por Tomé sobre eventos que teriam se dado na infância de Jesus (**cap. 7**), quando ele usa de seus poderes para vingar-se de algo ou de alguém (e talvez por casos assim é que os Evangelhos chamados "apócrifos" tenham sido censurados pelo Vaticano).

Em "Perturbação", a frase "a multidão que estava ali ouviu aquilo e disse ser um trovão" lembra muito, na *Odisseia,* os sinais de Zeus dados a Odisseu (que no segundo volume destas adaptações, aparecem, por exemplo, no **cap. 64**).

CAP. 43

Em "Última ceia/Um vai trair", o trecho de Lucas aparece em ordem invertida em relação aos de Mateus e de Marcos.

Em "Última ceia/Transubstanciação", um dos trechos de Lucas (22 [28-30]) é semelhante a Mateus em "Pedido de apóstolos (...)" no **cap. 16**.

Em "Pedro e o galo: aviso", a declaração pode ter sido feita em dois lugares: no Monte das Oliveiras (segundo Mateus e Marcos) ou ainda durante a ceia (segundo Lucas e João). Do mesmo modo, há uma sutil diferença entre o trecho de Marcos e os outros três, em que o aviso dado era de que Pedro negaria Jesus por três vezes antes que o galo cantasse *uma* vez. Na versão de Marcos, o galo cantaria *duas* vezes.

CAP. 45

Em "Primeira oração", o trecho de João foi incluído por simultaneidade.

Em "Terceira oração", a ordem de que os discípulos "deviam levantar e partir" seguida da consideração de que já "podiam, dormir e repousar" causa certo estranhamento. Talvez esse "dormir e repousar" refira-se a deixar passar esses fatos, e "levantar e partir" à futura pregação.

Em "Uso da espada por um dos discípulos", apenas em Lucas é mencionada a cura, e apenas em João é dito que o discípulo era Pedro (mas também em João, na parte "Pedro e o galo: confirmação", no **cap. 46**, Pedro foi reconhecido como o discípulo que cortou a orelha de um dos criados do sumo sacerdote).

Em "Jovem que foge nu", o dito de Tomé foi incluído por aproximação.

CAP. 46

Em "Casa do sumo sacerdote", no primeiro trecho de Mateus (26 [57]) é dito que, depois de ser preso, Jesus foi levado a Caifás, enquanto em João (18 [13-14]) é dito que ele foi primeiro conduzido a Anás, por ser o sogro do sumo sacerdote (Caifás).

Em "Pedro e o galo: confirmação", apenas no trecho narrado por Lucas, Jesus olha para Pedro. Já o primeiro trecho de João (18 [15-18]) é o único a dar o detalhe de que Pedro chegou à casa de Anás acompanhado de outro discípulo, conhecido de Caifás, o sumo sacerdote (e no segundo, 18 [25-27], é citado o parente do criado de quem Pedro cortara a orelha, o que foi comentado em nota sobre o **cap. 45**).

CAP. 48

Em "Caminho até o local", nota-se no trecho de Lucas que Jesus ainda se expressa por uma parábola, comparando-se à lenha verde em oposição à seca. E no trecho de João, é Jesus quem carrega a cruz (e não Simeão).

CAP. 49

Em "Mulheres e discípulo", nota-se que na narrativa de Marcos, diferentemente das de Mateus e de João, a descrição da cena (com a presença das mulheres) se dá após a expiração.

Em “Sombras”, as primeiras partes de Mateus (27 [45]) e de Marcos (15 [38]), e a de Lucas, ocorrem, na verdade, antes da “Expiração” (nos dois primeiros casos são trechos intercalados).

Em “Sepultamento”, apenas na narrativa de João há a presença e a participação importante de Nicodemos, conhecido de José de Arimateia e que, mesmo sendo um dos sacerdotes, tornou-se amigo de Jesus.

CAP. 50

Em “Anúncio do(s) anjo(s) às duas mulheres”, há certa sobreposição entre as narrativas, e o anúncio às mulheres ora é feito por um anjo (em Mateus e em Marcos), ora por dois (em Lucas e em João).

CAP. 51

Em “Terceiro encontro com os discípulos”, na menção à “rede cheia com 153 grandes peixes”, trata-se, obviamente, de um número arbitrário, que faz lembrar o mesmo tipo de “precisão” numérica (justificada pelo intuito de impressionar) usada no *Mahabharata* em um banquete preparado por Bhima (**cap. 81** da primeira adaptação destes três estudos), sendo servidos “18 tipos de churrasco (...), 30 tipos de molhos (...), 70 espécies de verduras (...), 93 tipos de sopas e 11 de guisados, 29 variedades de peixes feitos de 51 modos diferentes (...)”.

ALGUMAS INFORMAÇÕES DE APOIO

Império Romano

A região de Israel foi dominada a partir de 63 a.C., com a invasão e a conquista de Jerusalém comandadas por Pompeu. A Judeia se tornou uma província romana, e a relação entre romanos e judeus foi em geral marcada pela violência, com medidas duras contra os locais e a captura de muitos deles, a fuga de outros e o confisco de terras. A dominação romana se estendeu até o século IV d.C.

Manto e túnica

Vestimenta usual da época, que também aparece muito na *Odisseia*. Na Antiguidade clássica, o manto era a peça de roupa colocada por cima da túnica, uma espécie de capa.

Língua copta

Último estágio da antiga língua egípcia, com manuscritos (códices) que usavam letras gregas e tinham raízes na fonologia do egípcio tardio. É a língua em que foi recuperada grande parte dos Evangelhos apócrifos, em meados do século XX.

Arameus

Povo originário da atual Síria e que falava o *aramaico*, língua semítica usada na administração pública e na religião de vários impérios da Antiguidade, como o Assírio, o Babilônico e o Aquemênida.

Judeus

Grupo étnico e religioso de ocupação milenar (mais de 3 mil anos) na região de Israel. O nome é de origem hebraica e está relacionado à tribo de Judá, uma das doze em que se dividiam os *hebreus*, povo descendente de Jacó (talvez o primeiro a adotar a ideia de um Deus único, à época chamado de Javé). O nome também se relaciona ao território da Judeia.

Fariseus

Membros de uma seita judaica de meados do século II a.C. que defendia a pureza sacerdotal para todos os judeus e acreditava no destino e na ressureição dos mortos. Eram devotos da Torá, os cinco primeiros livros da Bíblia, e inventaram a Lei Oral, complementar à Lei Escrita. Criaram as sinagogas, regiam escolas de interpretação da lei mosaica e tinham prestígio na sociedade pelas suas práticas e crenças. Por influência dos Evangelhos, a palavra "fariseu" ficou associada a pessoas que agem com orgulho e hipocrisia, ou que seguem uma religião apenas formalmente e só reparam nos erros alheios (como, à época, o de Jesus curar aos sábados, como se não fosse uma coisa boa).

Saduceus

Membros de uma seita judaica materialista, estabelecida na Judeia no período do Segundo Templo (de II a.C. a 70 d.C.), que não acreditava na ressurreição ou nos anjos. Apoiavam a presença romana e pertenciam à aristocracia dominante do judaísmo, cuidando do sacerdócio e de suas linhagens, mantendo o templo e servindo no Sinédrio, conselho que mandava nos tribunais e regulações das cidades de Israel (nos Evangelhos, o sumo sacerdote Caifás foi responsável pelo julgamento de Jesus). Eram conservadores na religião e pragmáticos na política, diferenciando-se de outros grupos judaicos. A destruição do Templo pelos romanos, em 70 d.C., representou o fim do poder e da influência da seita.

Filisteus

Povo estabelecido na costa sudoeste de Canaã (território depois nomeado de *Filístia*, na atual região Sul de Israel e Faixa de Gaza) que se tornou inimigo dos israelitas. É considerado um dos povos mais antigos do mundo, e acreditava-se que tinham se originado entre os "povos do mar". Eram politeístas.

Samaritanos

Grupo étnico-religioso originário do reino de Israel que habitava a região montanhosa da Samaria. Sua religião é abraâmica, baseada na Torá (os cinco primeiros livros do Antigo Testamento), mas nega os outros dois capítulos da Bíblia judaica (*Profetas* e *Escritos*, que para eles teriam sido inventados pelos judeus) e não segue a tradição oral hebraica. Acreditam na unidade e na unicidade de Deus (o mesmo dos judeus), em Moisés como único profeta e na ressurreição dos mortos antes do Juízo Final. Calcula-se que a ruptura com os judeus e a construção de um templo próprio tenha se dado no século V a.C. Para a atual comunidade samaritana, a Páscoa é uma celebração importante, culminando com o sacrifício de até 40 ovelhas. A palavra "samaritano" costuma ser usada para descrever uma pessoa caridosa, que se preocupa com as outras.

CONSIDERAÇÕES FINAIS (SOBRE OS TRÊS ESTUDOS)

Se há algo nos Evangelhos que soa um pouco anacrônico em termos de representação do poder absoluto de Deus, explica-se pelo fato de que à época de Jesus (e até poucos séculos atrás) o regime monárquico era o único conhecido das civilizações em geral – mesmo quando o "Estado" era tomado por um chefe guerreiro, ele logo seria chamado de rei, e desse modo começavam as novas dinastias. Assim, aparecem metáforas como "o trono de Deus", "o reino dos Céus" e "filhos do reino". Isso se dá exatamente igual nas literaturas grega e hindu (onde Zeus e Indra *reinam* sobre os outros deuses), e soam algo defasadas em relação aos sistemas de poder "reinantes" na maioria dos países de hoje (ou ao menos os das democracias ocidentais, quando o poder não está sendo tomado por algum tirano de plantão).

Transformações sempre haverá, e não há dúvida de que daqui a 400 anos vão achar completamente ultrapassados os costumes atuais e as discussões ainda travadas sobre como as sociedades precisam ser conduzidas (em que pese a principal defesa dos estudiosos de que espiritualmente os valores permaneçam os mesmos). Exemplo claro de que as culturas evoluem está no fato de que há dezenas de milhares de anos o ser humano já ocupava a superfície terrestre de lugares totalmente distantes de sua região de origem, e praticamente todo o planeta. Em quase todos esses lugares havia canibalismo, o que só deixou de ser praticado dezenas de milhares de anos depois.

O sacrifício animal, comum na época bíblica (mostrando-se ainda presente no Evangelho de Lucas) e largamente praticado entre os gregos antigos, aos poucos foi considerado uma prática de crueldade e sadismo, perdendo terreno em grande parte das civilizações (embora o regime alimentar de pelo menos 90% da Humanidade ainda se baseie na proteína animal, ou seja, muitos bichos são criados em cativeiro para viver pouco – apenas o necessário para crescerem e serem abatidos). Outro costume que precisou de dezenas de milhares de anos para ser superado (ao menos oficialmente, na maior parte do mundo) é o da escravidão. E se hoje, nas democracias ocidentais, discute-se a desigualdade de gênero como uma questão a ser solucionada, certamente um dia ela será superada e vista como algo do passado.

Tudo isso para dizer: aparecem nos *Evangelhos*, assim como no *Mahabharata* e na *Odisseia*, costumes antigos, em geral patriarcais, que não estão sendo propriamente defendidos, mas descritos. E o próprio Cristo se mostra inserido nesses costumes (ou nessa "cultura", uma palavra moderna e, como metáfora, associada à época agropastoril dos clássicos aqui estudados: a "culto" e a "cultivo"). Nesse sentido, na parte de "Observações" foram destacadas algumas passagens que não condizem com a cultura atual (ao menos a liberal, democrática), mesmo podendo-se justificá-las pelo fato de que um Deus Salvador precisaria comunicar suas mensagens dentro de um repertório acessível ao público ouvinte. E mesmo que onisciente e sabedor de que poucos milhares de anos depois, na humanidade como um todo, aqueles costumes viriam a ser considerados "bárbaros", isto é, primitivos ou pouco evoluídos (tendo como exemplo o já citado sacrifício animal, o de pombas, que era feito no templo).

Outra consideração a ser feita é sobre a distância temporal entre os três "clássicos" (dois épicos e os Evangelhos) aqui estudados. Há um aparente salto entre as duas primeiras narrativas (que falam de grandes guerras, uma ocorrida c. 1400 a.C. e outra em c. 1200 a.C., e da identidade desses povos que lutaram e saíram vitoriosos, podendo influenciar com sua sofisticação cultural e valentia todas as culturas que as sucederiam) e a terceira, de interesse puramente filosófico (até por influência da língua grega) e religioso. Mas uma coisa deve-se levar em conta: as modificações de costumes e técnicas na Humanidade acontecem de forma cada vez mais acelerada. Em 30 mil anos, no Paleolítico, as gerações que se sucediam eram praticamente idênticas, ao contrário de hoje, em que dez anos fazem muita diferença em termos culturais e tecnológicos.

Os costumes da época dos Bharatas, na Índia, trazidos até nós pela literatura, eram praticamente idênticos aos das épocas em que o épico começou a ser elaborado e adquiriu a sua forma mais estável, entre os séculos II a.C. e II d.C. (depois de atravessar cerca de um milênio como literatura oral). Do mesmo modo, a versão "estável" da Odisseia foi consolidada entre os séculos IV e II a.C., mas os costumes descritos no épico possivelmente não sofreram grandes transformações até lá. E em relação aos costumes judaicos, a Bíblia mostra claramente o quanto as tradições se mantiveram durante séculos a fio. Em resumo, os mil anos que separam as histórias narradas nos grandes épicos das narradas em "A vida e os dizeres" de Jesus Cristo não representam tantas transformações de costumes e técnicas, embora tenha havido, com certeza, muitas inovações culturais, pois cada geração pôde dar sua contribuição literária em favor da elaboração dos muitos conhecimentos filosóficos e teóricos.

Um dos episódios mais enigmáticos do Evangelho é o da "transfiguração" de Cristo, que envolve a visita de outros dois seres (Moisés e Elias) vindos de outras dimensões (ou esferas) do tempo e do espaço, assim como a própria voz de Deus que declara ser aquele o seu filho. O rosto transfigurado e as vestes brancas como a luz lembram perfeitamente imagens do hinduísmo, quando se fala em milhões de olhos e milhões de sóis. E a voz de Deus saída de uma nuvem luminosa é como o "sinal" de Zeus para Odisseu, trovejando do Olimpo "entre as nuvens do céu", como aparece em "Novo amanhecer (...)", **cap. 64** da adaptação da *Odisseia*. Sem contar a semelhança entre as palavras Zeus e Deus, que podem ser a mesma, como foi comentado no estudo anterior.

Também o momento caótico de José, narrado por Tiago (aqui em "Delírio [...]", no **cap. 5**) lembra algumas descrições de assombro, catarse e apoteose do *Mahabharata*, em sequências que na versão adaptada correspondem aos trechos "Conversa (...)", no **cap. 37**, e "Discurso (...)", no **cap. 55** (este último, por sinal trazendo semelhanças com eventos da *Odisseia* ocorridos no Palácio de Hades, que na adaptação anterior aparecem nos **caps. 15** a **17**). Há muitas passagens dos Evangelhos que aludem ao "sobrenatural" (como andar sobre a água, ou a cura instantânea de uma cegueira), mas não a monstros, seres mitológicos e divindades variadas como ocorre nos épicos (que, aliás, estão carregados de imagens fantasiosas, desde gigantes como Vaka, o rei Rakshasa, e Polifemo, o Ciclope, a Apsaras, Sereias, Gandharvas e Ninfas), representando, possivelmente, os povos de lugares desconhecidos (enquanto à época de Jesus, as regiões percorridas ao longa da história parecem estar bastante asseguradas em sua ocupação humana).

Certamente, na Antiguidade, a possibilidade de acontecer algo que os olhos nunca viram cativava a atenção de ouvintes e leitores bem mais do que hoje, em que, com todos os efeitos especiais do cinema, eventos de ordem sobrenatural já não se passam por uma ciência isenta de comprometimento com alguma causa ligada a crenças. A religião não precisa comprovar nada, e é tudo uma questão de Fé, enquanto a ciência carrega todas as dúvidas possíveis, fazendo sucessivos experimentos para estabelecer pequenas regras restritas ao campo determinado (enquanto a Fé é totalizadora). E é assim, claro, que a religião traz conforto às nossas existências, enquanto a ciência nos leva a pensar que tudo existe apenas por acaso, e como resultado temporário das muitas ações físicas e químicas ocorridas desde a inauguração do Cosmos. Pior: mostra que a probabilidade de algo não ser é muito maior do que a de que esse algo realmente exista. Se é melhor estar confortado do que em dúvida, mesmo que isso represente algum tipo de "alienação", por outro lado, a prática da virtude, e a de domar vícios, não é simplesmente uma questão moral (pela qual as religiões normalmente se justificam), mas também uma prática científica, porque leva ao bom funcionamento das relações sociais. É, portanto, uma ciência, a mesma que demonstra, por estatísticas, que o altruísmo não é uma questão meramente religiosa e pode ser encontrado em pessoas descrentes de religiões, e mesmo em animais.

Independentemente de serem religião ou ciência ("de época", como dizem alguns), os textos antigos ainda nos tocam com suas mensagens de amor e coragem, trazendo sentimentos e identificações. Os três aqui estudados têm caráter religioso: o *Mahabharata* faz uma relação de inúmeros preceitos hinduístas, a *Odisseia* relembra mitos e relaciona os principais deuses do Olimpo, e os *Evangelhos* representam o nascedouro de uma nova vertente religiosa que se expandiu rapidamente pelo mundo todo, pela ação de seus muitos seguidores. Mas todos são comoventes como expressão cultural pura e simples, e o principal de suas mensagens, hoje com mais de 2.000 anos, continua a ser atual. Mais do que isso, no caso dos Evangelhos bíblicos, na opinião do pesquisador Frederico Loureço (p. 38) trata-se em conteúdo de uma mensagem "certeira", "válida e urgente".

Se muitos defendem que, espiritualmente, os nossos valores ainda são os mesmos da Antiguidade, isso talvez se deva ao fato de que, como espécie, temos em essência as mesmas características humanas dos que viveram 200 mil anos antes do que nós: somos seres que se apaixonam, sofrem, lutam pela sobrevivência, tendem a ser altruístas (ou egoístas, conforme o caso), humildes e arrogantes, combativos e pacíficos, amorosos e malvados, solidários e competitivos (características que podem ser mais próximas ou distantes das de outros animais, conforme o parentesco – a diferença é que eles não podem expressá-las em palavras, mas em comportamentos ligados a afeto e outras sensações).

Para finalizar, podemos observar que nas três obras estudadas existe um panorama de fundo que está muito além do modelo religioso, apresentando-se mais como cultura e visão de mundo de cada civilização, depois de construída e aperfeiçoada ao longo de dezenas de séculos, para o qual o etnólogo Leo Frobenius elaborou o conceito de *Paideuma*. São os traços que só podem ser compreendidos dentro de seu próprio contexto histórico e se veem manifestados principalmente nas artes que refletem as emoções primordiais de um povo. Em sua *alma cultural*, as civilizações são como organismos vivos, de raízes semelhantes, mas que passam por diferentes ciclos de expressão, deixando os rastros de sua origem comum.

Com toda a diversidade cultural ainda conservada nota-se que as soluções eficazes para os desafios humanos se espalham cada vez mais rápido, unificando os conhecimentos das civilizações – e isso desde a pré-história, com as ferramentas de caça. Desconsiderando-se aqui uma das teorias antropológicas (a de que as descobertas de novas técnicas podem se dar de modo próprio nas diferentes civilizações, pela necessidade comum que teriam), as coincidências de eventos que podem ser apontadas entre as três obras estudadas (independentemente dos diferentes tipos de narrativa e o valor espiritual de cada texto, em especial no que toca à escolha de vida religiosa, menos dedicada à realização material e mais voltada ao aprimoramento do Ser) são perfeitamente explicáveis pela teoria de uma difusão dos saberes que nascem apenas uma vez, em local específico.

Hoje se sabe que o sânscrito, o grego e o latim (com que foram escritos alguns dos Evangelhos apócrifos, além de regularmente atualizados os canônicos ao longo do tempo) têm uma origem comum que é chamada de língua indo-europeia (e mesmo o hebraico, uma língua semítica da família das afro-asiáticas, levou ao aparecimento do iídiche, também chamado de judeu-alemão, língua da família indo-europeia escrita com caracteres hebraicos). O indo-europeu, em sua época de origem e expansão primordial – o fim do Neolítico –, possivelmente espalhou nas terras por onde andou os seus muitos mitos e histórias contadas à volta da fogueira, que acabaram se conservando por milênios como literatura oral, e é o que melhor explica algumas das coincidências entre as obras estudadas.

O processo de "evolução" das línguas (já teorizado no século XVIII, na Índia) é muito semelhante ao dos seres vivos (descoberto no XIX por outro inglês, Darwin). E o indo-europeu de hoje (isto é, a soma de todas as línguas que descendem principalmente dele – entre elas a "brasileira", um tipo de latim vulgar desenvolvido a longa distância de Roma) é, por vários motivos, a língua mais falada no mundo – por cerca de três bilhões de pessoas – se comparado às outras famílias linguísticas reconhecidas. Em ramificações antigas dessa língua, que deixou rastros em boa parte do nosso vocabulário, é que foram desenvolvidas e transcritas as três grandes obras aqui adaptadas.

www.laranjaoriginal.com.br

EDIÇÃO	*Filipe Moreau*
ILUSTRAÇÃO	*Antônia Perrone**
REVISÃO	*Bruna Lima*
PROJETO GRÁFICO	*Paola Papini*
DIAGRAMAÇÃO	*Paola Papini*
PRODUÇÃO GRÁFICA	*Bruna Lima*

**sobre desenhos de Filipe Moreau com base em imagens da internet.*

Dados Internacionais de Catalogação na Publicação (CIP)
(Câmara Brasileira do Livro, SP, Brasil)

Moreau, Filipe
Três estudos sobre a antiguidade : evangelhos :
03 / Filipe Moreau. -- 1. ed. -- São Paulo :
Editora Laranja Original, 2025.

ISBN 978-65-5312-010-5

1. Bíblia - Estudos 2. Evangelho - Estudo e
ensino 3. Novo Testamento I. Título.

25-283328 CDD-226.07

Índices para catálogo sistemático:
1. Evangelhos : Estudo e ensino 226.07
Aline Graziele Benitez - Bibliotecária - CRB-1/3129

LARANJA ORIGINAL EDITORA E PRODUTORA EIRELI
Rua Isabel de Castela, 126
05445-010 São Paulo – SP

contato@laranjaoriginal.com.br

FONTE	*Source Serif Variable*
PAPEL	*Pólen Natural 80 g/m² e Cartão 250 g/m²*
PÁGINAS	*360*
IMPRESSÃO	*Ogra*
TIRAGEM	*200*

Agosto de 2025